Friedrich August Berthold Nitzsch

Das System des Boethius

und die ihm zugeschriebenen theologischen Schriften, eine kritische Untersuching

Friedrich August Berthold Nitzsch

Das System des Boethius
und die ihm zugeschriebenen theologischen Schriften, eine kritische Untersuching

ISBN/EAN: 9783744616942

Hergestellt in Europa, USA, Kanada, Australien, Japan

Cover: Foto ©Lupo / pixelio.de

Weitere Bücher finden Sie auf **www.hansebooks.com**

Das

System des Boethius

und die ihm

zugeschriebenen theologischen Schriften.

Eine kritische Untersuchung

von

Friedrich Nitzsch,

Licentiaten und Privatdocenten der Theologie, der Leipziger histor.-theolog. Gesellschaft
ordentl. Mitgliede.

Berlin.

Verlag von Wiegandt und Grieben.

1860.

Meinem theuren Vater

Carl Immanuel Nitzsch

zur Feier

seines fünfzigjährigen Jubiläums

als akademischen Lehrers

gewidmet.

Vorrede.

Die vorliegende Monographie will, wie schon der Titel ver=
räth, keineswegs eine neue Biographie des Boethius dar=
bieten, sie beschäftigt sich vielmehr hauptsächlich nur mit den
Schriften dieses Philosophen, und auch dies nur in so weit,
als dieselben uns über sein Verhältniß zur christlichen Theo=
logie aufzuklären vermögen. Das zusammenhaltende Band
der allerdings manchfachen Materien, welche sie berührt, und
den obersten Gesichtspunkt bildet die Untersuchung der der An=
fechtung in hohem Grade ausgesetzten Aechtheit der theolo=
gischen Abhandlungen, welche dem B. beigelegt worden
sind. In dem ersten und zweiten Hauptstück, welches letztere
von der Entstehung gewisser sagenhafter Nachrichten über B.
und Theodorich handelt, finden sich einige Bemerkungen von
allgemein historischem Interesse. Im achten Hauptstück habe
ich, wie es der Hauptzweck meiner Abhandlung mit sich brachte,
eine Skizze des philosophischen Systems des B. zu geben ver=
sucht, welche sich jedoch auf die logische Seite desselben nicht
erstrecken durfte. Vornehmlich wollte ich aber einen Beitrag
zur Dogmengeschichte liefern, worüber ich mich in der Ein=

leitung des Näheren ausgesprochen habe. Von dem Zeller=
schen Werk über die Philosophie der Griechen, welches ich hin
und wieder benutzt habe, stand mir die zweite Ausgabe noch
nicht zu Gebote. Schließlich noch eine Berichtigung. Auf
S. 27 ist nämlich statt Pseudo=Hieronymus einfach Hierony=
mus zu lesen.

Berlin, den 21. April 1860.

Friedrich Nitzsch.

Inhalt.

---

[1]) Vgl. über die ohne Grund früher mit zu den theolog. Abhandl. gerechneten Schriften »de unitate et uno« und »de bono« (auch unter dem Titel »de hebdomadibus« oder »quomodo substant. in eo, quod sint, bonae sint, cum non sint substantialia bona«) S. 171, Anmerk. 1 und S. 24, Anmerk. 1 und 2.

Einleitung.

Ueber Boethius ist im Laufe der Jahrhunderte — und bis in
die neueste Zeit hinein Vielerlei und manches Gute geschrieben worden[1]). Nachdem die Kritik manche hergebrachten Irrthümer über
das Thatsächliche seines Lebens und manches schiefe Urtheil über
seine literarische Bedeutung berichtigt hat: ist die äußere Lebens-
geschichte des Mannes im Ganzen mit ziemlicher Sicherheit festgestellt und ihm die gebührende Stelle in der Geschichte angewiesen
worden.

Er beansprucht zunächst das Interesse des Philosophen,
des politischen und des Literarhistorikers. Welche Bedeutung
nimmt er in dieser dreifachen Beziehung in Anspruch? Zu den
Koryphäen wird er auf keinem der Gebiete, denen er angehört, gerechnet — und mit Recht. Denn, was zunächst die Philosophie
betrifft: so spielt er zwar als kundiger und scharfsinniger Commen-
tator und Uebersetzer vorzüglich des aristotelischen Organons eine
bedeutende Rolle; aber er vermittelt eben nur und verdolmetscht
schon Vorhandenes dem Mittelalter, ohne durch eigentlich schöpferische
Leistungen die Philosophie erheblich zu bereichern. Sein Zeitalter
ist das des völligen Erlöschens der antiken Philosophie.

Auch als Staatsmann gehört er einer Zeit der Auflösung an,
und obgleich er „durch Geburt, Verdienst und Glück wie ein großer
Römer aus der Zeit des Augustus" in dieser dasteht: so war er
doch der letzte, war nicht getragen und gehoben von einer Gegenwart, die eine Zukunft in ihrem Schooße barg, und hätten ihn selbst

---

[1]) Das Wichtigste aus der Literatur wird successive von uns angeführt werden.
Vgl. übrigens die Zusammenstellung bei Obbarius in der Ausg. von Boethius
de consol. philos. p. VII. Jena 1843.

1

auch lebensfähige Ideen erfüllt: er hätte in jener Zeit, wo Theo=
dorich den Odoaker besiegt hatte, keine Römer zu ihrer Verwirk=
lichung gefunden.

Als Schriftsteller, besonders als Dichter, hat man ihn früher
oftmals überschätzt[1]) und den Classikern gleichgestellt. Seitdem man
aber, besonders in Folge des Umschwunges der deutschen Literatur,
Philologie und Aesthetik, zu einem reiferen Urtheil darüber gelangt
ist, was eigentlich an den Alten mustergültig und classisch ist, hat
man zwar nicht aufgehört, die kunstvolle, auf dem Stubium der
besten römischen Dichter beruhende Reproduction antiker Formen in
literarisch so entarteter Zeit und die, wenn auch nicht geniale, doch
sinnreiche poetische Erfindung des Boethius anzuerkennen, hat aber
aufgehört, ihn neben die römischen Classiker[2]) zu stellen, und es läßt
sich nicht leugnen, daß die maßvolle Einfachheit und die aus der
lebendigen Anschauung anstatt aus der Reflexion stammende Kraft
der Dichtung ihm weit mehr fehlt, als den Schriftstellern des augu=
steischen Zeitalters.

Wie dem auch sei: er hat in der Geschichte der Logik, sowie
in der Geschichte des römischen Staats und der römischen Literatur
einen gesicherten Platz, den er behaupten wird.

Boethius wird aber auch unter den Theologen, selbst unter
den Kirchenvätern genannt. Ja — man kann sagen, daß er im
Mittelalter und auch später noch als solcher ebenso bekannt und
berühmt war, wie in jenen anderen Beziehungen. Jedoch ist hier
sein Bürgerrecht überhaupt der Anfechtung ausgesetzt, und,
nachdem schon früher an der theologischen Geltung des Philosophen
gerüttelt war, hat G. Arnold, der bekannte Verfasser der „unpar=
teiischen Kirchen= und Ketzerhistorie", starke Zweifel darüber geäußert,
ob er überhaupt Theolog, ja ob er Christ gewesen sei. Diese Frage
ward vor einigen Jahrzehnten von neuem angeregt, ist indessen noch

---

[1]) z. B. Gabbaeus de scriptor. non ecclesiast. pag. 206: »Unumquemque
Platonis dialogum seorsim superat, etsi omnibus eius dialogis coniunctim sumtis
debet concedere.« — Fabricius bemerkt dazu: »Quod ridiculum mihi videtur
Gaddii iudicium,« geht aber selbst vielleicht schon zu weit, wenn er sagt: »versuum
quos composuit suavissima gravitate paucis comparandus.« cf. bibl. lat. Hamburg
1712. pag. 641 ff.

[2]) Am meisten erinnert er wohl an Seneca (wie Sitzmann richtig bemerkt).

keineswegs gelöst; sie gehört vielmehr auch heute noch zu den offenen. Zwar hat der Jenaer Philologe Hand[1]) und in dessen Fußtapfen Obbarius[2]) dem B. mit solcher Entschiedenheit das Christenthum abgesprochen, daß sein Name von manchen neueren Kirchenhistorikern bei der Geschichte des fünften und sechsten Jahrhunderts gar nicht mehr genannt, höchstens bei der Geschichte der Scholastik nachträglich erwähnt wird. Aber nicht nur Gfrörer und Niedner — Anderer zu geschweigen — sondern auch (F. Chr.) Baur[3]) und Dorner[4]) nennen ihn in der Dogmen-Geschichte unter den Verfassern trinitarischer und christologischer Abhandlungen. Auch diejenigen Schriftsteller, die sich in jüngster Zeit speciell mit ihm beschäftigt haben, wie G. Baur[5]) und Suttner[6]), halten B. für einen Christen und für den Verfasser mehrerer theologischer Tractate.

Hätte nun die Person des B. überhaupt keine höhere historische Bedeutung, so wäre es ziemlich gleichgültig, ob er Christ oder Heide gewesen, wir könnten dann diese Frage getrost unentschieden lassen. In einem anderen Lichte erscheint dieselbe, wenn wir bedenken, daß er einer der bedeutendsten römischen Staatsmänner des 6. Jahrhunderts war. Allein selbst unter diesen Gesichtspunkt gestellt, würde ihre Entscheidung kein unmittelbar theologisches Interesse haben. Nun hat aber B. auf die mittelalterliche Theologie und Philosophie einen großen Einfluß ausgeübt, ja man kann behaupten, daß er nach oder neben Augustin der Hauptlehrer des Mittelalters gewesen ist. Denn mindestens die Form und Methode der scholastischen Wissenschaft ist hauptsächlich ihm entlehnt. Hätten indessen seine Schriften nur in formeller Beziehung das Muster für die Theologie und Philosophie des Mittelalters abgegeben: so wäre die Frage, ob er Christ oder Heide gewesen, immer noch von sehr geringem Belang. Zu einem anderen Urtheil über ihr Gewicht werden wir gelangen, ja wir werden

---

[1]) In der Hallischen Encyklopädie Th. 11.

[2]) In der Vorrede zur Ausg. von Boeth. de consol. philos. Jena 1843.

[3]) Die chr. Lehre von der Dreieinigkeit.

[4]) Entwickelungsgesch. der Lehre v. d. Pers. Christi.

[5]) De A. M. Severino Boethio, christ. doctrinae assertore. Darmstad. 1841.

[6]) Jahresbericht über das bisch. Lyceum zu Eichstätt. 1852.

uns veranlaßt sehen, die Frage selbst anders zu fassen, wenn wir erwägen, daß gewisse Schriften, welche den Namen des B. tragen, auch durch ihren Inhalt einen bedeutenden Einfluß auf die Scholastik ausgeübt haben, — wir meinen nicht die arithmetischen, musikalischen und die übrigen, welche sich mit den Disciplinen des Triviums und Quadriviums befassen, sondern die theologischen, d. h. den Dialog de consolatione philosophiae und eine Anzahl von Abhandlungen, welche sich vorzugsweise mit der Trinitätslehre und der Christologie beschäftigen. Daß diese wirklich eine nicht geringe dogmenhistorische Bedeutung haben, wird Niemand in Abrede stellen können. So haben z. B. bei der Erörterung des Problems von der Realität der allgemeinen Begriffe, der Beweise vom Dasein Gottes, der Antinomie zwischen menschlicher Freiheit und göttlicher Präscienz, der Terminologie der Lehre von der Dreieinigkeit und dieses Dogmas überhaupt, ferner der Lehre von den Eigenschaften Gottes (z. B. von der Ewigkeit) alle Scholastiker unter dem unmittelbaren oder mittelbaren Einflusse der theologischen Schriften gestanden, welche den Namen des B. an ihrer Stirn tragen.

Ist dem nun so, so ist es der Mühe werth, der Frage nach dem wahren Verhältniß des Verfassers jenes Dialogs zum Christenthum und andrerseits zu den genannten theologischen Abhandlungen einmal näher zu treten; es ist dieß eine Frage, bei welcher es sich nicht um Gewinnung einer einzelnen, bedeutungslosen gelehrten Notiz, sondern um die richtige Würdigung eines bedeutenden Factors der mittelalterlichen Theologie handelt. Ist B. nur einer der Ausläufer der griechisch-römischen Philosophie oder ist er, wie dies der Glaube des Mittelalters war, ein christlicher Theolog? Stammen die Gedanken des einstmals einflußreichen Buches de consolatione philosophiae, stammt somit das metaphysische und ethische System des B. wirklich aus dem Christenthum oder aus der heidnischen Philosophie? Und, wenn letzteres der Fall ist, wo liegen seine Wurzeln? Ist es so beschaffen, daß der Urheber desselben zugleich für den Verfasser jener den Namen des B. tragenden christlich theologischen Abhandlungen gelten darf, welche ein durchaus kirchlich orthodoxes Gepräge haben? Wie sind diese Schriften überhaupt beschaffen, weß Inhaltes sind sie, welche Tendenz haben sie? Alle diese Probleme sind wenigstens wichtig genug, um Aufmerksamkeit zu verdienen, und find bis jetzt noch nicht genügend erörtert. Zwar find auch in den letzten Jahrzehnten einige Abhandlungen 'erschienen, welche dieselben berühren[1]); diese konnten aber die Untersuchung schon deßhalb nicht zum Abschluß bringen, weil sie nicht umfassend genug find und zu wenig in's Detail eingehen. Ich meine besonders die Abhand- lungen von G. Baur, Obbarius und Suttner (f. vorher). Keine derselben ist ohne Werth[2]), und ich gestehe gern, daß sie mir auf manchen Bahnen, auf welche mich der Gegenstand meiner Untersuchung führte, zu Wegweisern gedient haben. Aber keine derselben hat das System des B. eingehend dargestellt und beleuchtet, keine hat die theologischen Abhandlungen, die trotz ihres historischen Werthes dem theologischen Publicum heutzutage ziem- lich unbekannt zu fein scheinen, ausführlich beschrieben und gründ- lich beurtheilt.

Ich glaubte daher nichts Ueberflüssiges zu thun, wenn ich die angedeuteten Fragen zum Gegenstand einer historisch-kritischen Mono- graphie machte. Die Gestalt eines organischen Ganzen konnte diese aber nur dann gewinnen, wenn diejenige unter jenen Fragen, welche offenbar die Theologie am nächsten angeht, die Frage nach der Aecht- heit[3]) der im engeren Sinne theologischen Schriften, zum herrschen- den Gesichtspunkte erhoben und die anderen derselben untergeordnet wurden. Geschah dies, so konnte die Erledigung der beiden vor anderen wichtigen Aufgaben, welche die Hauptaufgabe mit sich brachte, nämlich einerseits die ausführliche Beschreibung der im enge- ren Sinne theologischen Tractate des angeblichen B., andrerseits die Zeichnung der Grundzüge des philosophischen Systems des Urhebers der (nur im weiteren Sinne theologischen) Schrift de consolat. philos., lebendig in den Organismus der ganzen Abhandlung ein-

---

[1]) Vgl. auch Heyne (Censura Boeth. de consol. philos. in opuscul. academ. VI. p. 143 ff.) und besonders H. Ritter (Gesch. der christl. Philos. Bd. II.). Die älteren Werke (Gervaise, Francheville, Richter) find veraltet.

[2]) Dies gilt auch von der Abhandlung Suttner's, obgleich derselbe zu sehr darauf bedacht ist, der römischen Kirche einen Heiligen zu erhalten, dessen sie nicht bedarf, und in Folge dessen die kritische Unbefangenheit eingebüßt hat. Er redet durchweg im enkomiastischen Ton.

[3]) Die Aechtheit der Schrift de consol. phil., welche im weiteren Sinne auch eine theologische heißen kann, ist keinem Zweifel unterworfen.

greifen, ohne daß diese Elemente ihre Selbstständigkeit einbüßten. Einleitungsweise mußten aber die Lebensverhältnisse des B., die ältesten historischen Nachrichten über ihn, die legendarische Umbildung dieser Nachrichten und die schriftstellerischen Leistungen des Philosophen überhaupt in's Auge gefaßt werden.

Erstes Hauptstück.

Biographisches über Boethius.

Nicht um eine vollständige Biographie des B. zu liefern, sondern lediglich, um für die folgenden Untersuchungen einen Rahmen zu gewinnen, beginnen wir mit einem kurzen Bericht dessen, was über das Leben desselben in seinen eigenen Schriften und in denen seiner Zeitgenossen enthalten ist. Unter diesen kommen aber nur Folgende in Betracht: Cassioborus, der Kanzler Theoborichs des Großen, Ennobius, der Bischof von Ticinum (Pavia), der byzantinische Geschichtschreiber Procopius und der sogenannte Anonymus Valesianus[1]. Was aus den Schriften dieser allein glaubwürdigen Gewährsmänner sich ergiebt, ist vornehmlich Folgendes:

Anicius Manlius Severinus Boethius[2], wahrscheinlich der Sohn eines Flavius Boethius, der im Jahre 487 die Consulwürde[3] bekleidete, wurde um das Jahr 480[4] zu Rom ge-

---

1) Ein (wenigstens wahrscheinlich) gleichzeitiger Chronist, dessen kurzer Bericht sich in der von den Gebrüdern-Valois besorgten, von Gronovius erneuerten Ausgabe des Ammianus Marcellinus (Lugd. Batav. 1693 u. Lips. 1773) findet.

2) S. über die Namen G. Baur a. a. O. p. 4 ff. Obbarius a. a. O. proleg. p. VIII squ.

3) Baur a. a. O. p. 5.

4) Baur a. a. O. Obbarius p. IX. Genau läßt sich das Geburtsjahr nicht feststellen; wohl aber hat man folgende Anhaltspunkte: a) Ennobius war

boren. Die Familie der Anicier, aus welcher er stammte, war eine
der edelsten und reichsten des damaligen Rom[1]). Nachdem er seinen
Vater verloren hatte, wurde er, wie aus seinen eigenen Worten[2])
hervorgeht, der Fürsorge einiger angesehenen Männer, vielleicht des
Festus und Symmachus[3]), anvertraut, welches letzteren Tochter
Rusticiana[4]) später seine Gemahlin wurde. Diese Männer scheinen
von Anfang an alle Sorgfalt auf die Ausbildung ihres Zöglings
verwendet zu haben; denn zu dessen vielseitiger Gelehrsamkeit, die
von den Zeitgenossen[5]) gepriesen wird und deren Denkmäler in unseren Händen sind, wurde schon frühzeitig der Grund gelegt[6]).

---

c. 473 geboren und behandelt den Boethius wie einen Jüngeren (cf. Ennod.
eucharist. de vita sua in Migne Patrolog. curs. complet. Tom. 63. Paris 1847.
p. 248). Danach ist dieser nach 473 geboren. b) Boethius selbst war im J.
510 bereits Consul. c) In dem Buche de consol. philos., welches c. 525 abgefaßt
ist, klagt er (I Metr. 1) über vorzeitige graue Haare, ist also wohl damals weniger als 50 Jahre alt gewesen; denn bei diesem Alter sind graue Haare nicht
mehr intempestivi. Danach war er nicht vor 475 geboren. d) Damals waren
bereits Söhne von ihm Consuln gewesen (im J. 522. cf. Baur p. 13 not. 13)
und zwar in sehr jungen Jahren (de consol. philos. II. pros. 3. 4.), jetzt also ungefähr 20 Jahre alt (cf. Anmerk. 1), er selbst demnach mindestens über 40 Jahre
alt; demnach war er nicht später als 485 geboren. Die äußersten Termini sind
also 473 (475) und 485.

[1]) Nach Niebuhr ursprünglich eine präneftinische Familie (Röm. Alterthüm.
S. 159. Herausgeg. von Iler. Berlin 1858. S. ebendas. p. 207 über das für
einen Consul erforderliche Alter).

[2]) De consol. philos. II. pros. 3.

[3]) S. Vallinus zu der a. Stelle in edit. Lugd. Batav. 1671.

[4]) Die unhaltbare Meinung, Boethius sei zuerst mit einer Elpis verhei-
rathet gewesen, ist jetzt aufgegeben. S. Obbar. p. XII. not. 16.

[5]) cf. Ennodius epist. VII, 13. Cassiodor. var. epist. I, 45. Procop.
de bello Goth. I, 1. p. 11. edit. Dindorf. Ennod. paraen. didascal. p. 254 bei
Migne Patrol. Tom. 63.

[6]) Daß sie ihn aber nach Athen geschickt, damit er an Ort und Stelle die
griechische Bildung in sich aufnähme, diese Meinung beruht theils auf einer Er-
dichtung des Verfassers der Schrift de disciplina scholarium, deren Unächtheit und
sehr späte Abfassungszeit längst erwiesen ist (s. Obbarius p. XVII ff.), theils auf
einer mißverstandenen Stelle des Cassiodor. und läßt sich durch Nichts beweisen.
Cassiodor. sagt in einer rhetorischen Phrase (var. epist. I, 45), Boethius habe
die Wissenschaften an der Quelle eingeschlürft und, obwohl weit entfernt, die Schule
der Athener besucht; daß er damit weiter nichts meint, als daß er unmittelbar
aus den griechischen Schriftstellern geschöpft habe, geht aus den begrün-

Genug — Boethius beschäftigte sich gründlicher, als irgend einer seiner Zeitgenossen, mit fast allen Wissenschaften, die seit Martianus Capella das Trivium (Dialektik, Grammatik, Rhetorik) und das Quadrivium (Astronomie, Musik, Arithmetik, Geometrie) ausmachten, und mit der Philosophie, als deren Pforte er das letztere betrachtete. Seinen Zeitgenossen und dem ganzen Mittelalter kamen diese Studien dadurch zu Gute, daß er theils in selbstständigen Schriften, theils in Uebersetzungen und Erklärungen älterer griechischer und römischer Werke[1] deren Früchte verwerthete.

Die genannten Zeitgenossen bezeugen aber nicht allein seine wissenschaftliche Bildung, sondern auch den Adel und die Hoheit seiner Gesinnung. Die Vereinigung aller dieser Eigenschaften, hohe Geburt, Reichthum, umfassende Gelehrsamkeit und Bildung, sittliche Tüchtigkeit, eröffneten dem Boethius eine glänzende Laufbahn. Schon als Jüngling erlangte er hohe Ehrenstellen[2], wurde unter die Patricier aufgenommen und bekleidete im Jahre 510 das Consulat[3]. Den höchsten Einfluß aber erlangte er durch sein Verhältniß zu dem großen Ostgothenkönig, welcher (im J. 489, also) während der Jugend des Boethius die Herrschaft über Italien erlangt hatte. Theodorich, der den Letzteren wegen seiner Bildung und politischen Einsicht hochschätzte, nahm vielfach die Dienste desselben in Anspruch. Unter Anderem beauftragte er ihn mit der Ordnung des Münzwesens und der Regulirung von Maß und Gewicht[4], und als der Burgunderkönig Gundobald ihn um eine Wasser- und Sonnenuhr bat, ließ er solche von Boethius, der auch mit der Mechanik vertraut war, besorgen[5]. Dieser benutzte mit Erfolg das Vertrauen des Königs dazu, unschuldig Angeklagten Recht zu schaffen, die arglistigen Pläne raubgieriger Höflinge zu vereiteln und dem Könige im Interesse der italienischen Provinzen von verderblichen[6] Maß-

---

benden Worten hervor, welche aussagen, daß durch seine Uebersetzungen Pythagoras, Ptolemäus u. s. w. Italien zugänglich geworden seien. Vergl. auch Baur S. 7 Anmerkung.

[1] Davon wird unten die Rede sein.
[2] S. de consol. philos. II. pros. 3.
[3] Baur p. 13. not. 13.
[4] Cassiodor. epist. var. I, 10.
[5] Cassiodor. epist. var. I, 45.
[6] De consol. philos. I. pros. 4.

regeln abzurathen. Dadurch, sowie durch mildthätige Spendungen
an die Armen[1]) machte er sich auch beim Volke beliebt. Seine einzigen Feinde waren jene Höflinge, zum Theil Gothen, zum Theil
Romanen, denen es endlich gelang, ihn zu stürzen. Zwar war ihnen
dies unmöglich, so lange die Umstände die kluge und maßvolle Po-
litik des Theodorich begünstigten, und dieser sich einen unbefangenen Blick bewahrte. Das Schisma, welches seit den Zeiten des
Henotikon (482) zwischen dem kaiserlichen Hofe von Byzanz und
den römischen Bischöfen bestand, behütete den arianischen König vor
einer gefährlichen Coalition des römischen Katholicismus und des
byzantinischen Imperialismus, welcher der Selbstständigkeit und Macht
des Ostgothen in Italien nicht günstig sein konnte. So lange beide
uneinig waren, wußte er, ohne sich etwas zu vergeben, sich einerseits
mit der römischen Kirche durch Toleranz, mit dem römischen Senat
durch schonende Anerkennung, mit Italien durch eine vortreffliche
Verwaltung, andererseits mit den griechischen Kaisern durch Vermeidung jeder offenkundigen Verletzung ihrer Scheinsouveränität in
freundschaftlichem Vernehmen zu erhalten. Allein im Jahre 518
stellte Justin die Kirchengemeinschaft mit Rom her, und die Folgen
des erneuerten Friedens zeigten sich bald genug. Justin erließ ein
Edict[2]) gegen die Arianer, ihre Kirchen wurden ihnen genommen,
der Gottesdienst verboten, sie selbst von allen Staatsämtern ausgeschlossen und zum Theil mit Gewalt zum Katholicismus bekehrt.
Theodorich erkannte, daß diese Maßregel, für die sich augenblicklich
in dem Benehmen der Arianer des römischen Reiches keine Veranlassung fand, im Grunde gegen ihn gerichtet war. Er säumte nicht,
mit aller Entschiedenheit zu protestiren, drohte mit Repressalien und
sandte den römischen Bischof Johannes (I.) mit dem Auftrage nach
Constantinopel, die Aufhebung der Maßregel gegen die Arianer zu
verlangen. Johannes, der natürlich mit Widerstreben und nur
gezwungen eine solche Gesandtschaft übernahm, wurde als römischer
Bischof mit Ehrerbietung in Constantinopel empfangen. Was er

---

[1]) Procop. de bello Goth. edit. Dindorf. 1, 1. p. 11: πολλοῖς τε ἀστῶν
καὶ ξένων χρήμασι τὴν ἀπορίαν ἰασαμένω (Σύμμαχος καὶ Βοέτιος).
[2]) Vgl. außer den Werken von Gibbon und Schlosser: du Roure, histoire de Theodor. le Grand. Paris 1846. Tom. II. l. VII. chap. 3.

indessen ausgerichtet, ist nicht ganz klar[1]), vermuthlich hat er für
seine Person dem Kaiser nichts weniger als zugeredet, auf alle
Forderungen einzugehen, kurz — er wurde, nach Ravenna zurück-
gekehrt, wahrscheinlich als des Einverständnisses mit Justin und der
Conspiration gegen Theodorich verdächtig, ins Gefängniß geworfen,
in welchem er im Jahre 526 starb. In die Zeit dieser Ereignisse,
die von Anfang an den Theodorich mit Mißtrauen auch gegen
Unschuldige erfüllten, fällt der Sturz des Boethius. Ein römischer
Senator Albinus war bei dem König eines Majestätsverbrechens[2])
angeklagt, Boethius eilte nach Verona und vertheidigte ihn, sowie
den ganzen Senat, auf welchen die Anklage ausgedehnt worden war,
mit großer Freimüthigkeit. Er trug, wie Keiner, die alte römische
Freiheit im Herzen; doch wußte er, daß ihre Zeit längst nicht mehr
war, und, weit entfernt, einen Versuch ihrer Wiederherstellung zu
machen, that er hier ohne alle ehrgeizigen Pläne nur das, wozu ihn
sein Rechtsgefühl und seine Wahrheitsliebe trieb: er vertheidigte den
Senat, der in schnödem Undanke und kriechender Unterthänigkeit ihn
bald darauf dem Theodorich preisgab, gegen unbegründete Vorwürfe. Dies stellten seine Ankläger, Basilius, Opilio, Gau-
dentius, dem Könige, den sein Alter und die Lage der Dinge
argwöhnisch gemacht hatten, als einen Beweis hochverrätherischer
Tendenzen dar — aller Wahrscheinlichkeit nach mit Unrecht. Die
gleichzeitigen Berichterstatter wenigstens berechtigen uns zu dieser
Auffassung. Freilich hat man eingewendet, diese seien Katholiken,
was übrigens bei Procopius nur wahrscheinlich, nicht gewiß ist,
und daher gegen Theodorich eingenommen, in Folge dessen aber
blind gegen die wahre Bedeutung des Schrittes, den Boethius
that. Dieser habe sich allerdings gegen den Ostgothenkönig ver-
schworen, sich auch mit den kirchlichen Gegnern desselben verbündet
und in diesem Interesse theologische Schriften verfaßt, was ihm ohne

---

[1]) Nach dem Anonymus Vales. a. a. O. p. 724 hätte Justin alles Uebrige
bewilligt, sich jedoch geweigert, den zum Katholicismus gezwungenen Arianern den
Rücktritt zum Arianismus zu gestatten. Andere anders, so Paulus Diaconus
in der Fortsetzung der hist. miscella incerti auctor. lib. XV. (in Muratori: rer.
Italicarum scriptor. Tom. I. pars I.) cf. Papebroch: acta sanct. VI. ad diem
Maj. XXVII.

[2]) De consol. philos. I. pros. 4.

solchen Zweck fern gelegen haben würde[1]). Wir unsererseits haben
nichts dagegen, daß man Nachrichten, wenn sie spärlich fließen, durch
Combinationen ergänzt und in den Berichten hin und wieder zwischen
den Zeilen liest. Allein die zuverlässigste Darstellung der in Rede
stehenden Thatsache ist offenbar in den Worten des B. selbst[2]) zu
suchen, und diese beweisen, daß die Zweifel, welche man gegen die
Zuverlässigkeit der Auffassung jener Gewährsmänner geltend gemacht
hat, unbegründet sind. Man könnte zwar einwenden, da es sich hier
um eine gegen B. selbst gerichtete Anklage handle, so dürfe er nicht
als Zeuge zugelassen werden. Aber dieser Einwand trifft nicht zu.
Denn B., der die consol. philos. angesichts des Todes schrieb, als er
nichts mehr zu hoffen und zu fürchten hatte, der sich nicht scheute,
den Theodorich in diesem Buche als einen rex avidus communis
exitii zu bezeichnen, B. würde gewagt haben, nunmehr einzugestehen,
was die Gegner ihm vorwarfen, falls die Thatsachen richtig waren
und deren Motive ihm für patriotisch galten. Alle seine Aussagen
machen den Eindruck der Aufrichtigkeit und Wahrhaftigkeit, und sein
Charakter berechtigt uns anzunehmen, daß er den Muth gehabt
haben würde, für das, was er im Namen des Vaterlandes gethan, das Martyrium anzutreten. In Wahrheit hatte er zu viel
Einsicht in die damaligen Verhältnisse, um sich dem Glauben hinzu-
geben, jetzt könne die alte römische Freiheit, an die er freilich mit
wehmüthiger Sehnsucht zurückdachte, wiederhergestellt werden, oder
um zu wähnen, die Herrschaft Ostroms sei dieser günstiger, als
die ostgothische.

Jene wehmüthige Sehnsucht und das Bewußtsein, daß diese
nicht mehr gestillt werden könne, nicht aber das Eingeständniß, er
habe Schritte gethan, um das Unmögliche möglich zu machen, liegt
in den Worten: „quae sperari reliqua libertas potest? atque uti-
nam posset ulla!“ Was er aber zugesteht, ist nichts Andres, als dies:
daß er „die Wohlfahrt des römischen Senates gewollt“, d. h. den
Senat gegen eine unbegründete Anklage wegen Hochverraths vertheidigt habe[3]). Nun hat man freilich gesagt, wenn die Sache wirklich

---

[1]) So z. B. du Roure a. a. O. u. Gfrörer in der allg. Kirchengeschichte.
[2]) De consol. philos. I. pros. 4.
[3]) »Senatum dicimur salvum esse voluisse.«

so liege, so sei und bleibe es unerklärlich, daß B., der zuvor das volle Vertrauen Theodorich's genoß, plötzlich bei diesem in Ungnade gefallen und endlich sogar auf dessen Befehl hingerichtet worden sei. Bringen wir aber den Haß und Neid der Widersacher, deren Plänen Klugheit Erfolg sicherte, in Anschlag, erwägen wir die große Reizbarkeit des Königs, welche durch einen im Allgemeinen wohlbegründeten Verdacht gegen seine katholischen Unterthanen hervorgebracht war, bedenken wir ferner, wie bequem und mit welchem Scheine der Wahrheit sich gerade eine Verwendung für den Senat in dem angeführten Sinne umdeuten ließ: so werden wir gestehen, daß der Schritt, welchen Theodorich that, nicht unerklärlich ist. Wenn die ganze politische Macht auf dem Spiele steht, sind die bedeutendsten und edelsten Charaktere in sittlicher Beziehung unberechenbar. Dem edlen Theodorich trauen wir keinen Meuchelmord zu, und doch hat er einen solchen an Odoaker begangen, als es sich entscheiden sollte, ob er allein in Italien herrschen würde. Dies geschah am Anfang seiner Laufbahn; warum sollen wir dem gegenüber die Hinrichtung des schuldlosen B., die in einem mindestens ebenso kritischen Moment geschah, unbegreiflich finden?

Durch untergeschobene Briefe, welche eine geheime Corresponenz dieses Letzteren mit dem Kaiser Justin darthun sollten, suchten die Ankläger ihre Beschuldigung zu erhärten. Um seinen Fall desto sicherer herbeizuführen, fügten sie noch die Anklage auf Magie hinzu (vergl. Nachträge), und obgleich Alles für die Unschuld des Verklagten sprach und der Charakter der Ankläger, von denen Keiner unbescholten und unpartheiisch war, den Theodorich hätte vorsichtig machen müssen: so wurde B. dennoch und zwar ungehört verurtheilt, zunächst in Pavia (Ticinum) gefangen gehalten und im Jahre 525 (oder 524) hingerichtet. Im Kerker verfaßte er die Schrift „vom Troste der Philosophie", auf die wir unten näher eingehen werden.

Zweites Hauptstück.

Entstehung der Sage von dem Martyrium des Boethius.

Diese den Schriften des B. und seiner Zeitgenossen entnom-
menen Nachrichten haben in der Folgezeit mancherlei Modificationen
und entstellende Zusätze erfahren, vor Allem aber eine falsche Deutung, deren Entstehung sich zwar nicht im Einzelnen verfolgen, im
Allgemeinen aber erklären läßt. Man machte den B. zum christlichen Märtyrer. Dies erklären wir uns folgendermaßen. Die Ostgothen, an ihrer Spitze Theoderich, waren bekanntlich Arianer, und
obwohl Letzterer sich im Ganzen der Achtung und Liebe auch der Romanen erfreute und, so lange er nicht gereizt wurde, den Katholicismus
duldete: so wurde er doch von der streng kirchlichen Partei als Be-
kenner und Beschützer eines häretischen Glaubens von vorn herein gefürchtet und gehaßt. Als nun der Kaiser Justin anfing, die Arianer
zu verfolgen und sich durch Theoderich's Protest davon nicht abbringen
ließ, als dieser in Folge dessen seinerseits von der bisher geübten Toleranz gegen die Orthodoxen abließ: mußte sich der Haß dieser letzteren
verschärfen; noch mehr mußte dies der Fall sein, als der König den
Papst Johannes (der auf diese Weise wirklich ein Blutzeuge des
katholischen Glaubens wurde) aus den vorher angegebenen Gründen
in's Gefängniß werfen ließ, wo derselbe bald darauf starb. Hätte
nun während des Zwiespaltes zwischen der kirchlichen Partei und
dem arianischen König B. dieselbe Stellung eingenommen, wie Johannes, und wäre er aus diesem Grunde hingerichtet worden: so
wäre er in der That ein Märtyrer des katholischen Glaubens. Dies
ist aber nicht der Fall[1]). Theilnahme an den Agitationen der kirchlichen Partei wurde ihm nicht einmal vorgeworfen. Dennoch
machen die seinen Sturz begleitenden Umstände die Entstehung der
Sage, derzufolge er für den Kirchenglauben gestorben sein soll, be-

---

[1]) Dies behauptet auch jetzt eigentlich Niemand mehr. Die Anklage auf
Magie deutet ja auch keineswegs auf kirchliche Orthodoxie, sondern auf neuplatonischen Paganismus. Vergl. Nachträge.

greiflich. Sie erklärt sich aus einer falschen Combination folgender richtigen Thatsachen: B. fiel als Opfer des tyrannischen Argwohns des Theodorich; seine Hinrichtung fand kurze Zeit vor dem Tode des Papstes Johannes statt, welcher wirklich als Märtyrer des Glaubens starb (cf. Anastas. bibliothec. lib. pontific. und Anonym. Vales.); und er starb unschuldig; obgleich er nichts weniger als orthodox war, wird er seiner trefflichen Gesinnung wegen allgemein beliebt gewesen sein; Theodorich aber war in den Augen der kirchlichen Partei ein Tyrann und zugleich ein Ketzer und lebte als solcher in dem Gedächtniß der römischen Kirche fort. Dies ergiebt sich unter Anderem aus der angeblichen Erzählung eines „Mannes Gottes", welche Gregor d. Gr. in seinen um 593 geschriebenen Dialogen anführt[1]). Auch auf die germanischen Völker ging etwas von dieser kirchlichen Auffassung über. So spricht Otto v. Freising (1. Hälfte des 12. Jahrh. Chronic. lib. V, 3) von einer Sage, derzufolge „Theodorich lebendig zu Pferde in die Hölle gefahren ist". Die Kaiserchronik, die freilich auch erst dem 12. Jahrh. angehört, von deren Anschauungen wir aber Rückschlüsse auf frühere Zeiten machen dürfen, rechnet den Dietrich zu den Verdammten[2]). In Verona selbst gab es eine Volkssage, wonach höllische Geister ihm Pferde und Hunde brachten (W. Grimm: die deutsche Heldensage). Nun hat nach neueren Forschungen die Sage von Dietrich von Bern nicht erst lange nach ihrer Entstehung einen historischen Anhalt an der Geschichte des Ostgothenkönigs empfangen, sondern der Dietrich der Sage ist von vorn herein Niemand anders, als Theodorich von Verona. Kurz — obgleich

---

[1]) „... hesterna die hora nona inter Ioannem papam et Symmachum patricium discinctus atque diascalceatus et vinctis manibus deductus (Theodoricus) in hanc vicinam Vulcani ollam iactatus est ... et quia Ioannem papam affligendo in custodia occidit, Symmachum quoque patricium ferro trucidavit, ab illis iuste in ignem missus apparuit, quos in hac vita iniuste iudicavit." Dial. IV, 30 in edit. Bened. Par. 1705. t. II.

[2]) „Vil manige daz sâhen, daz in die tievel nâmen: sie fuorten in in den berc ze Vulcân: daz gebôt in sent Johannes der heilige man. dâ brinnet er unz an den jungisten tac, daz im nieman gehelfen ne mac." Nach dem Gedicht „Etzels Hofhaltung" ward „Dietrich sündlicher Reden wegen von einem gespenstigen Pferde, das der Teufel selber ist, in die Wüste Rumeny geführt, da mit den Gewürmern bis an den jüngsten Tag zu streiten." Dietrichs gewaltsames Ende hat W. Grimm aus seiner übernatürlichen Geburt abgeleitet. Andere erklären es anders. Ich erlaube mir,

das Bild, welches die germanischen Völker von ihm bewahrten, hauptsächlich den Helden darstellte, und im Allgemeinen ein erhebendes
und wohlthuendes war: so galt er doch auch bei diesen andererseits
für einen Ungläubigen, den zuletzt der Teufel holte, eine Ansicht,
die sich nur um so mehr befestigen mußte, als die germanischen
Völker, die ursprünglich selbst dem Arianismus huldigten, sich zum
Katholicismus bekehrten.

War nun dies das Bild, welches die Kirche festhielt, so ist es
ja keineswegs unerklärlich, daß man einige hundert Jahre nach jener
Periode in einer Zeit — nicht der historischen Kritik, sondern der
Legende, indem man das Schicksal des Boethius und des Johannes in einander verschlungen dachte, geneigt war, beide Opfer
des Theodorich für Märtyrer der Rechtgläubigkeit zu halten.
Dazu kommt, daß man gern alles Edle und sittlich Große auf das
Christenthum zurückführte und daß den jugendlichen germanischen
Völkern die Gabe des Christenthums und der ersten Elemente der
antiken Bildung so gleichzeitig zu Theil wurde, daß ihnen oft
beides zusammenfiel. Mittler und Dollmetscher der griechisch-römischen Wissenschaft war ihnen aber Keiner mehr, als gerade Boethius. Dennoch wäre es vielleicht nicht dahin gekommen, daß man
einen Mann, der in Wahrheit doch nur ein edler Charakter, vielleicht auch ein Christ, ferner ein Opfer des Theodorich war, mit
der Krone eines christlichen Blutzeugen schmückte, wenn dieser Mann
sich nicht durch ein handgreifliches Denkmal seiner Gesinnung, seines
Charakters und seines Geistes das Interesse und die Liebe der folgenden Geschlechter erworben hätte. Dies ist nun bei Boethius
sicher der Fall. Es ist nämlich Thatsache, daß kein Buch in den
ersten christlich-germanischen Jahrhunderten so gern gelesen und übersetzt wurde, wie des Boethius Buch „vom Troste der Weisheit".
Dies muß uns zunächst auffallen; denn das Buch trägt jedenfalls

---

übernatürlichen Geburt abgeleitet. Andere erklären es anders. Wir erlauben uns,
die Vermuthung auszusprechen, daß diese Seite der Sage eine Folge des Eindrucks
ist, den Theodorichs Ketzerei (Arianismus) und die gegen Boethius, Symmachus
und Johannes geübten Gewaltthaten auf die nachfolgenden Geschlechter machten.
Auch der Anonym. Vales. (hinter der Ausgabe des Ammian. Marcellin.)
macht darauf aufmerksam, wie Theodorich, der in seiner früheren Periode so viel
Gutes gestiftet, zuletzt vom Teufel verführt worden sei.

ben Stempel einer literarisch entarteten Zeit. So edel die Gesinnung seines Verfassers ist, so weht doch darin kein frischer naturkräftiger Geist, wie er unbefangene Gemüther hätte unmittelbar ansprechen müssen. Ebenso wenig hat das Buch ein wahrhaft künstlerisches Gepräge, welches allenfalls denselben unbefangenen Gemüthern hätte imponiren können. Auf der andern Seite ist zunächst nicht zu über-sehen, daß mit den logischen Schriften des Boethius, die für die Gelehrten fast der einzige wissenschaftliche Katechismus waren und daher weit verbreitet wurden, auch dieses Werk überall mit ein-bringen konnte und mußte, und das Wenige, was man hatte, nahm man dankbar hin. Ferner fehlt es auch sonst in der Geschichte nicht an Beispielen davon, daß auf diejenigen, die erst anfangen, die Bildung zu schätzen, das Rhetorische, das Pathetische oder das Glatte zunächst mehr Anziehungskraft ausübt, als das Naive und Schmuck-lose, mag es auch noch so genial sein[1]). Was aber die Hauptsache ist, — es spricht aus diesem Dialog eine so tüchtige, reine, für die Wissenschaft sittlich begeisterte, in der bittersten Trübsal ruhige Seele, daß wir begreifen, wie derselbe in jenen Zeiten so tiefen Eindruck machen konnte. Ferner war zwar nicht von Christus, aber von Gott viel die Rede in diesem Buch, und es war nicht Jedermanns Sache, den platonischen Gott vom christlichen zu unterscheiden. Sprach doch Boethius darin von prima divinitas[2]), was man sich beeilte, auf Gott den Vater, die erste Person der Trinität, zu beziehen. Sittliche Wahrheiten, die auch das Christenthum predigt, waren hier mit ziemlicher Schärfe und Klarheit und doch in der leichten Form des Dialogs vorgetragen. Das Christenthum war nirgends gröblich verletzt, bei oberflächlicher Betrachtung zeigten sich nicht einmal Ab-weichungen von der orthodoxen Lehre. Auch von Engeln, von läu-ternder Barmherzigkeit (purgatoria clementia) und von Liebe stand darin geschrieben[3]), und der Verfasser — war einst vom arianischen Theodorich hingerichtet worden. Mußte dieser unschuldig Leidende nicht ein christlicher Märtyrer gewesen sein? Daß Boethius für

---

[1]) Virgil wurde lange Zeit hindurch höher gestellt, als Homer. In dem Ju-gendalter der deutschen Literatur kostete es Mühe, Shakspeare und den Griechen Eingang zu verschaffen, wo die Franzosen und die Römer leicht die Herrschaft er-langt hatten. Doch ist dies nur eine Analogie.

[2]) S. die richtige Erklärung unten Achtes Hauptst. Abschn. 2.

einen solchen gehalten ward, ist ebenso sicher[1]), als daß er es in der That nicht war. Denn obgleich es eine erst noch zu beantwortende Frage ist, ob er die christlich-theologischen Schriften, auf die wir bald kommen werden, verfaßt hat: das bedarf heutzutage keines Beweises mehr, daß er keineswegs für den Glauben, sondern als Opfer des Verraths durch einen König den Tod erlitt, der ihn im politischen Sinne für einen novarum rerum studiosus ober für einen vindex der römischen Freiheit hielt. Er könnte ja nebenbei theologische Schriften verfaßt und doch vorzüglich sich auf politischem Gebiete bewegt haben und als Blutzeuge der Vaterlandsliebe gefallen sein[2]). Die kirchlichen Geschichtsschreiber, die einige Jahrhunderte nach ihm lebten, hielten ihn aber nicht nur für den Verfasser trinitarischer, christologischer und andrer theologischer Abhandlungen, sondern auch für einen Märtyrer der rechtgläubigen Wahrheit. Severinus Boethius wurde zum heiligen Severinus, und als solcher wird er (vielleicht seit der Zeit des Longobardenkönigs Luitprand[3]) und auf Veranlassung desselben) (im 8. Jahrhundert) zu Pavia und in andern italienischen Gemeinden am 23. October verehrt[4]).

Paulus Diaconus[5]) (im 8. Jahrhundert) nennt ihn einen vir catholicus. Abo, Erzbischof von Vienne[6]), (im 9. Jahrhundert) sagt: Theodorich habe ihn und Symmachus[7]), seinen Schwiegervater, pro catholica pietate getödtet. Diese Meinung hat sich Jahrhunderte lang behauptet, wird aber heute von Niemand mehr zuversichtlich vertheidigt. Bald nach dem Hervortreten derselben finden sich auch die ersten Citate theologischer Schriften des angeblichen Boethius, auf welche wir unten näher eingehen werden. Im All-

---

[1]) Zuerst nachweisbar bei Abo v. Vienne im breviarium chronic. cf. Max. bibl. vet. patr. Lugd. 1677. p. 798.

[2]) Dies ist die Ansicht von G. Baur a. a. O.

[3]) cf. Papebroch a. a. O.

[4]) a. a. O.

[5]) In Muratori rer. Italicar. scriptor. Tom. I. p. I. Mediol. 1723. p. 103. (in lib. XV. der Fortsetz. der histor. miscell. incerti auctor.)

[6]) a. a. O. cf. not. 1.

[7]) Spuren der Legende von Symmachus, dem Leidensgefährten des Boethius, finden sich schon bei Gregor d. Gr. dialog. IV. cap. 30 in edit. Benedict. Paris 1705. Tom. II.

gemeinen indessen wollen wir unsre Ansicht über dieselben, welcher
die folgenden Untersuchungen zur Begründung dienen, schon hier aus=
sprechen. Zugleich fassen wir das bisher Gesagte zusammmen. Unsre
Ansicht ist folgende: Die Fabel von dem Märthyrertod des Boe=
thius entstand ursprünglich aus einer falschen Beurtheilung der
richtigen Thatsache, daß er ein Opfer des arianischen Theodorich
wurde. Mit der Verbreitung der ächten Schriften des Mannes,
besonders des Buches „vom Troste der Weisheit", stieg die Ver=
ehrung für den vermeintlichen Märthyr. Andrerseits hatte man
Schriften, die zum Theil aus Boethius compilirt waren, oder
doch wenigstens durch ihren scholastisch=dialektischen Charakter an
dessen logische Schriften erinnern konnten. Schon deshalb war
man geneigt, sie dem Boethius zuzuschreiben, wurde aber in der
Meinung, derselbe sei ihr Verfasser, durch die Sage von seinem Mär=
thyrertod bestärkt. Auch sie dienten ja der Vertheidigung des katho=
lischen Glaubens, und der Mann, der so viel geschrieben hatte,
mußte doch auch zur Vertheidigung des Glaubens, für den er ge=
storben sein sollte, Schriften verfaßt haben. In dem Buche „vom
Troste der Weisheit", das man freilich für christlich hielt, fand man
eine solche Vertheidigung nicht. Endlich mag noch eine Verwechs=
lung mit einem andern Severinus — der Philosoph hieß ja
Severinus Boethius — im Spiel gewesen sein. Jedenfalls ist
es merkwürdig, daß der Gedächtnißtag des heiligen Severin zu
Pavia (23. October) gerade der war, für welchen das Marthrolo=
gium des Usuard [1]) (um 875) einen St. Severinum episcopum
Coloniensem nennt, also einen andern gleichnamigen (Cölner)
Confessor. Dieser oder ein andrer Severinus [2]) (es gab deren

---

[1]) edit. Lovanii 1573. fol. 178.

[2]) Es heißt von diesem a. a. O.: cuius catholica fide maximoque sudore ac
sana doctrina Coloniensium … ecclesiae *ab infestatione Arianae haeresis* sunt
defensae. Da demnach auch dieser Severin mit der arianischen Ketzerei zu kämpfen
hatte, wie der Sage nach Sever. Boethius, so konnte das Zusammenfallen der
Gedächtnißtage beider noch viel eher Verwechselungen herbeiführen, oder umgekehrt.
Und gerade die Schriften des Pseudo=Boethius über die Trinität, also die anti=
arianischen, waren die bekanntesten. Ein anderer St. Severinus, »abbas monasterii
Agaunensis«, lebte, wie Boethius, zur Zeit des Chlodewig, hatte also auch etwas
mit ihm gemein. Vielleicht sind (mit Ausnahme der christologischen Schrift)
die pseudo=boethianischen Schriften auf diese und andere Severini zu vertheilen.

nicht wenige) mag wenigſtens einen Theil der pſeudoboethianiſchen
theologiſchen Schriften verfaßt haben. Zwar iſt es vorläufig nicht
möglich, bei der Frage nach dem wahren Verfaſſer jener Schriften
ein ſolches poſitives Reſultat zu erzielen; daß aber Boethius jene
theologiſchen Schriften nicht verfaßt hat, dieſes negative Reſultat
wird ſich als ein ſicheres aus den folgenden Unterſuchungen ergeben.

.

Drittes Hauptſtück.

Aufzählung der Schriften des Boethius.

Wir gehen nunmehr auf die Schriften des Aniciers über und
treten damit unſrer eigentlichen Aufgabe näher.

Die neueſte Ausgabe[1]) des Boethius, in welcher die nicht
verloren gegangenen Schriften, die dieſem je zugeſchrieben wurden,
am vollſtändigſten enthalten ſind, enthält folgende Bücher:

1. De consolatione philosophiae, libri V.
2. De unitato et uno.
3. De arithmetica, libri II.
4. De musica, libri V.
5. Euclidis Megarensis geometriae libri II, ab An.
   Manl. Sev. Boethio translati.
6. Dialogi II in Porphyrium a Victorino translatum.

---

[1]) Patrolog. curs. complet. Tom. 63. 64. Paris. accur. I. P. Migne 1847.
Dieſe Ausg. möge uns zum Ausgangspunkt dienen, weil ſie ſicher eher zu viel als
zu wenig enthält. Unter Ausgangspunkt verſtehen wir aber nicht „Baſis"; denn
da die Herausgeber ſich nicht die Mühe nehmen, Rechenſchaft von ihren Grund-
ſätzen über Auswahl der aufzunehmenden Schriften und über Kritik überhaupt zu
geben, ja nicht einmal die Verfaſſer der abgedruckten Noten, Einleitungen und anderen Abhandlungen überall deutlich nennen, ſo daß es für den Unkundigen oft
zweifelhaft iſt, aus welchem Jahrhundert ſie ſtammen, ob ſie aus früheren Editionen
abgedruckt oder neu ſind — aus allen dieſen Gründen bildet dieſe Ausgabe keine
ſichere Grundlage. Wenn es den Unternehmern derſelben hauptſächlich auf Wohl-
feilheit ankommt, ſo muß man ſeine Anforderungen einigermaßen herabſtimmen.
Indeſſen die erwähnten Mängel könnten in jedem Fall leicht gehoben und wenigſtens auf den Druck könnte etwas mehr Sorgfalt verwendet werden.

7. Boethii commentariorum in Porphyrium a se translatum libri V.
8. In categorias Aristotelis, libri IV.
9. In librum de interpretatione:
   editionis primae, libri II;
   editionis secundae, libri VI.
10. Interpretationis priorum analyticorum Aristotelis libri II.
11. Interpretationis posteriorum analyticorum Aristotelis libri II.
12. Introductio ad syllogismos categoricos.
13. De syllogismo categorico, libri II.
14. De syllogismo hypothetico, libri II.
15. Liber de divisione.
16. Liber de definitione.
17. Interpretationis topicorum Aristotelis libri VIII.
18. Interpretationis elenchorum sophisticorum Aristotelis . libri II.
19. Commentariorum in topica Ciceronis libri VI.
20. De differentiis topicis libri IV.
21. De rhetoricae cognatione.
22. Locorum rhetoricorum distinctio.
23. De disciplina scholarium.
24. De unitate trinitatis.
25. Utrum pater et filius ac spiritus sanctus de diviuitate substantialiter praedicentur.
26. Quomodo substantiae bonae sint.
27. Brevis fidei christianae complexio.
28. Liber de persona et duabus naturis.

Außer den ächten unter diesen Schriften hat Boethius noch einige andere verfaßt, die aber nicht erhalten sind. Dahin gehören:
1. Commentaria in Aristotelis topica[1]).
2. Ueberſetzungen von Schriften des Aſtronomen Ptolemaeus,

---

[1]) Belegt durch Boethius de differ. top. lib. II. Migne. Tom. 64. p. 1191: »Quos in expositione topicorum Aristotelis diligentius persecuti sumus,« cf. ibid. in fine libr. IV: »In his commentariis, quos in Aristotelis topica... conscripsimus.«

des Archimedes, des Pythagoras[1]), des Nicomachus, des Plato[2]).

Vielleicht sind dahin auch zu rechnen:

1. Die Hebdomades, die aber nur in dem wahrscheinlich un=ächten Buche „Quomodo substantiae bonae sint" (Nr. 26 oben) angeführt sind.

2. De praedicatione potestatis et possibilitatis, von Trithe=mius nach Sigebertus Gemblacensis angeführt.

3. Epistolarum liber I (nach Trithemius).

Beabsichtigt, aber wahrscheinlich nicht ausgeführt hat Boe=thius:

1. Eine Uebersetzung aller Schriften des Aristoteles[3]).

2. Eine Concordia des Aristoteles und Plato, d. h. einen Nachweis ihrer Uebereinstimmung in den wichtigsten Lehren der Philosophie[3]).

Die angeführten Schriften lassen sich in fünf Klassen theilen: es sind darunter begriffen: 1. solche, die zwar nachweislich von Boethius beabsichtigt, aber wahrscheinlich nicht ausgeführt sind; 2. solche, die zwar sicher ausgeführt, uns aber nicht erhalten sind; 3. solche, die zwar erhalten sind, deren Aechtheit aber Zweifeln unterliegt; 4. solche, die nicht erhalten sind, deren Abfassung durch Boethius aber auch nicht völlig beglaubigt ist; 5. solche, die er=halten und sicher ächt sind[4]).

Auch die erste und zweite Klasse, die für uns nur Titel, nicht Bücher enthalten, sind für unsre Frage nicht ohne alle Bedeutung; denn daß Boethius jene Schriften theilweise verfaßt hat, theils hat verfassen wollen, wirft ein Licht auf sein Interesse für die an=

---

[1]) Ob damit der alte Philosoph selbst gemeint ist? Diesem wurden im spä=teren Alterthum Schriften beigelegt, aber wohl mit Unrecht. Diogen. Laertius nennt vier Pythagoras (VIII, 46), unter diesen einen von Zakynthos, einen Musiker. Diesen mag Cassiodor. (ep. 45) gemeint haben. S. Pauly, Realencyklopädie des Alterthums. Bd. VI. p. 329.

[2]) Diese Schriften sind sämmtlich belegt durch Cassiodor. var. epist. I, 45.

[3]) Belegt durch de interpretatione ed. II. lib. II. praefat.

[4]) Dazu kommen noch 6. inedita, die laut einiger Bibliothekskataloge auf Handschriften dem Boethius beigelegt werden. Vgl. Acten der Wiener Philologen=Versammlung in: Zeitschrift für die österreichischen Gymnasien. 1858. Heft 9. S. 730—32.

tike Philosophie, auf die Stellung, welche er dem Plato und dem
Aristoteles gegenüber einnahm[1]). Aber im Uebrigen versteht es sich
von selbst, daß sie, zumal bei unsrer Untersuchung, am wenigsten in Betracht kommen. Eine der genannten Schriften könnte freilich zu den
theologischen gehören, von den Hebdomades nämlich steht nicht fest,
was darunter zu verstehen ist. Der Verfasser derselben, mag man nun
den Boethius darunter verstehen oder nicht, ist sicher derselbe, der die
Abhandlung de bono (oder quomodo substantiae bonae sint, siehe
oben S. 20 unter Nr. 26) geschrieben hat. Dieser versteht wahrscheinlich unter hebdomades kleinere Schriften, die er zu seinem
Privatgebrauch (nicht für das Publicum) verfaßte und in Heptaden
theilte[2]). Er sagt selbst, sie seien nicht für das Publicum bestimmt,
wahrscheinlich sind sie nie Jemandem zu Gesichte gekommen, außer
dem Verfasser. Sicher aber ist, daß man in Ermangelung derselben
den Tractat, in dem sie angeführt werden, selbst de hebdomadibus
titulirt hat. So nennt das Buch de bono z. B. Thomas v. Aquino
und Trithemius. Hauptsächlich aber kommt es auf die erhaltenen
Schriften und das Verhältniß des Boethius zu ihnen an, und bei
der Verfolgung des Hauptzweckes dieser Abhandlung, welcher dahin
geht, die Aechtheit der theologischen Schriften zu untersuchen, sollte
der Index der in der Pariser Ausgabe (1847) enthaltenen Schriften
den Ausgangspunkt bilden.

Es fragt sich zunächst: 1. welche unter den angeführten Schriften
machen darauf Anspruch, theologische zu heißen? 2. zweitens
handelt es sich um eine kurze Angabe der bis jetzt hervorgetretenen
Meinungen über die Aechtheit der genannten Schriften; 3. dann erst
können wir — nach Feststellung der Kriterien, nach welchen jener Punkt
entschieden werden muß — zur eigentlichen Untersuchung übergehen.

---

[1]) Die Absicht des Boethius, nachzuweisen, daß Plato und Aristoteles in allen
wesentlichen Punkten übereinstimmten, hatte wahrscheinlich ein apologetisches Motiv.
Nach dem Spruch: »Concordia res parvae crescunt« wollte er zeigen, daß die an-
tike Philosophie nicht eine so vielköpfige Hydra sei, wie es die Christen behaupten
mochten. Dies liegt vielleicht auch in den Worten der Vorrede zu de interpret.
edit. secunda. lib. II. Migne. Tom. 64. p. 453.

[2]) Dies folgt aus dem Anfang eben jener Schrift de bono. Vgl. dazu die
Note des Vallinus.

Viertes Hauptstück.

Die theologischen Schriften.

Indem wir zur Beantwortung jener Frage schreiten, verzichten wir auf die Erörterung einiger rein philologischen Punkte, auf welche wir nur vorübergehend hinweisen.

Von den oben aufgezählten wirklich vorhandenen Schriften sind nun die meisten sicher ächt[1]), sind durch Boethius selbst oder dessen Zeitgenossen als solche bezeugt und geben überhaupt keinem Zweifel Raum. Dagegen sind folgende neun unächt, oder ihre Aechtheit ist doch zweifelhaft:

1. De unitate et uno.
2. De rhetoricae cognatione.
3. Locorum rhetoricorum distinctio.
4. De disciplina scholarium.
5. De unitate trinitatis.
6. Utrum pater et filius ac spiritus sanctus de divinitate substantialiter praedicentur.
7. Quomodo substantiae bonae sint.
8. Brevis fidei christianae complexio.
9. Liber de persona et duabus naturis.

Von diesen Schriften ist die vierte, eine pädagogische, de disciplina scholarium, anerkannt unächt[2]). Die zweite und dritte, welche beide erst 1831 von Angel. Mai nach einem alten (11. Jahrhundert) Codex herausgegeben worden, stehen in einem nahen Verhältniß zu „de differentiis topicis“, lib. IV., und die Vermuthung G. Baurs[3]), daß sie keine selbstständigen opuscula seien, sondern den Inhalt eben jenes Buches, aber verstümmelt, wiedergäben, ist wohl begründet[4]).

---

[1]) S. die Belege bei Obbarius p. 16 ff. Baur p. 8 ff.
[2]) S. Obbarius p. 17 ff.
[3]) S. p. 11 in der a. Schrift.
[4]) Bertius spricht ferner von einer verloren gegangenen Schrift von der Quadratur des Cirkels, die jedoch nicht von Boethius herrührt, sondern dem 11. Jahrh. angehört. S. A. Mai in Boeth. ed. Migne. Tom. 64. p. 1217.

Für uns haben nur folgende theologische Schriften ein näheres Interesse:

1. Quomodo trinitas unus deus ac non tres dii (de unitate trinitatis).
2. Utrum pater et filius etc. (cf. sub Nr. 6).
3. Brevis fidei christianae complexio.
4. De persona et duabus naturis contra Eutychen et Nestorium.

Die beiden übrigen [1]): „de unitate et uno" und „quomodo substantiae in eo, quod sint, bonae sint, cum non sint substantialia bona" sind nicht christlich=theologischen, sondern abstract metaphysischen Inhaltes; da indessen in ersterer augenscheinlich Beispiele aus der Bibel vorkommen, so werden wir dieselbe später mit einigen Worten berücksichtigen.

Außer jenen vier werden, so viel wir wissen, dem Boethius keine christlichen Schriften beigelegt, in den Titeln dieser aber herrscht ein bedeutendes Schwanken [2]). Wir nun werden uns,

---

[1]) Beide Schriften, besonders die letzte (de bono), sind compilirt aus de consol. philos., anderen ächten und einigen pseudo=boethianischen Schriften (vgl. besonders die Vorrede der größeren über die Trinität). Sie sind beide von den Zeitgenossen nicht bezeugt und enthalten weiter nichts, als breitere Ausführungen einzelner Sätze des Boethius oder Erörterungen von Problemen, die sich den Verfassern aus der Lectüre des Boethius ergeben hatten. Die zweite (de bono) geht uns eigentlich gar nicht an, weil sie weder christlich=theol. Inhalt hat, noch irgend etwas enthält, was nicht ebenso gut ein Neuplatoniker, wie ein Christ sagen konnte. So weit liegt also in dem Inhalte derselben keine Nöthigung, sie dem Boethius abzusprechen. Sie ist indessen wahrscheinlich das Werk eines lange nach Boethius lebenden Klerikers, dem der neuplatonische Satz: »omne, quod est, bonum est« bei der Lectüre des Boethius aufgefallen war und zu weiterem Nachdenken Veranlassung gegeben hatte. Auch der Stil spricht durchaus nicht für Boethius als Verfasser. Weil aber jener Satz in der Schrift de consol. philos. vorkommt, hat man die Abhandlung demselben zugeschrieben.

[2]) Wir bemerken darüber Folgendes: Alcuin (de process. spir. s. I, 2. p. 752. ed. Froben.) nennt ein Buch des Boethius: »de unitate substantiae patris et fil. atque spir. s.« und meint damit laut der von ihm angeführten Worte die bei Migne »Quomodo trin. unus deus etc.« titulirte Abhandlung. Hinfmar v. Rheims (de non trina deitate p. 460. 519. 474. 479. 521. ed. Sirmond. Tom. I. Lutet. Par. 1645) nennt einen »liber de trinitate« und spricht außerdem von dem »lib. contra Eutych. et Nestor.« und dem »lib. ad Ioannem diaconum«, womit das Buch: »utrum pater et filius etc.« gemeint ist, welches damals offenbar noch ohne

da es an einer kritischen Ausgabe derselben fehlt, welche die Un-
entschiedenheit aufheben müßte, an die Ausgabe von Ballinus

Ueberschrift war, daher durch den Namen des Abreſſaten bezeichnet wurde. Bruno
(bei A. Mai auct. class. etc. Tom. 3. p. 332, abgedruckt in Migne. ed.
Boethii) führt gleichfalls »de trinit. libellum« an und außerdem »contra Eutych.
et Nestor.« Ebenso nennen das Buch Honorius Augustodunensis (um 1120) und Sigebertus Gemblacensis († 1112): de s. trinitate (s. beide in Fabric. bibl.
ecclesiast. Hamb. 1718. III, 22). Der Anonymus Mellicensis (ebendaselbst)
nennt außer diesem auch das Buch contra Eutych. et Nestor. Vincentius v.
Beauvais († 1264) nennt nur ein Buch: de sancta trinitate (Specul. doctrin.
XVII, 56. specul. histor. XXI, 15). Thomas Aquinas (in opp. ed. Paris.
1660. Tom. XX. p. 64) nennt 1. de unitate essentiae et personarum trinit.; 2. ein
namenloses Buch ad Ioannem diaconum; 3. de hebdomadibus; 4. de fide christiana;
5. de duabus naturis et una persona Christi. Im Katalog des Trithemius sind
folgende Titel theologischer Boëthiana enthalten: 1. de sancta trinit. lib. I; 2. de
unitate trinit. lib. I; 3. de duab. nat. in Christo lib. I; 4. de fide lib. I; 5. de
unitate et uno lib. I und 6. de hebdomadibus lib. I. Die Angaben der älteſten
jener kirchl. Schriftſteller haben im Allgem. mehr Gewicht, als die Handſchriften, weil ſie älter ſind, als dieſe; daß aber auch die Handſchriften in den Titeln
nicht übereinſtimmen, zeigen die gedruckten Ausgaben, von denen wir einige verglichen haben. In den älteſten (in allen bis 1656) fehlt das Buch, welches
Trithem. »de fide« titulirt. Die übrigen fünf finden ſich in ihnen unter verſchiedenen Namen. So zählt die venet. Ausg. v. 1497 u. 1499 zwei libr. de trinit.,
die aber ihre beſondern Titel haben, und zwar das erſte Buch: quomodo trinit.
unus deus ac non tres dii, das zweite: utrum pater et fil. ac spir. s. de divinitate
substantialiter praedicentur. Außerdem enthalten ſie 3. den Titel: de hebdomad.
und 4. contra Eutych. et Nestor. de duab. natur. et una persona; 5. de unitate
et uno. Die baſeler Ausg. (1546) zählt vier Bücher de trinit., von denen die
beiden erſten denen der venet. entſprechen; das dritte »complectitur hebdomadem:
an omne, quod ſit, bonum ſit«; das vierte »docet, in Christo duas esse naturas
et unam pers. advers. Eutych. et Nestor.« Dieſen vier de trinit. ſchließt ſich an
das Buch: de unitate et uno. In der Ausg. von Renatus Ballinus (Lugd.
Batav. 1656) erſcheint zum erſten Male gedruckt die »brevis fidei christianae complexio«. Die übrigen Titel ſind: 1. Quomodo trinitas unus deus ac non tres dii
(über den einzelnen Seiten abgek. de trinitate). 2. Utrum pat. et fil. ac spir. s.
de divinit. subst. praedic. 3. Quomodo substantiae in eo, quod ſint, bonae ſint,
cum non ſint substantialia bona (über den einzelnen Seiten abgek. quomodo subst.
bonae ſint). 4. De pers. et natur. contra Eutych. et Nestor. — Aus der Vergleichung aller dieſer Titel erhellt Folgendes: 1. Das Buch, welches bei Ballin.
zum erſten Male gedruckt erſcheint, iſt daſſelbe, welches Trithem. kürzer »de fide«
überſchreibt. Ob bar. irrt, wenn er behauptet, dies Buch ſei dem Trithem. nicht
bekannt. Die Anfangsworte laſſen keinen Zweifel übrig. 2. Das Buch, welches
Einige de hebdom. nennen, iſt daſſelbe, welches Andere »quomodo substant. in

(Lugd. Batav. 1671) halten, welche jedenfalls eine der sorgfälti=
geren ist [1]).

Fünftes Hauptstück.

Das Wesentlichste aus der Geschichte der Frage über die Aechtheit dieser Schriften und heutiger Stand der Frage.

Diese theologischen Schriften nun sind dem Boethius neuer=
dings abgesprochen worden — aus Gründen, die wir unsrerseits
fast ohne Ausnahme für erheblich halten. Der Hauptgrund liegt in
der Unvereinbarkeit dieser Schriften mit dem philosophisch=theologi=
schen System des Boethius, welches wir aus dessen zweifellos ächten
Schriften einigermaßen zu erkennen vermögen. Um aber zu zeigen,
daß die dem Verwerfungsurtheil zum Grunde liegenden Bedenken
nicht so ganz unvorbereitet aufgetreten sind, heben wir Einiges aus

---

eo etc.= überschreiben. Es fängt nämlich mit den Worten an: »Postulas, ut ex
hebdom.« Daher rührt jener kürzere Titel, der schwerlich der ursprüngliche ist.
Denn entweder enthält das Buch selbst eine hebdomas, dann ist der Titel *de* hebd.
unpassend, oder es hat gar nichts mit den hebdom. zu schaffen, obgleich diese (s. ob.
S. 22) in ihm angeführt werden. Von Einigen (z. B. in der baseler Ausg.) wird
das Buch mit Unrecht zu »de trinitate« gerechnet. 3. Die Namen des christologi=
schen Buches weichen nur in geringem Maße von einander ab, und die Identität
ist hier leicht erkennbar. 4. Mit der Ueberschrift »de trinitate« werden bald vier,
bald nur zwei, bald nur ein Buch versehen. Wo das letztere der Fall ist, ist in
der Regel die Abhandlung gemeint, welche Alcuin de unitate substantiae patris
et fil. etc., einige Ausg. (Ven., Basil., Lugdun.) quomodo trinit. unus deus ac
non tres dii tituliren; Trithem. kann mit »de unitate trinitatis« dieses Buch nicht
meinen, er nennt es vielmehr »de sancta trinitate«, mit jenem anderen Titel be=
zeichnet er die Abhandlung: »Utrum pater et fil. etc. subst. praedic. (so in jenen
A. A.), welche in früherer Zeit namenlos und nur an der Adresse (ad Ioannem
diaconum) kenntlich war.

[1]) Die theolog. Schriften finden sich in den Gesammtausgaben (cf. darüber
Obbarius p. LIII ff.) der Werke des Boethius (mit Ausnahme der Schrift »de
fide«) und in der Leydener Ausg. der consol. philos. (1656. 1668. 1671), außer=
dem separatim in einer Löwener Edition 1633. in 8. (nach Ceillier hist. gen.
des aut. s.)

der Geschichte dieser Frage hervor[1]). Ennobius nun, Cassioborus und Procopius kennen theologische Schriften des Boethius
überhaupt gar nicht, und dieses Schweigen wiegt schwerer, als das
Für und Wider aller Späteren. Ebenso wenig finden sich solche
bei Isidorus Hispalensis erwähnt, der, wie aus seinen ety-
mologiae (z. B. liber II, 25. III, 2) hervorgeht, im Uebrigen die
Schriften des Boethius recht gut kannte und in seinem Buche de
script. ecclesiast. seu de viris illustrib. eccles.[2]) (Fortsetzung der
gleichnamigen Schrift des Pseudo-Hieronymus) wohl Veranlassung gehabt hätte, jene zu nennen, wenn sie vorhanden und ihm
bekannt gewesen wären[3]). Bis jetzt hat überhaupt Niemand ein
Zeugniß für irgend eine theologische Schrift des angeblichen Boethius
nachgewiesen, welches älter wäre, als das des Alcuin[4]) (s. S. 24 A. 2),
durch dieses wird aber nur die Schrift de unitate trinitatis belegt.
Hincmar nennt außerdem noch zwei andere (cf. S. 24). Diese ersten
Zeugen nun ahnen noch nichts von den Widersprüchen, die zwischen
den theologischen und philosophischen Schriften des Boethius ob-
walten. Dagegen hat der Verfasser eines Commentars zu consol.
philos. III. metr. 9, welchen A. Mai in einem angeblich aus dem
10. Jahrhundert herrührenden Codex fand und abdrucken ließ[5]) und
nicht ohne Grund dem Mönch Bruno (zu Corbie) zuschreibt,
eine klare Einsicht in die Verschiedenheit des Geistes des Buches de
consol. philos. und der theologischen Schriften des vermeintlichen
Boethius. Er spricht deutlich aus[6]), daß in dem Buch de consol.

---

[1]) Auf Vollständigkeit macht dieser Ueberblick nicht Anspruch. Es würde
ebenso nutzlos, als mühsam sein, die ganze einschlagende Literatur zu erschöpfen.
Wir verweisen übrigens auf die Abhandlungen von Haub, Baur, Obbarius
und Suttner.

[2]) cf. Fabric. bibl. ecclesiast. Hamburg. 1718.

[3]) Beda venerabilis erwähnt in seinem Chronicon den Boethius nicht, der
ihm zugeschriebene Commentar zu Boeth. de trinitate ist anerkannter Weise unächt.

[4]) De process. spir. sanct. I, 2. p. 752. ed. Froben.

[5]) Class. auct. Tom. III. Rom. 1831, abgedruckt in patrolog. curs. complet.
(accur. Migne. Paris. 1807) Tom. 64. p. 1239 (cf. p. 1218).

[6]) § 3: Quisquis illorum Boethii versuum intelligentiam indagare cupit …
imprimis admonendus est, non solum in his versibus, sed etiam in multis locis
eiusdem operis, quod consolationis philosophiae titulo praenotatur, *quaedam catho-
licae fidei contraria reperiri*: quod idcirco mirum est!, quia libellum quendam
eiusdem auctoris de sancta trinitate valde praeclarum legi et alium contra Eutychen

philos. dem katholischen Glauben Widersprechendes enthalten sei, und daß Manches darin „nach dem Gifte der Philosophen rieche". Den (widerkirchlichen) Platonismus des Boethius, dem wir unten näher auf die Spur kommen werden, legt er unbefangen bloß und verräth, daß er einen bedeutenden Abstand zwischen dem philosophi= schen Dialog und den theologischen Abhandlungen, die vollständig orthodox sind, entdeckte. Aber nicht allein dies ist bemerkenswerth, sondern auch die Andeutung eines über die Aechtheit der theologi= schen Schriften des Boethius (de trinitate und contra Eutych. et Nestor.) schwebenden Zweifels. Bruno ist zwar weit entfernt, aus dem, was er wahrnahm, die volle Consequenz zu ziehen; in= dessen, daß er (cf. §. 3) erst versichern muß, die theologischen Schriften gehörten dennoch demselben Verfasser an, ist jedenfalls bemerkens= werth. Daß er aber irrt, wenn er eine Gleichheit des Stils in den philosophischen anerkannt ächten Schriften des Boethius und in jenen theologischen Abhandlungen findet, werden wir unten nachzuweisen haben.

Bei Notker, Honorius Augustodunensis, Sigeber= tus Gemblacensis, Gilbertus Porretanus[1]) finden sich

---

et Nestorium haereticos, quos ab eodem esse conscriptos, quisquis aliis eius libris legendis operam impendit, ut ego ab adolescentia feci, ex ipso elegantis styli (!) quodam proprio nitore indubitanter (!) agnoscit. Quod tamen utcunque se habeat, certum est, eum in his libris nihil de doctrina ecclesiastica disputasse, sed tantum philosophorum et maxime Platonicorum dogmata legentibus aperire voluisse. § 7: ... Aliquid de Platonis dogmate insinuandum est, quem Boethius in hoc opere specialiter sequitur, unde in hoc eodem libro dicit »Platoni, inquam, vehementer assentior.« Hic igitur trinitatem quandam in principio fuisse asseruit et suis audi= toribus id credere persuasit: Deum, exemplar et materiam... § 12: ... Etiam sequentia istorum versuum, quibus philosophia velut ipsam divinitatem invocando alloquitur, cum ingenti scrupulo tractare aggredimur... § 21: Sequitur »tu causis animas cet.« Horum intellectus verborum magis est fugiendus, quam ex= positione pandendus ... hoc de ipsis intelligi vult, quod minime recipit fides christiana, eas videlicet a prima sui conditione in coelo positas ex contemplatione mentis divinae beate vixisse; deinde quasdam ex his in corpora humana delapsas, iterum post resolutionem eorumdem corporum terrenis purgatas vitiis originem suam repetere et in coelum redire... § 24: Pauci vero versus, qui restant, ex= positione non indigent, quoniam in iis pura et aperta ad Deum oratio funditur. Fateor tamen, videri mihi quaedam in his verba philosophorum redolere venenum.

[1]) Dieser schrieb Commentare zu den beiden trinitarischen und der christolo= gischen Abhandlung und zu der Schrift de bono; sie sind abgedruckt in Patrolog. curs. complet. Paris. 1847. Tom. 64.

nun freilich keine Spuren eines Zweifels, aber Johannes von Salisbury (Policrat., VII, 15) gesteht wenigstens zu: „liber de consol. philos. .... Verbum non exprimit incarnatum ....", erkennt also, daß von Christenthum in dem Buche nicht die Rede sei, und hält es für nöthig, die Nützlichkeit, die es dennoch habe, erst zu beweisen.

Vincentius von Beauvais scheint eine Ahnung davon gehabt zu haben, daß es auffallend ist, daß Boethius, der Staatsmann und Philosoph, der sich so eifrig mit der heidnischen Philosophie beschäftigte und in fast allen Titeln seiner Bücher den Philosophen verräth, auch als Verfasser von theologischen Schriften genannt wird. Er erklärte sich nämlich die Abfassung der Schrift de sancta trinitate von Seiten des Boethius, die ihm nicht zweifelhaft war, aus dem Bestreben desselben, den Verdacht der Häresie (oder gar des Paganismus) von sich abzuwälzen, in dem er bei den Christen (christicolae) gestanden habe, weil er sich der Vertheidigung des orthodoxen Glaubens entzogen hätte. Hierin können nicht einmal die, welche den Vincentius für einen glaubwürdigen Autor halten, ein gewichtiges Zeugniß für die Aechtheit jener Schrift über die Dreieinigkeit finden [1]). Wir unsrerseits halten, da sich in den übrigen Nachrichten des Mannes über Boethius soviel Vages und nachweislich Falsches findet, nicht viel von der Glaubwürdigkeit der hier in Frage stehenden Notiz. Nur als ein Zeichen davon, daß man erst nach Erklärungsgründen für die Abfassung einer theologischen Schrift durch Boethius suchte, ist uns dieselbe interessant. Thomas von Aquino, dem man früher fälschlich einen Commentar zu de consol. philos. zuschrieb, verräth keinen Zweifel an der Aechtheit der theologischen Schriften [2]); interessant ist, daß er versucht, ein System in denselben nachzuweisen (cf. opp. tom. XX, pag. 64, ed. Paris 1660). Er theilt die theologischen Schriften, zu denen er auch „de hebdomadibus" rechnet, in drei Theile: 1. Zuerst handle Boethius de trinitate personarum, ex quarum processione omnis alia nativitas et processio derivatur (die Schrift de unitate trinitatis); dann de modo praedicandi, quo utimur in personarum distinctione et

---

[1]) Da Vincentius dem 13. Jahrh. angehört.
[2]) Ueber einzelne Stücke dieser Schriften giebt er Commentare.

essentiae unitate; 2. die Schrift „de hebdomadibus" handle dann de processione bonarum creaturarum a bono deo; 3. endlich die beiden übrigen de separatione creaturarum per Christum, und zwar werde in der einen (de fide) der Glaube dargelegt, quam docuit Christus, qua iustificamur, in der andern quod de Christo sentiendum sit.

Das spätere Mittelalter war noch weniger geneigt, alte Vorurtheile kritisch aufzulösen, bis im 15. Jahrhundert Männer, wie Laurentius Valla, auftraten und manchen Irrthum, der sich Jahrhunderte lang behauptet hatte, verscheuchten. Dieser nun trat gegen die Autorität des Boethius auf und wagte, ihm Mangel an Scharffinn und barbarische Latinität[1]) vorzuwerfen — und beide Vorwürfe begründete er zum Theil durch Beispiele aus einer der theologischen Schriften (de una persona et de duabus naturis).

Dies führte ihn indessen nicht auf die Vermuthung, daß diese einen Andern zum Verfasser haben möchte, als Boethius.

Im 16. Jahrhundert erkannte man klarer die Unmöglichkeit, den Verfasser von de consol. und den der theologica für eine Person zu halten. Murmellius[2]) machte wenigstens auf das Platonische im System des Boethius aufmerksam. Glareanus aber sah sich veranlaßt, das Buch de consol. dem Boethius abzusprechen, um dessen Christenthum zu retten[3]), anstatt ihm die theo-

---

[1]) Elegantiae latini sermonis lib. VI. Basil. 1571. p. 536.

[2]) S. dessen Einleit. und Comment. i. d. A. v. Migne.

[3]) In der praefat. ad edit. Basil. (1546.) Er sagt daselbst: »...si id opus de duabus Christi Servatoris nostri naturis ac item de sanctissima trinitate eius sunt, ut titulus praefert nec stylus repugnat, qui factum est, ut in opere illo de philosophiae consolatione, quod ultimum eius existimant, cum toties occasio esset, ne semel quidem Christi mentio fiat? Erat in carcere optimus ille vir, dubius de vita. Tyrannus truculentus imminebat, tractabat de divina providentia negotium arduum, ibi de huius saeculi malitia, de fortunae instabilitate, de malorum hominum in hoc mundo imperio per totum opus conquestus. Et scilicet non erat in his Christus homini tam docto, viro tam honorato ac pio vel semel nominandus? Christus, inquam, omnis patientiae exemplum, longe maiores iniurias ab inimicis passus. Deus, dominus, creator a creatura cruci affixus, non erat ille, inquam, in hoc tam splendido, ut videri volunt, opere nominandus? Ego igitur, ut ingenue fatear id quod res est (etsi scio, quam magnam mihi moveam hac opinione invidiam, et plus quam Camarinam, dicendum tamen est, quod animo sedet meo), mihi quidem magis philosophicum opus videtur, quam christianum, nec tamen in-

logiſchen Schriften zu erlaſſen und die übrigen um ſo mehr für
ächt zu halten. Dieſe Löſung der Schwierigkeit fand keinen Anklang,
weil aus dem richtig Erkannten eine wunderliche Conſequenz ge=
zogen war.

Selbſt die Magdeburger Centuriatoren behielten die alte
Anſicht bei. Doch hatte Glareanus, was er ſah, nicht umſonſt
ausgeſprochen, man war doch allmählich auf die Schwierigkeit auf=
merkſam geworden. Bertius[1]) ſuchte ſie dadurch zu überwinden,
daß er den Dialog de consol. für unvollendet erklärte und behauptete,
in einem zweiten Theile hätten die eigentlichen, chriſtlichen Troſt=
gründe dargelegt werden ſollen, die in dem, was uns vorliegt, ver=
mißt werden. Er überſah indeſſen, daß durch dieſe Hypotheſe das
Unchriſtliche aus dem erſten Theile nicht weggeſchafft und die Schwie=
rigkeit daher nicht gehoben wird.

Grotius[2]) erklärt die Religion des Boethius für „ziemlich
platoniſch“, ſagt jedoch nicht, daß er die theologiſchen Schriften für
unächt halte. Noch viel weniger thun dies Gelehrte, wie Labbe[3]),
Fabricius[4]), Oelrichs[5]) und die anderen[6]) kirchlichen Literar=
hiſtoriker des 17. und 18. Jahrhunderts, deren verdienſtliche Werke
die mittelbare Quelle für alle heutigen dahin einſchlagenden Unter=
ſuchungen bilden. Cally[7]) wendet ſich ſowohl gegen Glareanus,
als gegen Bertius und erklärt den Mangel eigenthümlich chriſt=
licher Gedanken bei Boethius aus der Abſicht desſelben, auch den
Heiden Belehrung zu bieten; wozu freilich ſchlecht paßt, daß er dann
hinterher platoniſche Anſichten aus der chriſtlichen Dogmatik erklärt
und den Heiden zumuthet, ihm auf dieſes Gebiet zu folgen.

---

dignum, quod a Christiano homino legatur, sed indignum, ut ab eo scriptum cre-
datur, qui ipsi Christo dato in sacro baptismate nomine, ipsum ante scriptis pro-
fessus. Nec ob ipsius professionem (nam aliae numerantur captivitatis causae) in
carcerem detrusus, ne semel quidem Christi faciat mentionem?«

[1]) cf. ante ed. consol. philos. Lugd. Batav. 1611. 1633. 1671.

[2]) In prolegom. ad histor. Gotthorum, Vandalorum cet. Amstelod. 1655. p. 32.

[3]) De scriptor. ecclesiast. Paris. 1660. p. 204.

[4]) Biblioth. lat. Hamburg. 1712. p. 641 sq.

[5]) De scriptor. ecclesiast. Lips. 1791.

[6]) Bei Tillemont und Oudin ſcheint Boethius zu fehlen.

[7]) Vor der Ausg. ad usum Delphini. Lutet. Paris. 1680. Censura libri B.
de consol. philos.

Endlich zog Gottfried Arnold[1]), auch hierin unparteiisch, die im Wesentlichen richtige Consequenz, auf welche des Glareanus wohlbegründete, aber nicht richtig ausgebeutete Wahrnehmung hindrängte. Er erklärte Boethius für einen Heiden und die ihm beigelegten christlichen Schriften für unächt. Dagegen hinderte den französischen Biographen: Gervaise[2]) seine Auffassung des Christenthums nicht, in der Philosophie, mit der sich Boethius unterredet, den Sohn Gottes zu finden. Diese Lösung war zu kühn, um Anerkennung zu finden. Francheville, der französische Uebersetzer[3]), neigt sich der Meinung des Bertius wieder zu[4]), ebenso der deutsche Uebersetzer Richter[5]). Ceillier[6]) inzwischen, der über Boethius viel Fabelhaftes vorbringt, schlägt das Bedenken, daß Christus in de consol. nicht genannt sei, mit der Phrase nieder, in den gleichfalls im Kerker geschriebenen (?) Ab-

---

[1]) Unpart. Kirchen- und Keßerhistorie. Frankfurt 1700. p. 260. Er sagt: „Man sollte auch fast unter die Heiden rechnen den bekannten Severinum Boethium, woferne ihm nicht einige streitschriften insgemein, wiewohl ohne grund, beygeleget worden, nämlich 1 buch wider Eutychen und Nestorium, und 1 von der Dreyeinigkeit. Denn seine bücher vom trost der Philosophie zeigen nichts weniger als einen Christen an, indem kein periodus darin aus den christlichen principiis fleußt, sondern lauter heidnische trostgründe angeführt werden, die er doch in seinem gefängniß kurz vor seinem tode soll geschrieben haben... wie sie ihn denn auch zu einem Märtyrer machen, weil er von dem Arianer Theodorico seiner Conspiration wegen hingerichtet worden... Ob er aber ein Heyde oder ein rechter Christe nach der ersten einfalt gewesen, mag der leser selber aus seinen folgenden schriften ersehen: da man ihm zuschreibet 4 bücher über des erzkläßterers Porphyrii Isagogen... und ein hauffen bücher vom Syllogismo und andere logicalische griffen... Wenn er nun nach diesen Heidnischen principiis und terminis aus diesen büchern die geheimniß der Gottheit und Christi abgemessen hat, so mag wol eine elende Christliche lehre herauskommen seyn 2c."

[2]) In seiner histoire de Boece. Paris 1715.

[3]) La consol. philos. de B. nouvelle traduction à la Haye 1744.

[4]) Francheville fügt aber hinzu: Si l'on pensait autrement de Boece (wenn man de consol. für ein vollständiges Werk hielte): on pourroit douter avec raison qu'il eût été éclairé de lumières de l'évangile. Mais cette conséquence est détruite par les différens traités théologiques dont les savans reconnoissent universellement, qu'il est l'auteur. Von dem Franzosen durfte man nicht erwarten, daß er G. Arnold gelesen.

[5]) Leipzig 1753.

[6]) Hist. gener. des aut. sacrés et eccles. Tom. XV. Paris 1748.

handlungen über die Dreifaltigkeit komme der Name Jesu Christi ja auch nicht vor [1]. Schröckh [2] erklärte das Buch mit Recht für ein rein philosophisches Werk, in dem man eigenthümlich Christliches nicht zu suchen habe. Da er nun seinerseits ebensowenig Wider-christliches in demselben entdeckte, so glaubte er, die theologischen Schriften für ächt halten zu dürfen.

In unserem Jahrhundert sagt Schleiermacher [3]: „von Boethius könnte man bezweifeln, daß es ihm mit dem Christenthum rechter Ernst gewesen"; Hand [4] aber, der zum ersten Mal eine freilich kurze kritisch gesichtete Biographie des Boethius darbot, kam, wie es scheint, unabhängig von Arnold, auf die Behauptung zurück, Boethius sei ein Heide gewesen, und von den theologischen Schriften habe keine einzige ihn zum Verfasser.

Dieser Ansicht traten unter Andern Schlosser [5], Gieseler, Bähr [6], Ritter [7], Bernhardy [8] und Herzog [9] bei, während z. B. Gfrörer [10] an der Aechtheit festhielt [11].

Speciell behandelte die Frage G. Baur [12]. Dieser machte einen Vermittelungsvorschlag. Er hält Boethius für „einen Christen, der jedoch bei der Philosophie Trost suchte und lieber für die rö-mische Freiheit, als für die katholische Glaubenslehre sein Blut ver-gießen wollte"; andererseits hält er ihn für „einen Philosophen, der jedoch solche theologische Schriften zu verfassen nicht verschmähte". Er erklärt demnach drei der theologischen Abhandlungen für ächt

---

[1] Als ob es sich bloß um die Nennung dieses Namens handelte.

[2] Chr. Kirchengesch. Th. 16. S. 99 ff.

[3] Gesch. der Philos. Herausg. v. Ritter. p. 175. Er setzt hinzu: „wenn nicht das mir unbekannte Buch de trinitate das Gegentheil deutlich beweiset."

[4] Hallische Encyklop. 11. Th. 1823.

[5] Universalhistor. Uebersicht der Gesch. der a. Welt. Bd. 3. Th. 4. S. 243.

[6] Gesch. der christl. röm. Theologie. 1837. (auch als ein Theil der Gesch. der röm. Literatur) Carlsruhe.

[7] Gesch. der christl. Philos. Th. 2. S. 582.

[8] Röm. Literatur. 2. Aufl. 1850. S. 640.

[9] Realencyllopädie Bd. 2.

[10] Allg. Kirchengesch. Bd. 2. Abth. 2.

[11] Neander äußert sich nicht, die meisten übrigen neueren Kirchenhistoriker nur mit wenigen Worten oder gleichfalls gar nicht.

[12] De Boethio christianae doctrinae assertore. Inauguralschrift. Darmstadt 1841.

und sucht nachzuweisen, daß das in ihnen enthaltene theologische und philosophische System mit dem der ächten Schriften übereinstimme, und daß die theologischen in demselben Stil, wie diese letzteren, geschrieben seien, ferner, daß die Lebensumstände und das Zeitalter des Boethius dafür sprächen, daß er gerade für die Dogmen, mit denen jene Schriften sich beschäftigen, sich interessiren konnte und mußte. Die theologischen Schriften seien so dialektisch und in theologischer Beziehung so dilettantisch gehalten, daß sie gerade einen solchen Verfasser, wie Boethius, voraussetzten. Endlich sei deren Aechtheit durch hinlänglich alte und zuverlässige Zeugnisse beglaubigt. Obbarius[1]) gab das Thatsächliche, worauf Baur aufmerksam gemacht hatte, im Wesentlichen zu, bestritt indessen die Folgerungen dieses Gelehrten und eignete sich vollkommen das Endresultat der Hand'schen Kritik an. Dagegen vertheidigte Suttner[2]), theils auf Bertius, theils auf Baur fußend, wiederum die Aechtheit der theologischen Schriften, ohne sich in Beziehung auf das Leben des Boethius den durch Hand gewonnenen Resultaten ganz zu entziehen.

Die letzte Stimme, welche sich über die vorliegende Frage öffentlich vernehmen ließ, war die eines österreichischen Gelehrten Schenkl[3]), welcher Boethius für einen Christen, die Aechtheit der theologica dagegen für zweifelhaft erklärte.

Die wesentlichen Gesichtspunkte, auf die es ankommt, sind im Verlaufe des Streites alle hervorgetreten; dieser selbst aber ist noch nicht geschlichtet; ein näheres Eingehen auf die einzelnen theologischen Schriften und auf das in de consol. sich verrathende System des Boethius, wie wir es unternommen haben, trägt vielleicht zur Schlichtung desselben einiges bei.

---

[1]) Vor seiner Ausg. der consol. philos. Jena 1843..

[2]) In dem Programm des Eichstätter Lyceums 1852.

[3]) Acten der Wiener Philologen-Versammlung in der Zeitschrift für die österreichischen Gymnasien. 1858. Th. 9. S. 730 ff.

Sechstes Hauptstück.

Die unmittelbaren historischen Zeugnisse.

Aus dem erstatteten Bericht ergiebt sich sowohl der heutige
Stand der Frage, als auch der Weg, auf welchem die Lösung derselben gesucht werden muß. Sie erfordert ein näheres Eingehen auf
jede einzelne der in Frage stehenden Schriften, zuvor aber einige
allgemeine Betrachtungen, und zwar muß: 1. der Inhalt der historischen Zeugnisse, auf welche die Vertheidiger der Aechtheit hinweisen,
angegeben und deren Gewicht festgestellt werden; 2. muß die Frage
erörtert werden, inwieweit sich aus dem, was über das Leben
des Boethius bekannt ist, ein christlich-theologisches Schriftthum
als wahrscheinlich ergiebt; 3. muß aus den anerkannt ächten Schriften
das theologisch-philosophische System des Verfassers entwickelt werden,
damit es an einem Maßstabe für die Beurtheilung der sogenannten
inneren Gründe nicht mangele. Dann endlich 4. müssen die einzelnen Schriften nach ihrem Inhalt dargestellt und auf ihre Aechtheit angesehen werden.

Nachdem man Jahrhunderte lang trotz hin und wieder laut ge-
wordenen Einspruchs Zeugnisse der verschiedensten Zeiten und Gewährsmänner bona fide hingenommen und ihnen ziemlich gleichen
Werth eingeräumt hatte, erklärte zum ersten Mal mit voller Entschiedenheit Hand mehrere der theologischen Schriften für unächt, indem er den Satz aufstellte, vor dem 12. Jahrhundert fänden sich keine
Zeugnisse für dieselben. Diese Behauptung hat sich als zu weit gehend
erwiesen. Denn Baur konnte jenem Kritiker Belegstellen aus Schriftstellern des 11ten (Notker[1] v. St. Gallen), 10. u. 9. Jahrhunderts
(Bruno[2] und Hinkmar v. Rheims) entgegenhalten, und Obbarius,
obgleich in der Hauptsache mit Hand einverstanden, fügte gleichwohl
ein Zeugniß aus dem 8. Jahrhundert hinzu (Alcuin). Es muß ab-
gewartet werden, ob die Vertheidiger der Aechtheit ein noch älteres

---

[1] J. Grimm veröffentlichte in d. Götting. gelehrt. Anzeig. (1835, S. 907 ff.)
einen Brief von Notker, den er in die Jahre 1015—20 setzt. In diesem sagt Notker,
daß er unter Anderem Einiges aus den BB. des B. de trinitate übersetzt habe.

[2] Die betreffenden Stellen habe ich oben bereits angegeben. S. 24 ff. Anm. 2.

auffinden. Für wahrscheinlich halte ich nicht, daß es ihnen gelingen werde; in den ächten Schriften des Beda findet sich kein Citat. Was beweisen nun diese Zeugen aus dem 9. und 8. Jahrhundert? Sie decken jedenfalls nicht alle angeblich von Boethius verfaßten theologica. Welchen Werth aber haben die Anhaltpunkte, die sie wirklich bieten? Man hat jene Zeugnisse für sehr alt erklärt, und gewiß ist für uns Alles sehr alt, was aus dem 8. Jahrhundert stammt. Allein man darf bei dergleichen Untersuchungen nicht abstract verfahren, sondern man muß fragen: Sind die Zeugnisse den Thatsachen gegenüber, die sie erhärten sollten, als alt zu betrachten? Dieses nun muß ich in Abrede stellen. Boethius lebte im letzten Viertel des 5. und im ersten des 6. Jahrhunderts, Alcuin in der zweiten Hälfte des 8ten, also mehr als zwei Jahrhunderte später, und dazwischen liegen Zeiten, in denen die Legende und Sage mächtiger war, als die historische Kritik. Was jenen Citaten vollends den historischen Werth raubt, ist die Thatsache, daß sie sich an eine Continuität von früheren Erwähnungen nicht anschließen, sondern plötzlich hervorspringen. Es ist schon öfter gesagt worden, daß kein Einziger unter den Zeitgenossen des Boethius und den nächstfolgenden Schriftstellern theologische Schriften desselben kennt, insonderheit weder Cassiodorus noch Isidorus Hispalensis. Nun sagt man zwar: diese Schriften seien einerseits ihrem äußeren Umfange nach zu unbedeutend, andererseits sei ihr Inhalt in Folge der dem Boethius eigenen Dialektik und seines Stiles zu dunkel und schwer verständlich, als daß sie in jenen Jahrhunderten bei Kirchenvätern Beachtung hätten finden können. Aber Männern wie Isidor, Gregor dem Großen und Beda wären sie gewiß verständlich gewesen, und die christologische Abhandlung (de duab. naturis et una persona) ist wenigstens nicht so kurz, daß sie wegen ihres geringen Umfanges Gefahr lief, übersehen zu werden, sie ist eben so lang, wenn nicht länger, als die entsprechende Abhandlung des Gelasius. Das siebente Jahrhundert bewegte der monotheletische Streit, der sich aus dem monophysitischen entwickelte und mit diesem so verwandt war, daß die Schriften, welche in den letzteren einschlugen, während des ersteren im Allgemeinen an Interesse nicht verloren.

Sagt man aber, daß die Abhandlungen zu wenig biblisch-theologisch, zu formal-dialektisch seien, als daß sie die Aufmerksam-

keit der Theologen hätten auf sich ziehen können: so richtet man eine
Scheidewand zwischen theologischer und dialektischer Behandlung der
Dogmen auf, welche für die Theologie jener Zeiten noch viel weniger vorhanden war, als für unser Zeitalter. Und gerade diejenigen
Schriftsteller, welche das dialektische Verdienst des Boethius, so weit
es das philosophische Gebiet berührte, kannten und anerkannten,
würden dessen theologische Werke wegen ihrer dialektischen Haltung nicht
gering geachtet haben. Kurz, der Mangel an Citaten bleibt, obgleich
man nicht zu viel aus demselben schließen darf, immerhin beachtens-
werth. Die Handschriften können aber den Mangel historischer
Zeugnisse nicht ersetzen, weil sie mindestens nicht weiter hinaufreichen,
als bis zu der Zeit Alcuins. Die äußeren Gründe sprechen also
— dies ergiebt sich aus dem vorher Entwickelten — mindestens nicht
für die Aechtheit, eher gegen dieselbe. Um sicher zu gehen, wollen
wir sie für an sich neutral ansehen, obgleich nicht geleugnet werden
soll, daß sie durch die Verbindung mit anderen Gründen für die
Unächtheit, die sich etwa zeigen könnten, einiges Gewicht erlangen.
Aehnlich verhält es sich mit den Wahrscheinlichkeitsgründen, die sich
aus den wenigen Notizen über die Lebensverhältnisse des Boethius,
die wir haben, entnehmen lassen.

Siebentes Hauptstück.

Die in den Lebensverhältnissen des Boethius liegenden Kriterien.

Bertius (vgl. die Leydener Ausg. v. 1671) hat gezeigt, daß die
Familie der Anicier lange vor der Generation des Boethius das
Christenthum angenommen hatte. Dadurch ist zwar nicht gerade bewiesen, aber doch höchst wahrscheinlich gemacht, daß auch Boethius
wenigstens seinem äußeren Bekenntnisse nach kein Heide war.
Hand und Obbarius haben dies auf Grund der ächten Schriften
desselben dennoch geleugnet und ihn für einen Heiden erklärt. Die
Gegner haben sich indessen mit Recht darauf berufen, es sei undenkbar, daß in jener Zeit in Rom Heiden zu den höchsten Staats-

ämtern zugelassen worden seien, welche Annahme noch besonders durch
die bei der Uebertragung von Würden üblichen Verpflichtungsformeln,
die längst einen christlichen Charakter trugen, ausgeschlossen wird.
Es gab freilich im Anfange des 6. Jahrhunderts noch Heiden in
Italien und im östlichen Reiche, erst unter Justinian wurden die
heidnischen Philosophenschulen förmlich aufgehoben. Allein wie konnte
Theodorich, der (Cassiod. edict. n. 108) auf die Ausübung des
heidnischen Cultus die Todesstrafe setzte, einen Heiden zum Patricier
und Consul machen? Ferner ist es sicher, daß die Männer, von
denen wir wissen, daß Boethius mit ihnen in lebendigem Verkehre
stand, Christen waren[1]): sein Schwiegervater Symmachus ist
zwar nur in Folge seiner unverdienten Hinrichtung, welche auf Befehl
des Theodorich, aber lediglich wegen politischen Verdachtes er-
folgte, für einen christlichen Märtyrer und Heiligen erklärt worden[2]).
Daß er aber Christ war, ist durch einen an ihn und Festus gerichteten
Brief des Avitus v. Vienne festgestellt[3]). Deshalb ist anzunehmen,
daß auch sein Schwiegersohn, B., nicht Heide war, obgleich es ein
Staatsgesetz, welches Ehen zwischen Heiden und Christen verbot,
wahrscheinlich auch damals noch nicht gab[4]).

Ferner waren ja Cassiodor und Ennodius (Bischof von
Pavia), mit denen Boethius Briefe wechselte, beide Christen. Ersterer
spricht (var. epist. II, 40) in einem Briefe an Boethius[5]) von Heiden
in der dritten Person; Ennodius würde in seiner Ansprache an
Ambrosius und Beatus (paraenesis didascalica) diese Jüng-
linge schwerlich (neben Anderen) auf den Boethius als Vorbild hingewiesen haben, wäre dieser ein Heide gewesen. Wir dürfen nach

---

[1]) Einer derselben, der Senator Festus, spielte eine bedeutende Rolle (s. A. 3)
in den Streitigkeiten wegen der Wahl des Pabstes Symmachus, den die eine Ver-
söhnung mit Byzanz anstrebende Partei nicht anerkannte, und ist jedenfalls Christ
gewesen.

[2]) Die fabelhafte Erzählung bei Gregor d. Groß. dialog. IV, 30 (ed. Benedict. Par. 1705. tom. II.) verdient keinen Glauben und sagt nicht einmal ausdrücklich, daß Symmachus Christ gewesen.

[3]) Epist. 31. cf. Max. bibl. vet. patr. Lugd. 1677.

[4]) Im tit. XIV. cod. Theodos. l. III. ist »gentiles« = barbari, nicht = pa-
gani, wie aus dem Gegensatz »provinciales« hervorgeht. Kirchlicherseits waren dergl.
Ehen allerdings verboten. (Conc. Chalced. act. 15, can. 14. Mans. t. VII. p. 377.)

[5]) Im Namen des Theodorich. S. Suttn. a. a. O. S. 22.

allem diesem den Boethius nicht für einen Heiden halten. Dies ist zuzugeben, — aber auch nichts mehr. Weder ein volles, innerliches Christenthum, noch eigentlich kirchliches Interesse ergiebt sich aus dem angegebenen Verhältniß zu jenen Männern und aus dem Uebrigen, was sich etwa anführen ließe. Es ist nämlich nicht zu übersehen, daß alle jene Männer: Symmachus, Ennodius und Cassiodorus, wenn nicht den Hauptaccent, doch einen starken Accent auf weltliche, wenn man so will, humanistische Bildung legten. Symmachus[1]) wurde zwar von der Kirche kanonisirt, er war auch sicherlich ein edler Charakter; aber sanctus war er nur in dem antirömischen Sinne, in wechem ihm sein Schwiegersohn das Prädicat beilegt[2]), d. h. er zeichnete sich durch Sittenreinheit und altrömische Tugend aus; der Brief des Avitus (s. oben) an ihn (und Festus), auf den man sich mit Recht beruft, um sein Christenthum zu erweisen, zeigt zugleich, wie sehr er der Aufmunterung zu kirchlichem Eifer trotzdem noch bedürftig war.

Was nun den heiligen Ennodius betrifft, so hatte derselbe in seiner ersten Lebensperiode ein sehr weltliches Leben geführt, dabei auf weltliche Bildung viel gehalten und als Poet und Schönredner Zeugniß davon abgelegt. Später hat er sich zwar bekehrt und zu einem sehr entschiedenen kirchlichen Bewußtsein emporgearbeitet, er ist der Erste, der den römischen Bischof mit der Anrede „papa“ beehrt[3]). Allein seine Bekehrung war minder innerlich, als z. B. die des Augustin; seine Liebe zur Schönrednerei und weltlichen Bildung blieb das Herrschende in ihm (auch hat ihn der Jesuit Sirmond vergebens von dem Vorwurf des Semipelagianismus zu reinigen versucht)[4]). Wie dem auch sei, er war, worauf es hier allein ankommt, nicht der Mann dazu, sich von einem hochgestellten, einflußreichen und an Bildung Allen voranstehenden Freunde, wie Boethius, deshalb, weil sich dieser etwa gegen die Orthodoxie und die Kirche völlig indifferent verhielt, loszusagen. Wenigstens[5]) fand er sich durch sein Gewissen nicht gehindert, dem arianischen Kö

---

[1]) Wir kennen ihn vorzugsweise aus Ennod. paraenes. didascalica.
[2]) De consol. phil. I, pros. 4.
[3]) S. über ihn Schröckh Th. 17, pag. 202 ff. und Herzog, Realencycl. Bd. 4.
[4]) cf. Ennod. epist. ad Constantium lib. II, 19.
[5]) Im panegyricus, dictus clementissimo regi Theodor.

nige Theoderich, deſſen Rathgeber Boethius war, wegen „ſeiner Frömmigkeit" Lob zu ſpenden[1]).

Kurz, aus dem Verhältniß des Boethius zu Ennodius geht nicht hervor, daß der Erſtere ein eifriger Chriſt war. Endlich ſind wir auch berechtigt, dasjenige, was dem Caſſiodor Achtung vor Boethius abnöthigte, lediglich in der philoſophiſchen und humaniſtiſchen Bildung zu finden, welche dieſer vor Allen vertrat. Caſſiodor war in ſeiner erſten Periode ſelbſt Staatsmann, und die Theologie ſpielte während derſelben für ihn eine Nebenrolle; aber auch, nachdem er ſich in's Kloſter zurückgezogen, um die Erträge ſeiner weltlichen Studien für das Mönchthum und die Kirche fruchtbar zu machen, hinderte ihn nichts, den Mann, den er als Philoſophen und Staatsmann bis dahin geachtet hatte, auch fernerhin hochzuhalten, mochte dieſem auch die Kirche und ihre Dogmatik völlig gleichgültig ſein.

Nach alledem dürfen wir, ſollten uns etwa anderweitige Betrachtungen auf dieſe Annahme führen, den Boethius für Einen jener Indifferenten unter den Gebildeten halten, wie ſie die Kirche zu allen Zeiten in ihrem Schooße getragen hat. Darauf aber kommt es für unſere Frage allein an, nicht, ob Boethius getauft und ſeinem äußeren Bekenntniß nach ein Chriſt war, ſondern, ob er das Intereſſe für die Kirche und deren Lehre hegte, welches die Abfaſſung polemiſcher und apologetiſcher Abhandlungen im Sinne der Kirche nothwendig vorausſetzt.

Nun hat man freilich geſagt, in jener Zeit ſeien die religiöſen und politiſchen Verhältniſſe eng mit einander verſchlungen geweſen, in politiſcher Beziehung habe ja aber Boethius auf Seiten der kirchlichen Partei geſtanden. Allein erſtens iſt nicht nachgewieſen, daß

---

[1] Herr D. Suttner ſagt: „Wenn die damaligen Biſchöfe Italiens mit denen des Orients keine Gemeinſchaft pflegen wollten, einzig weil dieſe den Acacius nicht aus den Diptychen ſtrichen, wie konnte der „heilige" Ennodius im Angeſichte von Rom mit einem Heiden in ſo genauem Verkehr ſtehen?" Ganz richtig. Boethius war auch kein Heide. Er hatte gewiß die heilige Taufe empfangen. Dieſes Merkmal „objectiver" Kirchlichkeit genügte, um ihm den Verkehr mit dem heiligen Ennodius zu ermöglichen, der aus Gründen der Kirchenpolitik den Verkehr mit weit kirchlicheren und chriſtlich frömmeren orientaliſchen Biſchöfen verabſcheut haben mag.

Boethius auch nur im politischen Sinne gegen Theodorich con-
spirirt hat. Sein Haß gegen denselben war nicht Ursache, sondern
Folge seiner ungerechten Verfolgung. Aber vorausgesetzt, Boethius
habe die Vernichtung der oftgothischen Macht im Interesse der römischen Freiheit (!) gewünscht und erstrebt: wie konnte ihn dies
Bestreben, wenn er im Uebrigen keine Neigung zur Vertheidigung der
Kirchenlehre hatte, zur Abfassung jener Schriften treiben? bot er der
kirchlichen Partei, die gegen Theodorich agitirte, seine Dienste an,
so verlangte dieselbe schwerlich erst noch Proben seiner Orthodoxie.
Außerdem ist die wichtigste unter den ihm beigelegten Schriften nicht
gegen den Arianismus (dieser war es, was den Orthodoxen den
Theodorich verhaßt machte), sondern gegen die Eutychianer und
Nestorianer gerichtet, und die Motive, die den Verfasser derselben laut
der Vorrede zu jener Schrift veranlaß'en, passen nicht zu der Voraussetzung, dieser habe in selbiger ein Zeugniß seiner Rechtgläubigkeit ablegen, oder eine Probe von Polemik gegen das religiöse Bekenntniß des Theodorich liefern wollen. Endlich hat man noch
das Verhältniß des Boethius zu dem Diakon Johannes geltend gemacht, der gewöhnlich — und wohl mit Recht — mit dem späteren
Papste Joh. I. identificirt wird. Daß aber jener zu diesem in irgend einer Beziehung gestanden habe, diese Annahme beruht lediglich
auf einigen Aufschriften auf Codices und späten Nachrichten bei
Kirchenschriftstellern und läßt sich durch nichts beweisen. Nehmen
wir noch hinzu, daß nach gleichzeitigen Nachrichten das Studium
und die Erziehung des Boethius mit voller Kraft auf nichts Anderes, als auf Plato, Aristoteles, Pythagoras, Cicero
und die übrigen Vertreter der griechisch = römischen Wissenschaft
gerichtet waren — eine Ansicht, die durch die freilich falsche Meinung, daß er in Athen studirt habe, gleichfalls begünstigt wird —
so werden wir mindestens bekennen, daß die Lebensverhältnisse des
Boethius es nicht wahrscheinlich machen, daß er sich als theologischer Schriftsteller in den Dienst der Kirche begeben habe.

Achtes Hauptstück.

Vorläufiges Urtheil auf Grund der anerkannt ächten Schriften, besonders de consolatione philos. Das System des Boethius.

Wir haben bis jetzt erkannt, daß die theologischen Schriften des Boethius durch directe historische Zeugnisse nicht hinreichend belegt sind; ferner, daß die Lebensumstände des Philosophen eine kirchlich-theologische Schriftstellerei durchaus nicht wahrscheinlich machen. Es ist indessen zuzugeben, daß dadurch allein die Unächtheit jener Abhandlungen noch nicht erwiesen ist. Nach dem Bisherigen können wir noch immer sagen: non liquet. Um so größeres Gewicht hat aber das Vorurtheil, welches die anerkannt ächten Schriften ergeben müssen. Die meisten nun von diesen behandeln Wissenschaften, zu denen ein Christ, sich wesentlich anders, als ein Heide, zu verhalten, keinen Grund hat. Sie beschäftigen sich mit Logik, Rhetorik, Mathematik, kurz mit den Wissenschaften des trivium und quadrivium und lassen sich nur stellenweise und beiläufig zur Ermittelung des Systems des Boethius verwenden. Das einzige Buch, welches die religiösen, ethischen und metaphysischen Gedanken des Aniciers verräth, ist der Dialog „vom Troste der Philosophie." Auf diesen also sind wir in diesem Theile unserer Untersuchung allein angewiesen. Zwar könnte es uns, so lange wir uns lediglich an diese Aufschrift halten, selbst bei dieser Schrift zweifelhaft sein, ob sie uns über den religiösen Standort des Verfassers Aufklärung bieten werde; denn aus der Meinung eines Schriftstellers über die Trostfähigkeit der Philosophie läßt sich möglicher Weise nur in geringem Maße auf seine Religion und seine Geistesrichtung überhaupt schließen. Aber in dieser Unterredung des im Kerker schmachtenden Philosophen mit der personificirten Philosophie kommen bekanntlich Themata zur Sprache, aus deren Behandlung sich allerdings Schlüsse ziehen lassen, wie sie uns hier interessiren. Denn wo vom höchsten Gut, von der Seligkeit, vom Uebel, von der menschlichen Freiheit und göttlichen Vorsehung, von der Theodicee die Rede ist, läßt sich der Christ von dem Philosophen unterscheiden.

Daß nun die ganze Schrift de consolatione, obgleich sie hin
und wieder einen fast innig frommen Ton anschlägt, von keinem
specifisch-christlichen Gedanken durchbrungen ist, läßt sich schon aus
dem Auszug, welchen z. B. Schröckh giebt [1]), entnehmen, wird indessen noch immer von Einigen geleugnet. Um so mehr müssen wir
es zu beweisen suchen. Achten wir zunächst auf die Autoritäten,
denen Boethius folgt.

Er beruft sich oft auf die Philosophie, von ihrer Milch weiß
er sich genährt (I, pr. 2), sie ist ihm aller Tugenden Lehrerin (I,
pr. 3), er betrachtet sich als einen Märtyrer derselben (ebendaselbst
und pros. 4), d. h. als einen Märtyrer der von der Philosophie ihm
eingegebenen Tugend. Nirgends aber beruft er sich ausdrücklich auf
Christus und die heilige Schrift, obgleich es nicht ganz an leisen
Spuren christlichen Einflusses fehlt. Unter Philosophie versteht er
aber nicht jegliche Art von tieferer Weisheit, er braucht das Wort
nicht in dem allgemeinen Sinn, in welchem auch mancher Kirchenvater Philosophie treiben und Philosoph [2]) sein wollte. Sondern,
wenn auch seine Betrachtungsweise oft mehr eine religiöse, als streng
philosophische ist, obgleich er, wo ihm die klare Erkenntniß unmöglich
scheint, lieber eine religiös-gläubige, als eine skeptische Wendung
nimmt: so ist doch dieses religiöse Element nicht das christliche, und
die Philosophie, die er meint, ist die griechisch-römische. Dies geht
nicht nur aus der Metaphysik und Ethik des Boethius selbst, sondern schon aus den Namen, auf die er sich beruft, hervor.

Ueber die Epicureer spricht er sich freilich verächtlich aus, er
wirft ihnen vor, daß sie das Erbe des Socrates hätten an sich
reißen wollen, daß sie (I, pr. 3. cf. pr. 1) das Kleid der Philosophie
zerrissen hätten und mit einigen Lappen desselben davon gegangen
seien, in der Meinung, das ganze zu besitzen. Auch den Stoikern
ist er nicht zugethan, wenigstens verwirft er ausdrücklich deren Psychologie (V, metr. 4), ja sie gelten ihm geradezu für Theilnehmer
an jenem epicureischen Frevel (a. a. O.), was auffallen muß, da er
in seiner ganzen Lebensanschauung und in seiner Ethik so viel offenbar Stoisches hat und einzelne Stoiker, wie den Philosophen Seneca

---

[1]) Chr. K. G. Th. 16.
[2]) So z. B. Justinus martyr und Quadratus.

und den Dichter Lucanus, mit Achtung nennt. Wahrscheinlich waren es gewisse Elemente der stoischen Metaphysik, besonders der stoische Pantheismus, woran er Anstoß nahm. Wie wenig aber seine Abneigung gegen die Epicureer und Stoiker zugleich der ganzen antiken Philosophie galt, zeigen folgende Thatsachen. Plato nennt er häufig mit Ausdrücken, wie „Platoni vehementer assentior,“ „sanciente Platone,“ „Plato noster“ (III, pr. 12. pr. 8. I, pr. 3). Den Stagiriten nennt er „Aristoteles meus“ (V, pr. 1), sich selbst nennt er „eleaticis atque academicis studiis innutritum.“

Ob wir berechtigt sind, ihn trotzdem für einen christlich orthodoxen Theologen zu halten, wird sich unten ergeben.

Welche Bestimmung weist er nun der Philosophie an? In thesi bekennt er sich zu der Ansicht des Aristoteles, daß vorzugsweise das Erkennen rein um seiner selbst willen ihr Zweck sei, wie er denn überhaupt manchen Satz des Stagiriten in sein System eingefügt hat. Das Kleid der Matrone, in deren Gestalt Philosophia ihm erscheint, zeigt auf seinem äußersten Saum den Buchstaben *Π* (I, pr. 1), das bedeutet: $\pi\varrho\alpha\varkappa\tau\iota\varkappa\acute{\eta}$, von diesem führt eine Art von Stufen zu einem höheren, in welchem das Zeichen Θ, d. h. $\vartheta\varepsilon\omega\varrho\eta\tau\iota\varkappa\acute{\eta}$ eingewoben ist[1]); aber durch sein eigenes Philosophiren, so weit wir es in diesem Buche beobachten können, zeigt er, daß ihm die Philosophie im Grunde als **Führerin im praktischen Leben** den höchsten Werth hat[2]). Er empfängt von ihr die Erkenntniß, deren er bedarf, um sich im Leben zurechtzufinden; in seiner Trübsal läßt er sich von ihr trösten, ihre Wahrheiten erheben und beruhigen noch mehr sein Gemüth, als sie seinen Verstand erleuchten, durch sie läßt er sich von Leidenschaften reinigen, von ihr auf sein wahres Vaterland hinweisen, — sie vertritt ihm die Stelle der Religion. Diese praktisch-religiöse Auffassung der Philosophie, welche den späteren Stoikern und Neuplatonikern eigen ist, spricht jedoch keineswegs dafür, daß er im

---

[1]) Nach einer anderen minder wahrscheinlichen Auslegung bedeuten beide Buchstaben zusammen: *Πλάτων ὁ ϑεῖος* (Heumann in Fabric. bibl. graec. Bd. III, ed. Harless. p. 472).

[2]) Die Logik kommt hier nicht in Betracht, übrigens nimmt er zwischen Aristoteles, dem sie bloßes Organ, und den Stoikern, denen sie ein Theil der Philosophie ist, eine vermittelnde Stellung ein, neigt sich indessen mehr zu der Ansicht des Aristoteles (cf. comment. in Porphyr. a se translat. lib. I).

Christenthum Erlösung gesucht und gefunden habe. Nicht als ob diese Richtung den Philosophen nicht dem Christen verwandter machte, als vieles Andere. Allein weil er in einer Zeit fast völligen Sieges des Christenthums über das Heidenthum — nicht etwa nur Logisches und Physikalisches, sondern gerade das, was den eigentlichen Werth der christlichen Religion ausmacht, nicht in dieser, sondern bei der Philosophie sucht, so ist es höchst unwahrscheinlich, daß er überhaupt irgend ein Interesse für die christliche Religion und Theologie gehabt hat, und zwar ist es hier besonders zweierlei, was wir hervorheben müssen: erstens, daß er in nicht etwa fingirtem und nur in der Vorstellung vorhandenem Unglück, sondern in wirklich drückender Lage — im Kerker und in Erwartung des Todes — sich von der Philosophie trösten läßt; zweitens, daß er in seinen Betrachtungen auf Wahrheiten stößt, die ihn nur sein religiöses Gefühl festhalten heißt (s. IV, pr. 4. vergl. ebendas. pr. 6), während es seinem reflectirenden Verstande schwer wird, sie anzuerkennen — und dann doch der abstracten oder wenigstens rein ideellen Philosophie treu bleibt. Schon solche Thatsachen müssen uns bei einem so entschiedenen und charaktervollen Manne, wie Boethius, bei welchem ein Handeln nach äußeren Rücksichten[1]) und ein Hinken nach beiden Seiten unbegreiflich wäre, in dem Glauben wenigstens bedenklich machen, daß wir einen christlichen Theologen vor uns haben[2]). Entscheidend ist freilich erst das System selbst.

Die Fragen, welche der Dialog behandelt, gehören vorwiegend dem Gebiete der Ethik an, doch berühren sie auch wichtige metaphysische Probleme, so daß es bis zu einem gewissen Grade möglich ist, auch die Metaphysik des Boethius aus demselben zu erkennen.

Fragen wir nun zunächst nach dem Gottesbegriff: so erinnern wir uns sogleich, daß B. der Urheber mehrerer sogenannten Beweise für's Dasein Gottes ist (siehe unten), und als solcher, wie in anderer Beziehung, der Lehrer der scholastischen Theologen

---

[1]) Ein solches läge doch in einer christlich-apologetischen Schriftstellerei bei mangelndem christlichen Interesse.

[2]) Streng beweisend sind diese Thatsachen allerdings an sich noch nicht. Denn daß wahres Christenthum und Liebe zur Philosophie (auch zur griechischen) sich nicht ausschließen, versteht sich von selbst. Man lese aber weiter.

wurde. Um so mehr wird man geneigt sein, hinter seinem Gottes=
begriff den christlichen zu suchen.

Allein diese Beweise für's Dasein Gottes sind so allgemeiner
Natur, daß sie in den Mund des heidnischen Philosophen eben so
gut passen, wie in den des Christen. Eher erinnert die Art, wie,
abgesehen von diesen Beweisen — von Gott und zu Gott in diesem
Dialog geredet wird, und die Behandlung gewisser Probleme (z. B.
der Frage nach dem Verhältniß der göttlichen Präscienz zur Freiheit
des Menschen) an mittelbar christliche Einflüsse. Aber es ist zu be=
achten, daß Spuren christlicher Einflüsse auch bei rein neuplatonischen
heidnischen Philosophen, wie Proclus, unverkennbar sind und daß
es ein großer Unterschied ist, ob einer die Lehren des Christenthums
in wirklich christlichem Interesse und Bewußtsein behandelt, oder ob
er gleichsam ohnmächtig gegen die Geister, die seine Zeit beherrschen,
und unbewußt Fragen und Antworten, die ursprünglich auf dem
Boden des Christenthums gewachsen sind, auch in den Kreis seiner
allgemein philosophischen Untersuchungen hineinzieht. Hat die Gottes=
idee des B. überhaupt einen Kern, so ist es kein christlicher, son=
dern ein platonischer, dieses Prädicat im weiteren Sinne genommen,
d. h. der Gott des B. ist der platonische Gott, wie er sich in
nachaugustinischer christlicher Zeit ausnimmt, nachdem er durch die
Philosophie des Aristoteles, der Stoiker und Neuplatoniker hindurch=
gegangen ist.

Diesen Satz habe ich zunächst zu begründen, wobei es mir
nicht in den Sinn kommt, zu behaupten, daß B. in dem krassen
Sinn, in dem allein gewisse Leute vom Heidenthum sprechen zu
dürfen glauben, Heide gewesen sei [1]). Nicht einmal Polytheist war

---

[1]) Herr Dr. Suttner (a. a. O. S. 22), der im Uebrigen, was sich zur Ret=
tung des Christenthums des Boethius sagen läßt, geschickt zusammenstellt, bemerkt
unter Anderem: „Boethius kann ein Heide nicht sein, weil er das Heidenthum als
alte Fabel betrachtet“ und beruft sich dabei auf die Worte de consol. III, pr. 12:
»accepi in fabulis lacessentes coelum Gigantes.« Ich gebe gern zu, daß Boethius
an dergleichen Fabeln nicht geglaubt hat, seinem äußeren Bekenntniß nach sogar
ein Christ war. Aber er dachte, wie ein aufgeklärter Heide. An dergleichen
Mythen haben viele Heiden, griechische und römische, nicht geglaubt (nicht nur die
Skeptiker, sondern auch Männer wie Plato und Cicero). Ferner waren ja diese
Mythen bei den Römern nicht einmal Gegenstand des Volksglaubens (s. Rie=
buhr: Vortr. üb. röm. Alterth. herausg. v. Isler. Berlin 1858. S. 433).

er im Sinne des heidnischen Volksglaubens (und im Sinne des
griechischen waren es die Römer überhaupt nicht, wie Niebuhr
a. a. O. beweist); er war es nicht einmal in der Weise der Neuplatoniker. Denn wenn er sagt (III, pr. 10), daß höchste Glückseligkeit und Göttlichkeit oder Gottheit dasselbe sei, folglich, wer jener
(der beatitudo), auch dieser (der divinitas, welche hier = θεότης,
nicht = θειότης ist) theilhaftig werde: so ist das kein Polytheismus,
er bemerkt ja ausdrücklich: „omnis beatus deus, sed natura quidem
unus[1]), participatione vero nihil prohibet esse quam plurimos[2])."
Die Neuplatoniker nun fügten, wie es auch ihre philosophischen Vor-
gänger zum Theil thaten, nur mit größerer Hingebung an den
Volksglauben und in eifrigerem Bestreben, diesen gegen das siegreiche
Christenthum zu vertheidigen, die nationalen Götter in ihr System
ein, welches sie freilich im Grunde nicht vertrug, in dem sie daher
eine sehr untergeordnete Rolle spielten. Es muß eingeräumt werden,
daß nicht einmal darin B. den Platonikern gleichstand. Aber in
der Weise, in der sich die christlichen Theologen Allem, was mit dem
Polytheismus zusammenhing, entgegenstellten, in dieser wenigstens
stand ihm der Anicier nicht gegenüber. Die Neuplatoniker legten
Werth auf die Beibehaltung der heidnischen Götter- und Dämonen-
verehrung, die Christen verabscheuten dieselbe. Boethius steht
in der Mitte, wie sich aus einem ziemlich beiläufig von ihm aus-
gesprochenen Satze, der aber sehr charakteristisch ist, ergiebt[3]). Er
spricht in jener Stelle von dem fatum, welches er, wie unten näher
darzulegen ist, der in sich ruhenden, ungetheilten, Alles ordnenden
Vernunft Gottes (providentia) gegenüber als das Princip faßt,

---

[1]) Vgl. ferner (III, pr. 10) die W.: »... duo summa bona, quae a se diversa
sunt, esse non possunt. Etenim quae discrepant bona, non esse alterum quod sit
alterum, liquet; quare neutrum poterit esse perfectum, cum alterutri alterum deest,
sed quod perfectum non sit, id summum non esse manifestum est: nullo modo
igitur quae summa sunt bona, ea possunt esse diversa.«

[2]) Augustin sagt: »Homo factus est (deus), ut nos deos faceret.« Aehnlich
schon Irenäus.

[3]) lib. IV, pr. 6: »Sive igitur famulantibus quibusdam providentiae divinis
spiritibus fatum exercetur, seu anima seu tota inserviente natura seu coelestibus
siderum motibus seu angelica virtute seu daemonum varia sollertia seu ali-
quibus horum seu omnibus fatalis series texitur: illud certe manifestum est, im-
mobilem simplicemque gerendarum formam rerum esse providentiam.« cet.

welches die gesetzgebende und weltordnende Wirksamkeit Gottes in der Vielheit, in der Zeit und Bewegung darstellt. Wodurch nun dieses Fatum sich in Vollzug setze, ob „durch gewisse göttliche Geister im Dienste der Vorsehung oder durch die (Welt=?) Seele oder durch den Dienst der ganzen Natur, oder durch die Bewegungen der Gestirne am Himmel, oder durch Engelkraft oder durch der Dämonen manchsache Betriebsamkeit," dies will er unentschieden lassen. Wir sehen von dem Uebrigen ab und constatiren hier nur dies, daß B. es für gleichgültig erklärt, ob man in jüdisch=christlicher Weise die Engel [1]), oder in heidnischer Weise die Dämonen als Vollstrecker der heilsamen in dem fatum wirkenden Vorsehung Gottes betrachte. Dies ist charakteristisch für seinen Standort. In seiner philosophischen Theologie vergleichgültigt er die Dogmen der positiven Religionen, und unter diesen ihm gleichgültigen Religionen ist auch die christliche, die er übrigens viel weniger, als die heidnische, und nirgends ausdrücklich berücksichtigt. Während demnach zuzugestehen ist, daß B. über den eigentlichen Polytheismus hinaus ist, läßt sich doch schon aus solchen Stellen abnehmen, daß er dem Christenthum kaum näher stand, als zu seiner Zeit der platonisch=eklektische Kaiser Alexander Severus, der neben den Büsten des Orpheus und Apollonius von Thana die des Abraham und Jesu in seinem Lararium aufstellte.

Ebensowenig — dies ist gleichfalls einzuräumen — wie dem Polytheismus, huldigte B. dem Pantheismus, der, obgleich er sich bei manchen Philosophen mit dem Polytheismus vertrug, sich als die diesem entgegengesetzte Richtung des Heidenthums betrachten läßt. Die Hauptvertreter desselben waren im Alterthum die Stoiker, in deren (wenn gleich nicht materialistischer, sondern teleologischer) Physik [2]) das Alles durchwaltende Princip, mag es nun mehr geistig als Weltseele, Weltvernunft, Vorsehung, Verhängniß, oder mehr hylisch als Aether oder allburchbringender Hauch, oder als Feuer bezeichnet werden, in jedem Falle als ein der Welt

---

[1]) Suttner (p. 22) findet in den Worten „angelica virtus" eine Spur des Christenthums; zur Entkräftung dieses Beweises genügt die Hinweisung auf den Heiden Proclus, in dessen System die Engel eine bedeutende Rolle spielen. Vergl. Zeller: Die Philos. der Griechen. III, S. 939.

[2]) S. Trendelenburg: Hist. Beitr. zur Philos. Bd. II, S. 134. 162.

immanentes gedacht ist. Hierin nun folgt B., der sonst manches Stoische aufgenommen hat, den Stoikern keineswegs. Zwar spricht er auch von einer Weltseele (III, metr. 9. IV, pr. 6) und von einer natura rerum (II, pr. 5. III, pr. 11) als bestimmendem höchsten Gesetz. Aber, was er von der Weltseele sagt, hat er unmittelbar aus dem Timäus des Plato (III, metr. 9) entlehnt, und das Natur= gesetz ist ihm Ausfluß eines transscendenten Gottes. Außer und über der Welt, von dieser wesentlich unterschieden ist sein Gott, Gründer (conditor) und Künstler der Welt, König und Lenker (bonus rector IV, pr. 5), der seinem Werke vorsteht (operi suo praesidet), Einiger Vater der Dinge (unus rerum pater), vor allen Dingen (omnium rerum princeps), Alles vermögend (omnium potens), aller Wesen Hervorbringer (naturarum omnium proditor). Diese Ausdrücke, die bei einem consequenten stoischen Pantheisten nur met= onymisch vorkommen könnten, schließen im Sinne des B. den Pan= theismus aus, allein an und für sich gehen dieselben andererseits über die platonische Ansicht nicht hinaus. Auch der Ausdruck „Vater" stammt hier nicht aus christlicher Anschauung, er be= zeichnet kein ethisches Verhältniß, sondern ein rein physisches, das des Erzeugers, und findet sich so im Timäus („πατὴρ τοῦδε τοῦ παντός" neben ποιητής. p. 28) und sonst bei Plato. Wollte man diese Vorstellung bei B. anstatt aus dem Platonismus aus der Bibel und dem Christenthum herleiten, so würde man mit dem neunten Metrum des dritten Buches in Conflict gerathen, welches ohne allen Zweifel rein platonische Gedanken enthält. Hier erscheint ein ganzer Abschnitt des Timäus versificirt, und es werden Sätze aus= gesprochen, die der Mönch Bruno mit Recht als der kirchlichen Lehre zuwiderlaufend bezeichnet. Wenn Plato die Welt das Eben= bild ihres Baumeisters und selbst Gott nennt, so ist dies wohl nicht einmal bei ihm streng zu nehmen, er deutet damit auf die Voll= kommenheit der Welt, und jene Bezeichnung kommt in dem Ge= dicht des B. nicht einmal vor, wohl aber die platonische Lehre von der Weltseele und ein anderer der christlichen Schöpfungslehre wider= strebender Ausdruck. Wenn nämlich von Gott gesagt wird, daß er materiae fluitantis opus bilde (fingere), so muß das in diesem Zusammenhang doch im streng platonischen Sinne genommen werden, und hat der Ausdruck diesen Sinn, so widerspricht er der biblisch=

4

christlichen Ansicht, welche Werth darauf legt, daß Gott nicht Weltbildner, sondern Weltschöpfer ist, daß er die Welt aus Nichts
durch sein Wort hervorbrachte. Ferner muß der Umstand, daß das
Urbild der Welt und überhaupt die Ideenlehre, welche hier und sonst
bei B. vorkommt, mit der Logoslehre in gar keine Beziehung gesetzt
wird, bei einem angeblich christlichen Theologen auffallen, der Tractate über die Dreieinigkeit und Christologie verfaßt haben soll.

Obgleich also B. weder Polytheist, noch Pantheist ist, so ist doch
sein Gottesbegriff nach dem bisher Entwickelten trotzdem nicht der
christliche, eher der platonische. Wir können ein neues Zugeständniß
machen, müssen aber freilich wiederum seiner Mißdeutung vorbeugen.
Vergleichen wir nämlich mit den bisher erwähnten Prädicaten des göttlichen Wesens, welche sein Verhältniß zur Welt und Natur betreffen
und ihn als Urheber, Regierer und Ordner der physischen Welt darstellen, diejenigen Aussagen, welche sich auf das Verhältniß Gottes zur
ethischen Welt beziehen, so können wir nicht zweifeln, daß B. sich
Gott als ein persönliches Wesen vorgestellt hat. Er spricht nicht
nur von dem göttlichen Verstande, von einer Fürsorge Gottes für
den Menschen (I, pr. 6), von seiner Güte (benigna fortitudo III,
pr. 12), sowie von seinem (gleichsam pflichtmäßigen) Zorn, nicht nur
von seiner bestrafenden und belohnenden Gerechtigkeit im Allgemeinen,
sondern auch von seiner speciellsten weisen und gütigen Vorsehung,
kraft welcher er jeden Einzelnen erzieht (IV, pr. 6), und schreibt
ihm, wie ein schlechthin klares Urtheil, unbegrenzte Allwissenheit und
schlechthin wirksame Allmacht, auch einen vollkommen fehllosen Willen
zu (V, pr. 2. metr. 2). Indem er den Satz ausspricht, das Gebet
sei das einzige Verkehrsmittel des Menschen mit Gott, bedient er
sich des Ausdrucks (V, pr. 3): „mit Gott reden" (colloqui). Deshalb ist aber sein Gott noch lange nicht der christliche. Persönlichkeit, d. h. Selbstbewußtsein und Selbstbestimmung, legt ja der
griechische Volksglaube seiner Gottheit auch bei, Persönlichkeit in Verbindung mit Einheit, absoluter Allmacht, Weisheit und moralischer
Vollkommenheit freilich dieser noch nicht, wohl aber Männer, wie
Cicero und Seneca[1]). Gütig ist auch der Gott Plato's, der die

---

[1]) Vgl. z. B. Cic. Tusc. I, 27 und Sen. de providentia. Wenn auch beide
bald von dii, bald von deus reden, so entspricht doch gewiß letzterer Ausdruck allein
ihrer philosophischen Ueberzeugung.

Welt neiblos aus Güte schafft; überhaupt finden sich alle jene Attri-
bute der Gottheit, besonders auch die Lehre von der Vorsehung[1])
in der Weise, wie bei B., nicht minder bei den genannten heidnischen
Philosophen und vielen anderen, z. B. bei Proclus. Was aber den
Gott Jesu Christi von dem jener aufgeklärten Heiden specifisch unterscheidet, daß er vor Allem Liebe ist, welches Attribut mehr bedeutet,
als Güte, und im Christenthum sogar noch mehr, als das der Weisheit, in den Vordergrund tritt, und daß er sich in Christo offenbart
und zwar als den dem Sünder gnädigen Gott offenbart hat, von allem
diesem findet sich bei dem Gott des B. kaum eine Spur. Von Liebe
spricht zwar dieser auch, aber nicht im Sinne des Christenthums. Gott
schreibt er sie nirgends zu, ja zunächst ist amor[2]) ihm kein ethischer,
sondern ein physischer Begriff. Wenn er von einem coelo imperi-
tans amor (II, metr. 8) spricht, so meint er damit keineswegs Gott,
sondern die Harmonie des Kosmos, oder das der Welt, zunächst der
Natur, immanente Gesetz. Er bedient sich jenes Ausdrucks ungefähr
in demselben Sinn, wie Empedocles, der unter der Liebe das
die Einheit und den Zusammenhang der Elemente darstellende und
sichernde Princip, das physische Band gegenüber dem Streit der
Elemente, den Mittelpunkt und ordnenden Geist des Naturlebens
versteht, und, wenn der Ausdruck bei Empedocles[3]) nicht vorkäme,
so erinnerte der amor des B. sicher eher an das, was Plato φιλία
nennt[4]), an das Band der physischen Einheit und Harmonie der
Welt, als an die ἀγάπη des N. T. Will man aber wenigstens in
der Uebertragung dieser Eigenschaft auf das ethische Verhältniß der
Völkergemeinschaft, der Ehe und Freundschaft (in demselben Gedicht)
eine Spur des Christenthums entdecken, so verkennt man den Zusammenhang der Stelle, und man braucht nur die erste Hälfte eben
dieses Metrums zu lesen und damit, was IV, metr. 6 von dem

---

[1]) Vgl. bef. Seneca de provid. c. 1, 2—4. c. 2, 6. c. 5. Procl. de prov.
et fato.

[2]) Ritter legt, wenn wir nicht irren, zu viel Ethisches in den Begriff „Liebe"
bei B. Chr. Phil. Bd. 2. S. 587.

[3]) f. Sturz, Emped. Agr. Leipz. 1805. Aehnlich Parmenides und Zeno.

[4]) Tim. 32: καὶ διὰ ταῦτα ἔκ τε δὴ τούτων τοιούτων καὶ τὸν ἀριθμὸν
τεττάρων τὸ τοῦ κόσμου σῶμα ἐγεννήθη δι' ἀναλογίας ὁμολογῆσαν, φιλίαν τε
ἔσχεν ἐκ τούτων.

4 *

alternus und cunctis communis amor gesagt wird, zu vergleichen, um zu der Einsicht zu gelangen, daß hier von Liebe im biblischen Sinne nicht die Rede ist. Der in dem Kosmos herrschenden Eintracht (concordia), dem göttlichen Naturgesetz, soll sich der Mensch nicht widersetzen, sondern die in dem Makrokosmus herrschende Ordnung auch in sich zur Geltung bringen. Dies und nichts Anderes will B. sagen, wenn er in jenen Stellen von Liebe spricht. Ja, nach dem ganzen Inhalt des Dialogs zu urtheilen, liegt selbst in den Worten: „o felix hominum genus, si vestros animos amor, quo coelum regitur, regat" nicht viel mehr, als in dem stoischen Gebot: ὁμολογουμένως τῇ φύσει ζῆν.

Wie wenig der Gottesbegriff des B. mit dem christlichen übereinstimmt, zeigt aber insonderheit der Dualismus, von welchem er nicht freizusprechen ist.

Ich rede von Dualismus nicht in dem crassen Sinn, in welchem er z. B. in dem manichäischen System herrscht, sondern in dem Sinn, in welchem auch die Heroen der griechischen Philosophie ihn nicht überwunden haben. Obgleich nämlich Plato und Aristoteles weit entfernt sind, sei es dem bösen Princip, sei es der Materie, dieselbe Ursprünglichkeit oder Ewigkeit und eine gleiche Bedeutung, wie dem göttlichen Verstande (νοῦς), beizulegen, so haben doch beide nicht vermocht, die Materie abzuleiten; die (freilich von Plato nicht so bezeichnete) ὕλη, welche auf eine für den Weltbaumeister unüberwindliche ἀνάγκη hinweist, findet dieser (bei Plato) vor, und der Kosmos kommt dadurch zu Stande, daß Gott den vorgefundenen Stoff bildet und in das vorgefundene Chaos Harmonie bringt. Auch bei Aristoteles empfängt Gott die Materie von außen; den Dualismus hat auch der Stagirite nicht überwunden[1]).

Wie steht es nun damit bei B.? Er beantwortet die Frage über die Entstehung der Materie nicht ausdrücklich, hat sie sich vielleicht gar nicht ernstlich vorgelegt. Wo er sie aber berührt, zeigt er, daß er auch in diesem Punkte nicht sowohl Christ, als Platoniker ist.

Die Antwort der christlichen Offenbarung ist nicht die seinige. Freilich spricht er (III, pros. 11) von Dingen, welche die Vorsehung geschaffen habe (providentia creatis a se rebus etc.); allein

---

[1]) Vgl. Trendelenburg a. a. O. S. 112—188.

dieser Ausdruck, den die christlichen Theologen durch den ausdrücklichen Zusatz: ἐξ οὐκ ὄντων, ex nihilo näher zu bestimmen pflegten,
berechtigt uns bei einem Schriftsteller, der sich so gern auf den Plato,
nie aber auf Urkunden des Christenthums beruft, ebensowenig, an
die christliche Creationstheorie zu denken, wie man hinter der hin
und wieder vorkommenden Bezeichnung Gottes als fabricator der
Welt bei orthodoxen Theologen Platonismus wittern darf. Alle ein-
schlagenden Stellen bei B. klingen platonisch. In dem schon mehrfach angeführten Gedicht (III, metr. 9) ist ausdrücklich von einem
Bilden, nicht von einem wirklich rein schöpferischen Hervorbringen
der Materie (finxit materiae opus), von einer vor dem Weltbau
hin und her wogenden Materie (fluitans) die Rede. Ebenso platonisch lauten hierher gehörige Stellen aus anderen (ächten) Schriften[1].
Vor allen anderen aber verdient eine Stelle in de consol. phil. (V,
pr. 1)[2] Beachtung, wo B. sagt, der Satz: „Aus Nichts wird Nichts“
sei wahr, keiner der Alten (Philosophen) habe ihn geleugnet. Freilich
hätten diese dabei nur an das materiale subjectum, d. h. das
materielle Substrat, nicht an das operans principium, d. h. die
bewirkende Ursache, gedacht, während es ihm jetzt auf die letztere
ankomme. Wahrscheinlich sind in dieser Stelle unter denen, die B.
den Alten entgegengesetzt denkt, die christlichen Theologen seiner Zeit
zu verstehen, so daß der Sinn wäre: „Früher — in der Blüthezeit
der Philosophie — kam es Niemanden in den Sinn, den Satz zu
leugnen: 'aus Nichts wird Nichts.' Heutzutage aber vernimmt man
allerdings häufig (von christlichen Theologen) den Satz: 'Gott hat
die Welt aus Nichts geschaffen.' Derselbe ist aber unwahr.“

Jenes Axiom kommt auch sonst bei B. vor[3]. Hier bekennt
sich der Philosoph zu demselben zunächst zwar in Beziehung auf die

---

[1] z. B. De arithmet. I, 1: »Haec (arithmetica) cunctis prior est, non modo
quod hanc ille hujus mundanae molis conditor deus primam suae habuit ratio-
cinationis exemplar et ad hanc cuncta constituit, quaecunque fabricante ratione per
numeros assignati ordinis invenere concordiam, sed• u. s. w. Ebendas. cap. 2:
»Omnia, quaecunque a primaeva rerum natura constructa sunt, numerorum viden-
tur ratione formata. Hoc enim fuit principale in animo conditoris exemplar.«

[2] »Nihil ex nihilo existere, vera sententia, cui nemo unquam veterum refra-
gatus est: quanquam id illi non de operante principio, sed de materiali subjecto,
hoc est de natura omnium rationum quasi quoddam jecerint fundamentum.«

[3] De arithmet. I, 2: »Neque enim ex non existentibus effici quidquam potest.«

bewirkende Ursache; daß er es aber in der Anwendung, welche ihm die „Alten" gaben, seinerseits nicht gelten lasse, ist durch nichts an= gedeutet, und ist um so unwahrscheinlicher, da er im Uebrigen hier auf die Meinung der Alten nicht als auf eine veraltete, sondern als eine wohlberechtigte hinweist[1]. Als eifriger Christ mußte er sich ausdrücklich gegen jene Meinung der Alten verwahren, als Platoniker billigte er sie.

Die angeführten Stellen reichen hin, um uns zu überzeugen, daß B. von einer eigentlichen Erschaffung der Welt im christlichen Sinne nichts weiß. Wir haben somit, während das oben Entwickelte immer noch wenigstens die Möglichkeit eines christlichen Gottesbegriffs offen ließ, schon jetzt eine unverkennbare Abweichung von der christ= lichen Theologie (im engeren Sinne) in der Theorie des B. entdeckt. Und es fehlt viel daran, daß diese die einzige wäre, wie sich deutlich zeigen wird, wenn wir das Verhältniß des boethianischen Gottes zur Welt oder vielmehr die Lehre von den zwischen Gott und der Welt vermittelnden Mächten betrachten. Ehe wir dies jedoch thun, müssen wir auf die Beweise vom Dasein Gottes, die sich bei unserem Philosophen finden, und auf die bis jetzt noch nicht hervorgehobenen Prädicate, die er der Gottheit beilegt, unsere Aufmerksamkeit richten.

Boethius, der keine Veranlassung hatte, seine Gotteslehre voll= ständig und zusammenfassend an Einer Stelle vorzutragen, kommt auf zweifachem Wege zur Idee eines absoluten Wesens, einmal auf physiko=theologischem (teleologischem), dann auf einem zweiten, den wir vorläufig noch nicht näher bezeichnen.

Er ist von dem Gedanken durchdrungen, daß in Gott nicht nur der Ursprung, sondern auch der Zweck der Welt zu suchen sei; um das letztere nun klar zu machen, geht er von einem Satze des Stagiriten aus. Er sucht nämlich mit Benutzung des Gedankens, welchen Aristoteles an die Spitze der nicomachischen Ethik stellt, den Satz durchzuführen[2]), daß alle Wesen von Natur nach einem höchsten

---

[1]) Anders urtheilt Ritter II, S. 589. Meiner Meinung nach drückt der restringirende Zusatz =quamquam id illi= etc. nicht etwa eine Mißbilligung einer falschen Anwendung aus, welche die „Alten" dem richtigen Satz gegeben hätten, sondern sagt nur, daß sie demselben allerdings nicht diejenige Anwendung gegeben hätten, auf welche es ihm (dem B.) gegenwärtig ankomme.

[2]) III, pr. 2 squ.

Gute, nach der Glückseligkeit, streben. Dieser an sich berechtigte Trieb, so argumentirt er, nimmt wenigstens im Menschen gewöhnlich eine falsche Richtung, insofern eine Seite der Glückseligkeit allein und zudem auf falschem Wege gesucht wird, z. B. Selbstgenugsamkeit oder Bedürfnißlosigkeit durch Haschen nach Reichthum. In Wahrheit gehört zur Glückseligkeit alles jenes, was die Menschen meist einzeln erstreben, nämlich Selbstgenugsamkeit (αὐτάρκεια), wahre Ehre, wirkliche Macht, befriedigtes Selbstbewußtsein und reines Lustgefühl[1]. Dies Alles muß erstrebt werden, dies geschieht aber freilich schon dann, wenn Eins auf die rechte Weise erstrebt wird; dadurch erlangt man nämlich volle Glückseligkeit, da alle fünf Stücke nicht Theile der höchsten Glückseligkeit, sondern miteinander identische Momente und nur im Ausdruck verschieden sind.

Dieses höchste Gut (oder die höchste Glückseligkeit) kann nun nicht lediglich ein Gedankending sein, es muß existiren; das Vorhandensein eines unvollkommenen Gutes oder Glücks setzt das Vorhandensein eines höchsten Gutes und einer absoluten Glückseligkeit voraus; denn Ersteres läßt sich nur aus einer Abschwächung und Verminderung des Letzteren erklären, und der Lauf der Welt ist nicht der, daß das Vollkommene aus dem Unvollkommenen efflorescirt, sondern umgekehrt: das prius ist immer das integrum und absolutum[2]. Da nun dieses summum bonum oder diese beatitudo von B. in Gott gesetzt und mit Gott identificirt wird, so liegen hier Elemente eines Beweises vom Dasein Gottes vor. Man nennt denselben gewöhnlich einen ontologischen, es ist indessen zweifelhaft, ob man ein Recht dazu hat.

B. will nachweisen — dies ist der Zusammenhang der hier in Betracht kommenden Stelle[3] — daß Gott das höchste Gut und der höchste Zweck ist. Zu diesem Behufe zeigt er zunächst, daß in Gott das höchste Gut ist, zuvor aber, daß das höchste Gut oder das Vollkommene überhaupt existirt. Dieses Resultat gewinnt er aus den beiden Prämissen:

---

[1] Diese Momente des höchsten Gutes sind aus dem Philebus des Plato und aus der nicomachischen Ethik des Aristoteles entlehnt; das dort Gegebene ist freilich umgebildet.

[2] Auch hierin ist die Spur Plato's unverkennbar.

[3] III, pr. 10.

1. Es existirt in der Welt Unvollkommenes.

2. Das Unvollkommene ist ein abgeschwächtes Vollkommenes, setzt also ein Vollkommenes voraus. Rücksichtlich der ersten weist er auf die Erfahrung hin, die zweite gilt ihm unmittelbar für ein Axiom.

Wir haben hieran 1. keinen ontologischen Beweis, 2. unmittelbar wenigstens auch keinen Beweis vom Dasein Gottes.

1. B. geht nicht von der bloßen Vorstellung oder Idee der Vollkommenheit aus, sondern von dem real in der Welt vorhandenen Unvollkommenen. Wenn nun das Wesen des ontologischen Beweises darin besteht, daß aus dem Begriff das Dasein erschlossen wird, so liegt hier eben kein ontologischer, sondern höchstens ein kosmologischer Beweis vor; für das vorhandene Unvollkommene wird ein dasselbe erklärender zureichender Grund gesucht und dieser in der Existenz des Vollkommenen gefunden. Wir auf unserem Standpunkt befinden uns freilich außer Stande, den Satz, daß das Unvollkommene als real vorhanden nur denkbar sei unter der Voraussetzung eines früheren Vollkommenen, ohne Weiteres als Axiom hinzunehmen; eher würden wir uns folgende Argumentation gefallen lassen: „Das Vorhandensein der Vorstellung von einem Unvollkommenen ist nur denkbar, wenn zugleich die Vollkommenheit gedacht wird; ohne die Idee des Vollkommenen kann die Vorstellung des Unvollkommenen nicht aufkommen, nicht vollzogen werden; jene aber setzt eine reale Norm voraus."

Wäre dies der Inhalt der vorliegenden Stelle des B., so enthielte dieselbe allerdings einen ontologischen Beweis. Allein dies ist eben nicht der Fall, und man ist daher nicht berechtigt, den B. neben Augustin als einen der Urheber des ontologischen Beweises hinzustellen.

2. B. beweist gar nicht unmittelbar und ausdrücklich das Dasein Gottes; eine Art von Beweis für das Dasein Gottes wird das angeführte Argument erst durch die sich anschließenden Sätze, welche angeben, wo jenes Vollkommene, dessen Existenz für erwiesen gilt, seinen Sitz habe. Inhalt des allgemeinen Bewußtseins — dies ist der Sinn jener Sätze[1]) — ist ein Etwas, welches wir uns als

---

[1]) A. a. O.

beſſer vorſtellen, denn alles Andere. Wir nennen es Gott und denken es uns als vor allem Anderen (rerum omnium princeps). Es muß mindeſtens gut ſein, da es beſſer iſt, als alles Andere. Aber nicht nur dies, ſondern es muß das vollkommene Gute in ihm ſein. Wäre dies nicht der Fall, ſo gäbe es etwas Anderes, in dem ein vollkommneres Gute wäre, folglich ein urſprünglicheres (denn das Vollkommnere iſt immer urſprünglicher, als das Unvoll- kommene). Dies aber wäre gegen die Vorausſetzung, nach welcher Gott vor allen Dingen iſt. Folglich iſt in Gott das vollkommene Gute. Dann wird bewieſen, daß das in Gott vorhandene voll- kommene Gute und Gott ſelbſt identiſch ſeien. B. beweiſt alſo gar nicht ausdrücklich das Daſein Gottes, ſondern nur das Daſein eines Vollkommenen; inſofern er aber alsdann zeigt, daß dies Vollkommene und Gott identiſch ſeien, giebt er allerdings implicite einen Beweis vom Daſein Gottes. Wir kommen demnach zu folgendem Reſultat:

1. Explicite liegt hier gar kein Beweis für das Daſein Gottes vor.

2. Implicite liegt allerdings ein ſolcher vor. Es iſt aber kein ontologiſcher, ſondern ein kosmologiſcher.

3. Ein Glied in der ſyllogiſtiſchen Kette dieſes kosmologiſchen Beweiſes bildet das Vorhandenſein der Idee eines urſprünglichſten und beſten Weſens; inſofern liegt hier ein Anſatz zu dem ontologi- ſchen Argument vor, jedoch kein eigentliches Argument, ſondern nur ein aſſertoriſcher Satz.

Außer dieſem Beweiſe, der von dem wirklich ontologiſchen des Auguſtin ſehr verſchieden und ſchwerlich von dieſem Kirchen- vater entlehnt iſt, findet ſich bei unſerem Philoſophen der phyſiko- theologiſche. Man ſucht denſelben gewöhnlich bei Boeth. nicht, und doch tritt er bei ihm in weit bündigerer Form auf, als der ſogenannte ontologiſche, der in Wahrheit ein kosmologiſcher iſt. Die Worte, in welchen er enthalten iſt, ſind folgende (III, pr. 12): „Dieſe Welt hätte aus ſo verſchiedenen und ſich widerſprechenden Theilen in Eine Form nicht gebracht werden können, wäre nicht Einer, der das alſo Verſchiedene verbindet; das Verbundene ferner würde eben dieſe in ſich zwieſpältige Verſchiedenheit der Weſen ent- zweien und auseinanderreißen, wäre nicht Einer, der, was er ver- knüpfte, zuſammenhält. Ferner würde die Ordnung der Natur keinen so sicheren Verlauf haben, und ihre Bewegungen würden keine so nach Ort, Zeit, Wirksamkeit, Ausdehnung und Eigenschaften bestimmte Entfaltung haben, wäre nicht Einer, der, selbst verharrend, diesen Wechsel der Veränderungen bestimmt. Dieses Etwas (was es auch sei), durch welches das Geschaffene in Bestand erhalten und in Bewegung gesetzt wird, nenne ich mit dem allgemein gebräuchlichen Namen Gott[1])." Schon der Vollständigkeit wegen durften wir diese Argumente nicht übergehen, obgleich sie nicht dazu angethan sind, uns über die Frage, ob des B. Gott der christliche ist, Aufschluß zu geben. Denn, so gut sie auch die Scholastiker in ihren theologischen Systemen zu verwenden wußten, ein eigenthümlich christliches Gepräge tragen sie an sich keineswegs[2]).

Wie nun dieser Gott, dessen Dasein von B. im Allgemeinen vorausgesetzt, nebenbei aber auch bewiesen wird, beschaffen sei, erhellt theils aus dem bereits Angeführten, theils wird es sich aus den nunmehr anzugebenden übrigen Prädicaten ergeben, die der Anicier seiner Gottheit beilegt.

In diesen tritt uns nun ein Element der Theologie des B. entgegen, welches ich bisher nur beiläufig berührt habe: das im engeren Sinne neuplatonische. Ein solches ist allerdings vorhanden, obgleich wir gestehen müssen, daß die dem Neuplatonismus eigene Ueberschwenglichkeit bei ihm theils durch seine logisch-scholastische Richtung, eine Folge oder Ursache eifriger Beschäftigung mit dem Organon des Aristoteles, theils durch seine römische, auf's Praktische gerichtete Nüchternheit, theils endlich durch einen unbewußten und unwiderstehlichen mittelbaren Einfluß des Christenthums bedeutend ermäßigt und fast aufgehoben ist.

Der Angelpunkt der neuplatonischen Theologie ist einerseits die Lehre von dem namenlosen, bestimmungslosen, unerkennbaren, schlecht-

---

[1]) Mundus hic ex tam diversis contrariisque partibus in unam formam minime convenisset, nisi unus esset, qui tam diversa conjungeret; conjuncta vero naturarum ipsa diversitas, invicem discors, dissociaret atque divelleret, nisi unus esset, qui, quod nexuit, contineret. Non tam vero certus naturae ordo procederet, nec tam dispositos motus locis, temporibus, efficientia, spatiis, qualitatibus explicaret, nisi unus esset, qui has mutationum varietates manens ipse disponeret. Hoc quidquid est, quo condita manent atque agitantur, usitato cunctis vocabulo deum nomino.

[2]) Vgl. z. B. Cic. Tuscul. I, 28. 29.

hin transscendenten ἕν, von welchem — weil jede Bestimmung eine
Verneinung in sich schließt — nicht einmal ausgesagt werden darf,
daß es der νοῦς sei, und andererseits die Ableitung des Endlichen
und der Vielheit aus diesem ἕν durch Mittelwesen, welche stufenweise
zu einem concreteren und bestimmteren Dasein fortschreiten und sich
dem Einzelnen und Vielen nähern. In der christlichen Lehre, welcher
eine gewisse Mystik wesentlich ist, fehlt es nicht an einer ähnlichen
Ueberzeugung von der Unmöglichkeit, Gott überhaupt, geschweige denn
in begrifflicher Form, völlig zu erkennen, und von seiner absoluten
Geschiedenheit vom Endlichen; allein er wird hier von vorn herein
concreter gedacht, durch die Trinitätslehre tritt Lebendigkeit in das
höchste Wesen, in dem fleischgewordenen Logos ist es erkennbar;
jener überspannte Gegensatz zwischen Geist und Materie ist nicht
vorhanden, und durch die Schöpfungslehre werden die Mittelwesen
zwischen Gott und Welt überflüssig. Auf welche Seite tritt nun B.?
In allem Wesentlichen, wie sich zeigen wird und zum Theil schon
gezeigt worden ist, auf die der Neuplatoniker. Weil dies aber der
Fall ist, dürfen, ja müssen wir auch das dem Christenthum und dem
Neuplatonismus Gemeinsame, so weit es sich bei ihm findet, auf
Rechnung des letzteren setzen. Dazu sind wir berechtigt und genöthigt, weil B. sich oft auf Plato, nie auf Christus beruft, weil
er mit dem neuplatonischen Porphyrius sich viel beschäftigt hat und
weil sich specifisch Christliches in allen ächten Schriften nicht findet,
wohl aber mancherlei Widerchristliches, z. B. eine mit der christlichen
Lehre unvereinbare Theorie von gewissen mittlerischen Potenzen[1]),
von denen sogleich die Rede sein wird.

Aus dem Platonismus also, nicht aus dem Christenthum sind
Ausdrücke und Vorstellungen herzuleiten, wie „die erste Gottheit"
(prima divinitas IV, pr. 6), das „unnahbare Licht" (inaccessa lux
V, pr. 3), die schlechthin ungetheilte „Einfachheit" (simplicitas V, pr. 6)
und „Reinheit" (puritas IV, pr. 6) des göttlichen Wesens und seines
schauenden Erkennens; ferner Ausdrücke, wie: der ewige Gott, der
„unendlichen Lebens ganze Fülle zumal umfaßt und besitzt" (ebendas.),
dem „unwandelbares (immobilis) Leben" innewohnt, dessen Wesen

---

[1]) Vgl., was Augustin über das fatum sagt: de civ. dei V, 9. Von keinem
christl. Theologen des Alterthums werden die Dämonen als gute, heilsame
Mächte, als unmittelbare Vollstrecker des göttlichen Willens gedacht.

nichts von außen her aufnimmt (III, pr. 12), der der Vielheit gegenüber in „seiner Einfachheit Burg" (in suae simplicitatis arce IV,
pr. 6) thront. Eben dahin gehört, was B. über die Bedeutung der
Einheit überhaupt sagt: das Eine und das Gute ist dasselbe; Alles,
was ist, hat so lange Bestand und Existenz, als es Eines ist; wer
also nicht nach Einheit strebt, strebt nach Selbstauflösung und Unter-
gang (III, pr. 11). Gerade ferner, wie Proclus der Gottheit auch
vom Zeitlichen ein zeitloses Wissen beilegt (de provid. c. 50—52),
schreibt B. ihr ein solches zu. Wenn derselbe sagt, die Tiefe der
Gottheit (divina profunditas IV, pr. 6) könne nur in geringem
Maße von der menschlichen Vernunft erkannt werden und es zieme
den Menschen nicht, das göttliche Wirken völlig begreifen und
beschreiben zu wollen, so wiederholt er eben auch neuplatonische
Sätze [1]).

Was sagt er aber vom Verhältniß Gottes zur Welt? Wie
diese entstanden sei, darüber spricht er sich nicht deutlich aus, nur
so viel ist klar (s. oben), daß er Gott als Weltbildner oder als
Weltbaumeister, nicht eigentlich als Schöpfer sich vorstellte. Darum
handelt es sich auch hier nicht mehr, sondern hier handelt es sich
um das Verhältniß zur bereits vorhandenen Welt. B. nun war
von der vollständigen Gesetzmäßigkeit und harmonischen Ordnung sowohl des physischen, als des moralischen Kosmos tief durchdrungen,
er erkannte in Welt und Natur die Herrschaft des Einen und Guten,
dessen Ursprung und Urbild die Gottheit selbst ist, und in diese
Harmonie griff ihm weder die Macht eines blinden Schicksals, noch
die Willkür menschlicher Freiheit störend ein. Da aber das Eine
und Gute in der Welt nur als Band und Maß des Endlichen,
Beweglichen, Wandelbaren und Vielen vorhanden ist, so
bedarf es zwischen Gott und der Welt einer Vermittelung. Per-
sönliche Mittelwesen nun scheint B. allerdings anzunehmen, wenigstens spricht er von Dämonen und Engeln (IV, pr. 6) und von
höheren Wesen (V, pr. 2: supernae divinaeque substantiae).
Aber diese sind nur Organe einer anderen vermittelnden Potenz.
Das vermittelnde Princip selbst aber ist das fatum, welches die
Einheit in der Vielheit darstellt, während die Vorsehung schlechthin

---

[1]) s. Zeller, a. a. O. S. 948.

einfach ift. B. unterſcheidet nämlich zwei Stufen des Göttlichen, indem er dem fatum die „prima divinitas" gegenüberſtellt, welche der Siß der „prima mens" oder providentia iſt. Dies erinnert uns zunächſt an die Stoifer, dann an die Neuplatonifer. Bei jenen iſt εἱμαρμένη (fatum) einer der mancherlei Ausbrücke für das die Welt durchwaltende Princip, ſie fällt bei ihnen mit der Vorſehung real zuſammen[1]), nur daß in ihr mehr die wirkenden Urſachen, in der Vorſehung mehr die Zweckurſachen concentrirt gedacht werden. Aber eben weil ſie mit der providentia zuſammenfällt, iſt ſie eine ſelbſtſtändige, keinem Höheren unterworfene Macht. Bei den Neuplatonifern behält ſie zwar eine verhältnißmäßige Selbſtſtändigkeit, und ſie ſtellt auch hier das Nothwendige im Naturzuſammenhang bar, ſteht aber unter Gott[2]), und die πρόνοια fällt nicht mit ihr zuſammen, ſondern gilt als etwas Höheres, unmittelbar Göttliches. B. ſteht in der Mitte, neigt ſich aber mehr auf die Seite der Neuplatonifer. Fallen nämlich bei den Stoifern fatum und providentia zuſammen, ſo thun ſie dies bei B. freilich gleichfalls — aber nur inſofern, als jenes dieſer nicht widerſtrebt, kein Dualismus beider Mächte ſtattfindet, ſondern das fatum ein Ausfluß der providentia iſt. Iſt aber auf der anderen Seite bei Proclus der prov. ein höheres Gebiet eingeräumt, ſteht ſie bei ihm ſogar über dem νοῦς — bergeſtalt, baß ſie aus dieſem Grunde eben πρόνοια heißt — und ſind bei ihm dem fatum eigentlich nur die corporalia und ſensibilia unterworfen, ſo gab auch B. der prov. eine höhere Stellung; allein ſie iſt ihm der transcendente göttliche Verſtand ſelbſt, während ſie bei Proclus über dem Verſtande (νοῦς) ſteht, bei den Stoifern der Welt immanent iſt. Das fatum aber rückte er der Vorſehung be= beutend näher, als Proclus, und da er es aus früheren Syſtemen als eine unbequeme und gleichſam ſchwer zu bezähmende Macht über= fam, ſo wußte er aus der Noth eine Tugend zu machen und bän= bigte gleichſam das Ungethüm, indem er ihm eine paſſende Stelle in ſeinem Syſtem anwies. Die Stoifer hatten keinen transcendenten Gott, daher bereitete ihnen die εἱμαρμένη keine Schwierigkeit, B.

---

[1]) Vgl. Zeller, S. 84.

[2]) Proclus, de provid. et fato: »provid. quidem deus per se, fatum autem divina aliqua res et non deus: dependet enim a providentia et velut imago est illius.«

kannte, wie die Neuplatoniker, eine Gottheit hoch über der Welt, die, in der „Burg ihrer Einfachheit" thronend, von allem Endlichen und aller Vielheit durch eine tiefe Kluft getrennt ist. Den Neuplato- nikern nun standen in ihrem phantasiereichen und von mancherlei Gestalten belebten, durch vielfache Stufen in seinen einzelnen Theilen verbundenen Systeme Mittelwesen zu Gebote, durch welche jene Kluft zwischen dem Einen und dem unendlich Vielen überbrückt wurde. B. in seiner römischen Nüchternheit verschmähte diesen Reichthum, aber einer Vermittelung bedurfte er, um den Zwischenraum zwischen seinem Gott und der Welt auszufüllen, und — er verwandte dazu das fatum. Dieses hob er aus der Immanenz in der Welt heraus, aber es fuhr fort, eine Concentration der vielen in der Welt wir- kenden Ursachen zu sein, eine Concentration der Gesetze des Wer- dens. Andererseits unterschied er das fatum von der Providenz, indem er es tiefer stellte, insofern er es der Materie und der Vielheit zuneigte; allein es blieb in Einheit mit der Vorsehung, blieb bestimmt durch den in dieser ruhenden Zweck und war nur ein Ausfluß und ein Organ eben dieser. Die Providenz selbst setzte er dem göttlichen Verstande gleich, sie ist ihm die prima divinitas in ihrer Actuosität. Dieser neuplatonische Ausdruck nun, prima divinitas, setzt eigentlich eine secunda divinitas voraus, welche Bezeichnung jedoch bei B. nicht vorkommt. Er meint aber jedenfalls mit dem zweiten gött- lichen Princip das Fatum; denn die Providenz, die prima mens, ist mit der prima divinitas vereinigt.

Daß er jenes als persönlich sich vorstelle, sagt er jedoch nir- gends, und es ist dies nicht wahrscheinlich, obgleich es die Conse- quenz zu fordern scheint. Denn die prima divinitas stellt er sich als eine Person vor. Das Verhältniß aber der Vorsehung zum Fatum sucht er durch verschiedene Bilder und Analogien zu veran- schaulichen, unter Anderem vergleicht er es mit einem System von concentrischen Kreisen, als deren Mittelpunkt er sich die prima di- vinitas vorstellt[1].

---

[1] IV, pr. 6: »Nam ut orbium circa eumdem cardinem sese vertentium, qui est intimus, ad simplicitatem medietatis accedit ceterorumque extra locatorum ve- luti cardo quidam, circa quem versentur, existit: extimus vero majore ambitu rotatus, quanto a puncti media individuitate discedit, tanto amplioribus spatiis ex- plicatur: si quid vero illi se medio connectat et societ, in simplicitatem cogitur

Was nun dem Mittelpunkte dieser Kreise nahe steht, steht nicht unter der Botmäßigkeit des Schicksals, sondern lediglich unter der Herrschaft der Vorsehung[1]). In den geistigen Wesen und besonders im Menschen stellt sich nach Maßgabe der Entschiedenheit, mit der sie dem Geistigen zugewandt sind, die Nothwendigkeit als ein Erkanntes und frei Gewolltes dar, und der vernünftige, tugendhafte Mensch (vgl. auch I, metr. 4 vom Siege über das Schicksal) hat vom Schicksal nichts zu fürchten.

Gehen wir nun auf die Betrachtung des Endlichen ein, so finden wir wieder einen modificirten Platonismus, und Christliches nur insoweit, als das Platonische mit dem Christlichen übereinstimmt. Wir handeln zunächst von der Welt im Allgemeinen, dann von der Anthropologie, welche den Uebergang zur Ethik bahnen möge.

Was B. über die Welt sagt, fassen wir folgendermaßen zusammen: wir betrachten dieselbe nach Anleitung unseres Philosophen 1. als Abbild und Darstellung der Vollkommenheit Gottes (das Göttliche in der Welt); 2. insofern diese Vollkommenheit in ihr beschränkt erscheint und dem Göttlichen Widerstrebendes in der Welt ist (das Ungöttliche in der Welt); 3. insofern dieses dem Göttlichen in Wahrheit dennoch unterworfen ist (Unterwerfung des Ungöttlichen in der Welt).

Obgleich die Ableitung der Materie, die dem Plato und Aristoteles nicht gelungen war, von B. nicht einmal versucht wird, und ein gewisser Dualismus aus der Metaphysik desselben sich nicht wegdeuten läßt, obgleich eine eigentliche Schöpfungslehre bei ihm sich nicht findet, so rührt doch die Welt als Kosmos auch nach ihm von Gott her. Er ist, wenngleich nicht ihr creator im strengen Sinne,

---

diffundique ac diffluere cessat: simili ratione quod longius a prima mente discedit, majoribus fati nexibus implicatur, ac tanto aliquid fato liberum est, quanto illum rerum cardinem vicinius petit. Quod si supernae mentis haeserit firmitati, motu carens fati quoque supergreditur necessitatem. Igitur uti est ad intellectum ratiocinatio, ad id, quod est, id, quod gignitur, ad aeternitatem tempus, ad punctum medium circulus: ita est fati series mobilis ad providentiae stabilem simplicitatem.«

[1]) Auf welche Wesen sich dies bezieht, können wir aus dem Proclus errathen, von dem (cf. de provid. et fato) diese Gedanken offenbar herrühren: cap. 8: omne quidem intellectualiter ens sub providentia perseverat solum, omne autem, quod corporaliter, sub necessitate. cf. auch das Ende von cap. 9.

doch ihr conditor und artifex. Nach himmlischem (superno) Ur=
bilde (III, metr. 9) ift fie vom neidlofen Gotte gebildet und daher
fchön und vollkommen, ein Abbild ihres Urhebers, befeelt und durch=
aus harmonisch. Ihre Theile werden zufammengehalten durch die
gegenfeitige Liebe (alternus amor)[1], obgleich alle Wefen vermöge
der Selbftliebe (sui caritas), d. h. des Selbfterhaltungstriebes, zu=
gleich ein befonderes Sein erftreben. Alles dies hat feinen Grund
darin, daß der Welt die Herrfchaft der Vernunft innewohnt (regimen
mundo inest rationis I, pr. 6), daß Gott feinem Werke vorfteht
(praesidet ebendaf.), daß Gott durch fich felbft, alfo durch das
Gute, die Weltmafchine in Gang und unverfehrt erhält (III, pr. 12)
und durch das fatum Alles dem unabänderlichen Gefetze der Vor=
fehung[2] unterwirft.

Unterfuchen wir nun, was für unfere Frage wichtig ift, ob
die Gottähnlichkeit der Welt fich fo weit erftreckt, daß diefelbe an=
fangslos und endlos ift, fo fehen wir auch hier B. dem Plato
folgen, und zwar wählt er unter den verfchiedenen Deutungen, die
Plato zuläßt, die dem Chriftenthum ungünftigere. Ob nämlich, was
Plato im Timaeus[3] von einem Anfang der Welt fagt, wörtlich
zu nehmen ift oder als bloße Einkleidung die metaphyfifche Abhängig=
keit der Welt von Gott ausdrückt, ift zweifelhaft. Die Neuplato=
niker dagegen, unter ihnen Proclus, leugnen ausdrücklich einen Welt=
anfang (Procl. in Timaeum 85. A). Unvergänglichkeit der
Welt aber hatte Plato felbft ausdrücklich gelehrt. Schon dies ftimmt
nicht mit der chriftlichen Lehre überein, noch viel weniger die Lehre
von einer anfangslofen Welt[4].

B. nun. referirt (V, pr. 6) als Anficht des Plato, daß die
Welt anfangslos und endlos fei, fieht fich aber nicht gemüßigt, fich

---

[1] Daß amor im phyfifchen Sinne zu nehmen fei, wurde oben gezeigt.

[2] Damit hängt zufammen, daß von Natur alle Wefen, fo verfchieden fie
im Uebrigen find, nach dem Guten ftreben (III, pr. 11. V, metr. 5).

[3] f. Zeller a. a. O. Bd. 2. S. 255 und Bd. 3. S. 911.

[4] Nicht einmal Origenes lehrte eine Ewigkeit diefer beftimmten Welt.
Allein, wenn er es auch thäte, fo würde ihm doch Niemand das Chriftenthum
abfprechen können. Etwas ganz Anderes ift es, wenn dergleichen in nachaugufti=
nifcher Zeit und in Verbindung mit vielen anderen dem Chriftenthum widerftreben=
den Lehren vorgetragen wird.

gegen diefe Lehre zu verwahren[1]), und Bernartius[2]), der den B. für einen guten Chriften hält, verfucht umfonft, deffen Orthodoxie dadurch zu retten, daß er in der betreffenden Stelle großes Gewicht auf die Worte „qui cum audiunt visum" (f. die Anmerkung) legt und in diefen ausgedrückt findet, daß B. die Meinung der Neu= platoniker, welche die Welt für anfangslos erklären, verabfcheue. In Wahrheit fagt aber B. nur, daß aus der Lehre des Plato, derzu= folge die Welt keinen Anfang und kein Aufhören habe, nicht folge, daß die Welt gleich ewig mit Gott fei. Die Ewigkeit fei etwas ganz anderes, als Anfangs= und Endlofigkeit; ewig fei, was (oder wer) unendlichen Lebens Fülle zumal ganz (totam), d. h. in Einem und jedem Moment völlig umfaffe und befitze und daher außer und über der Zeit ftehe, die ein bloßes Bild und Product der Ewigkeit fei (vgl. III, metr. 9). Die Welt aber möge immerhin einen un= begrenzten Zeitraum umfaffen, jedenfalls umfaffe fie ihn nicht ganz in einem Moment, fei nur perpetuus. Auf der anderen Seite liegt fchon hierin dennoch eine gewiffe Vollkommenheit und Gott= ähnlichkeit, welche letztere er auch ausdrücklich dem Menfchen zu= fchreibt (II, pr. 5). Wenn er aber zugleich durch den Ausdruck perpetuitas (gegenüber der aeternitas) die Vollkommenheit der Welt als eine befchränkte bezeichnet, fo möge diefe Limitation uns zu der anderen Betrachtung hinüberführen, welche die Welt als ein endliches und unvollkommenes Wefen in's Auge zu faffen hat.

---

[1] V, pr. 6: »Quod igitur temporis patitur conditionem, licet illud, sicuti de mundo censuit Aristoteles, nec coeperit unquam esse nec desinat, vitaque ejus cum temporis infinitate tendatur, nondum tamen tale est, ut aeternum esse jure creda- tur. Non enim totum simul infinitae licet vitae spatium comprehendit atque com- plectitur, sed futura nondum, transacta jam non habet. Quod igitur interminabilis vitae plenitudinem totam pariter comprehendit ac possidet, cui neque futuri quid- quam absit nec praeteriti fluxerit, id aeternum esse jure perhibetur: idque necesse est, et sui compos praesens sibi semper adsistere et infinitatem mobilis temporis habere praesentem. *Unde non recte quidam, qui cum audiunt visum Platoni, mundum hunc nec habuisse initium temporis nec habiturum esse defectum,* hoc modo conditori conditum mundum fieri coaeternum putant. Aliud est enim, per interminabilem duci vitam, quod mundo Plato tribuit, aliud, interminabilis vitae totam pariter complexam esse praesentiam, quod divinae mentis proprium esse manifestum est.«

[2] In der Ausg. Lugd. Batav. 1671. p. 259.

Der umfaſſendſte und bezeichnendſte Ausdruck, deſſen B. ſich bedient, um auf die Unvollkommenheit der Welt hinzuweiſen, liegt in dem Satze: ſie biete nur Bilder (imagines III, pr. 9) des wahren Guten dar. Ferner ſagt er in dieſer Beziehung: „constat genitum nihil" (II, metr. 3). Dadurch iſt nun freilich die perpetuitas der Welt nicht aufgehoben, denn jenes Prädicat bezieht ſich nur auf das Einzelne, Individuelle und Materielle, nicht auf die Gattungen der Weſen und das Ganze, dem ſie angehören. Aber durch beide Aus-drücke iſt doch eine wirkliche Schranke der Vollkommenheit der Welt anerkannt. Anders verhält es ſich mit den Schranken, welchen die Herrſchaft der göttlichen Ordnung in der Welt unterworfen zu *ſein* ſcheinen könnte. Dieſe ſcheinbaren Schranken ſind beſonders folgende: 1. eine blinde Fortuna; 2. das Walten des Zufalls; 3. das Vorhandenſein des Böſen.

Was nun die fortuna betrifft, ſo ſtellt ſie ſich B. ſcheinbar als eine ſelbſtſtändige Macht vor; was er über ſie ſagt (II, pr. 11), erinnert beſonders an Seneca[1]). Sie iſt natürlich verſchieden vom fatum[2]), ja ſie hat überhaupt keine feſte Stelle im Syſtem, und iſt im Grunde doch nur eine Hypoſtaſirung der eingebildeten Macht, welche dem Menſchen als launiſche Geberin und Störerin des äußeren Glücks erſcheint. In Wahrheit iſt ſie nichts anderes, als ein nothwendiges Mittel in der erziehenden Hand Gottes und der das Gute bezweckenden Vorſehung völlig unterthan. Daher heißt es: „omnis fortuna bona est" (IV, pr. 7), auch „adversa" (II, pr. 8), und auf der anderen Seite: „in vestra manu situm, qua-lem fortunam formare malitis" (IV, pr. 7).

Der fortuna verwandt als Macht der ſcheinbaren Willkür iſt der Zufall, der in jener wirken kann, aber nicht ſo unmittelbar, wie ſie, ſpeciell in das menſchliche Leben eingreift, ſondern zunächſt eine allgemeinere rein metaphyſiſche Bedeutung hat.

B. läßt auch dieſen Störer der Ordnung nicht aufkommen und überwindet ihn mit Hülfe ariſtoteliſcher Gedanken. Er ſagt zunächſt: wenn man unter Zufall etwas verſtehe, was außerhalb jeder Geſetz-mäßigkeit und ohne alle Urſache ſtattfinde, ſo ſei Zufall nur ein

---

[1]) Vgl. deſſen consolationes ad Helviam, ad Polybium, ad Marciam.

[2]) Er ſagt freilich I, metr. 4: man ſolle das fatum beſiegen (als ob es = fortuna wäre), im Ganzen aber weiß er beides wohl zu unterſcheiden.

Begriff, keine Realität. Denn aus Nichts, d. h. ohne eine bewirkende Ursache, werde Nichts; dann referirt er die Definition des Aristoteles (phys. II, 5)[1]) und führt, diese unbedeutend modificirend und in Einen Begriff zusammenfassend, das unvorhergesehene Zusammentreffen und Zusammenwirken der Ursachen, welches den scheinbaren Zufall hervorbringt, auf die gesetzmäßige Ordnung der Vorsehung zurück.

Größere Schwierigkeit bereitete die dritte Macht, das Böse. Dieses scheint doch die Zwecke der Vorsehung in der Welt zu vereiteln. Woher leitet er es nun ab und wie überwindet er es? Die biblische Lehre vom Bösen ist ihm gänzlich fremd; aus der Materie leitet er es auch nicht unmittelbar ab, sondern er sagt nur, daß der Mensch dadurch böse werde, daß er sich dem Materiellen zuneige, und daß der Körper die Erkenntniß des Wahren hindere[2]). Er erklärt vielmehr das Böse für einen Schein und spricht ihm das wahre Sein ab. Diese platonische Wendung ließ sich auch leicht durchführen, so lange nur an das physische Uebel gedacht wurde. Denn, wie die Stoiker von diesem gesagt hatten, es sei in Wahrheit kein Böses, sei nothwendig im Zusammenhang der Natur, sei Mittel zum Guten und habe keine Macht über den Tugendhaften, so konnte auch gesagt werden, es sei überhaupt nicht vorhanden. B. begründet diesen Satz durch den Schluß: Gott vermag Alles; Gott vermag, weil er der schlechthin Gute ist, nicht das Böse; folglich ist das Böse Nichts (III, pr. 12) — und durch den Begriff des Seins,

---

[1]) V, pr. 1: »Quotiens aliquid cujuspiam rei gratia geritur, aliudque quibusdam de causis quam quod intendebatur, obtingit, casus vocatur: ut si quis colendi agri causa fodiens humum defossi auri pondus inveniat. Hoc igitur fortuito quidem creditur accidisse: verum non de nihilo est, nam proprias caussas habet, quarum improvisus inopinatusque concursus casum videtur operatus. Nam nisi cultor agri humum foderet, nisi eo loci pecuniam suam depositor obruisset, aurum non esset inventum.« — Vgl. ferner in librum de interpret. edit. sec. libr. III: »Peripatetici, quorum Aristoteles princeps est, et casum et liberi arbitrium judicii et necessitatem in rebus quae sunt quaeque aguntur cum gravissima auctoritate, tum apertissima ratione confirmant. Et casum quidem esse in Physicis probant: quoties aliquid agitur et non id evenit, propter quod illa res est coepta quae agebatur, id quod evenit, ex casu evenisse putandum est, et casus quidem non sine aliqua actione fit.«

[2]) III, metr. 11: »Obliviosam corpus invehens molem.« Ibid. pr. 12: »memoriam corporea contagione amisi.« (cf. III, metr. 10.) und: »mens caecis obruta membris« V, metr. 3.

ben er aufstellt. Sein kommt nämlich nur dem zu, was (IV, pr. 3) seinem Gesetz und seiner Natur entspricht („est enim, quod ordinem retinet servatque naturam" IV, pr. 2). Demgemäß kommt dem Bösen kein Sein zu. Was aber ein physisches Uebel zu sein scheint, ist nur Mittel zum Guten und dient entweder zur Verwirklichung eines Naturzweckes oder, sofern es den Menschen betrifft, zur Uebung des Tugendhaften und zur Besserung oder Bestrafung des Bösen (IV, pr. 7).

Aber eben hiermit ist ja das Vorhandensein des moralisch Bösen zugestanden, welches sich nicht so leicht wegdefiniren ließ. B. spricht zwar dem moralisch Bösen gleichfalls das Sein ab und vergleicht den Bösen mit Leichen (IV, pr. 2. 3), die keine Menschen mehr seien. Allein, da das moralische Böse solche Wirkung hervorbringt, daß es dem Menschen das Sein raubt, muß es selbst doch irgend welche Realität haben. Diese spricht ihm nun auch B. nicht schlechthin ab; aber, wie die christliche Lehre, welche jene Realität so entschieden anerkennt, die Theodicee deshalb nicht aufgiebt, so auch B. nicht[1]). Denn er scheint, wie diese, das moralisch Böse nicht aus der Materie, sondern aus der menschlichen Seele, welcher er Freiheit zuerkennt, abzuleiten. Nichtsdestoweniger ist er weit entfernt von der christlichen Lehre von der Sünde, und es verträgt sich schlecht genug mit dem Bekenntniß zum Kirchenglauben, welches in den ihm beigelegten christlich-theologischen Schriften enthalten ist, und mit dem Drang, die trinitarische und christologische Seite der Kirchenlehre zu vertheidigen, daß er hundert Jahre, nachdem Augustin den Pelagius überwunden hatte, in diesem Punkte noch weit weniger positiv ist, als letzterer oder irgend ein häretischer Lehrer jener Zeit. Dies wäre wenigstens bei einem occidentalischen Kirchenlehrer jener Zeit undenkbar. Bei B. aber ist von einer Allgemeinheit der Sünde oder von Erbsünde nicht im Entferntesten die Rede, er sagt („plures homines sunt mali" IV, pr. 2): „die Mehrzahl der Menschen ist böse". Es giebt nach ihm Menschen, denen an der vollkommenen Tugend nichts fehlt („cunctis virtutibus absolutus sanctusque ac deo proximus" IV, pr. 6). Von einem eigentlich radicalen Bösen und der Nothwendigkeit einer Erlösung weiß er gar nichts.

---

[1]) Womit keineswegs gesagt ist, daß diese Meinung bei B. vom Christenthum herrühre.

Die Ponerologie führt uns endlich zur Anthropologie und Ethik.

Der Mensch ist nach B. (I, pr. 3. II, pr. 5) „ein vernünftiges und sterbliches Wesen" (rationale animal atque mortale), göttlich durch seine Vernunft oder — nach einer anderen Stelle — „gott= ähnlich durch den Verstand" (divinum merito rationis animal, ... deo mente consimilis). Was die Psychologie betrifft, so wird die Lehre der Stoiker von der Seele als einer unbeschriebenen Tafel (V, metr. 4), welche — selbst widerstandslos und unproductiv — die Eindrücke aus der Körperwelt aufnimmt, ausdrücklich verworfen, und dagegen die platonische Lehre von den in der Seele ruhenden Ideen (formae) vorgetragen, welche freilich durch das sinnlich Wahrgenommene (V, pr. 5) sollicitirt werden, es dann aber selbstständig bearbeiten. Aus eigener Kraft beurtheilt die Seele die durch die Sinnenwahrnehmung vermittelten Eindrücke des Körpers. Die Erkenntniß wird überhaupt nicht durch die Beschaffenheit der Objecte, sondern durch die des Erkennenden bestimmt, ein Satz, der bei der Lösung einer später zu erwähnenden Schwierigkeit eine wichtige Rolle spielt.

Hierin, wie im Uebrigen, enthält diese Psychologie nichts Eigen= thümliches; in alter Weise[1]) werden Sinnenwahrnehmung (sensus), Vorstellung (imaginatio), Begriffsvermögen (ratio) und Intelligenz (intelligentia, νοῦς) als Stufen des Erkenntnißvermögens unter= schieden, wobei jedoch zu bemerken ist, daß die Intelligenz (der νοῦς) nur Gott zukommt.

Der Verstand oder das Begriffsvermögen, welches vom Ein= zelnen absehend das Allgemeine und die Gattungen aufzufassen ver= mag, ist zwar dem Menschen eigen, aber die die einfache, reine Idee des Seienden erfassende Intelligenz fehlt ihm. Die Vorstellung, welche nur das Einzelne, und die Sinnenwahrnehmung, welche nur das sinnlich Einzelne auffaßt, diese niederen Vermögen sind in dem höheren, in der dem Menschen innewohnenden ratio, mitent= halten; suchen sie aber gleichsam selbstständig zu werden, so wider= sprechen sie derselben und leugnen die Realität der allgemeinen Be= griffe, welche die ratio aufstellt. Diese Gedanken berühren den später

---

[1]) Die Grundzüge davon finden sich schon bei Aristoteles, unter den Späteren z. B. bei Proclus, nur daß dieser den enthusiasmus als höchste Stufe hinzufügt.

entbrannten Streit zwischen Nominalismus und Realismus. Daß B.
Realist ist, folgt schon aus seiner Hinneigung zur platonischen Ideenlehre. Auch hieraus erklärt sich seine Abneigung gegen die Stoiker,
die Vertreter des Nominalismus. Uebrigens geht B. hier nicht näher
auf die Streitfrage ein[1]). (Vgl. aber comment. in Porphyr. l. I.
Migne t. 64. p. 82.)

Das Erkennen und Lernen beruht auch nach B. auf Erinnerung
(V, metr. 3), auf einem Wiederanknüpfen des dem Geiste Entschwun-
denen an die noch bewahrten Erkenntnißelemente. Der Versuch Cally's,
eine andere Quelle für diese Ansicht aufzufinden, als den platonischen
Meno, ist als gänzlich gescheitert zu betrachten[2]). Den menschlichen
Seelen wird Präexistenz zugeschrieben (s. besonders V, pr. 2), oder
man müßte die Ausdrücke „Erinnerung, Rückkehr zu sich selbst, zum
wahren Vaterland" als bildliche Hindeutung auf einen idealen, nicht
vorzeitlich realen Zustand betrachten, welche Deutung jedoch schwerlich
die richtige ist. In jedem Falle sind die Seelen nach B. göttlichen
Ursprungs (celsa sedc petiti s. III, metr. 6. vgl. IV, metr. 1), und
darin besteht ihr Adel (mortales igitur cunctos edit nobile ger-
men). Sie streben von Natur alle nach dem Guten, welcher zwei-
deutige Ausdruck freilich bald auf das Gute im physischen (eudämonistischen), bald auf das Gute im moralischen Sinne sich bezieht.
Niemand entartet, es sei denn, daß er seinem Ursprung untreu werde.
Dies thun nun allerdings Viele, sie verfehlen in Folge ihrer Schwäche
(IV, pr. 2) und ihres Irrthums (III, pr. 2) das wahre Gute, was
mit einer gewissen Beschränktheit der menschlichen Erkenntniß und
mit der Gebundenheit durch den Körper zusammenhängt (III, metr. 11.
V, pr. 4). Aber der stets übrig bleibende Same der Wahrheit macht
ein wahrhaft göttliches Streben immerdar wieder möglich[3]).

Das höchste Gut aber, dem zugestrebt werden soll, ist Gott,
welcher mit der höchsten Glückseligkeit identisch ist. Wer letztere er-

---

[1]) Vielleicht, weil er nicht gern den Gegensatz aufdeckt, in welchem Plato
und Aristoteles in Beziehung auf diese Frage stehen, obgleich sie beide Realisten
sind. B. stellte die beiden Heroen der griechischen Philosophie gern als in allem
Wesentlichen einverstanden dar, und das hätte er hier nicht gekonnt.

[2]) S. die Noten zu der a. Stelle in der Ausg. in usum Delphini Lut. Par.
1680 u. 1695.

[3]) Auch hierdurch wird die christliche Heilslehre als überflüssig abgeschnitten.

reicht, wird Gott (III, pr. 10)[1]), da er an der (beatitudo = divinitas) Gottheit theilnimmt. Wodurch sie aber erreicht wird, welches das eigentliche Princip der Ethik des B. ist, ist nicht recht ersichtlich. Zwar wird gesagt, der Mensch solle sich selbst erkennen (II, pr. 5 u. 6), um sich der Werthlosigkeit der äußeren Güter bewußt zu werden, er solle das Schicksal überwinden, er solle sich von den Fesseln des Körpers losmachen und die Leidenschaften besiegen, er solle sich durch Gebet mit Gott in Verkehr setzen (V, pr. 3), und sein Geist solle auf den Flügeln der Philosophie (IV, pr. 1 fin. ibid. metr. 1) in himmlische Regionen sich erheben, wo der Weltregierer thront, und dort sein Vaterland wiederfinden. An einer anderen Stelle heißt es ferner: „Das Heil der Seelen (IV, pr. 6) ist Rechtschaffenheit[2]).“ Aber es fehlt an einem klaren, einheitlichen ethischen Princip. Neuplatonische Ueberschwenglichkeit und nüchterne römische Moral stehen nebeneinander. Das religiöse Element aber, durch welches beides einigermaßen zusammengehalten wird, ist nicht das christliche. Am nächsten kommt die Moral des B. der stoischen, nur daß sie religiöser gefaßt und mit ursprünglich platonischen Gedanken verbunden ist. Denn der Grundgedanke scheint zu sein: ὁμολογουμένως τῇ φύσει ζῆν. Die Glückseligkeit oder das Gute oder das Göttliche wird dir zu Theil, wenn du das Gute, welches von Gott in's Universum gelegt ist und nach welchem von Natur alle Wesen, auch die Menschen, streben, an deinem Theile und zwar mit Bewußtsein zu verwirklichen strebst. Thust du dies, so wirst du mächtig sein, während die Bösen, die das Naturgesetz verleugnen, machtlos sind. Um es aber thun zu können, mußt du mit Hülfe der Philosophie immer deinen Blick auf Gott heften, ihm, der die Quelle jenes Gesetzes und des Guten ist; im Gebete nahen und die Leidenschaften, welche den Zweck der Naturordnung zu vereiteln drohen, niederzuhalten suchen[3]). Dies sind die ethischen Grundgedanken des B.

---

[1]) Diesen Gedanken hat wahrscheinlich die Stelle bei Aristot. eth. Nicom. VII veranlaßt: „ὥστ' εἰ, καθάπερ φασίν, ἐξ ἀνθρώπων γίνονται θεοί“ etc. cap. 1. (Bekk.)

[2]) »Quid vero aliud animorum salus videtur esse, quam probitas? quid aegritudo, quam vitia?« Von justitia und justificatio ist nicht die Rede.

[3]) In's Einzelne gehende Moral enthält der Dialog fast gar nicht; nur einige wenige Sätze lassen sich hervorheben, z. B. daß der Tugendhafte sich des

Was die Bösen betrifft, so sind sie, da sie der Ordnung
der Dinge, in denen das Gute und Eine herrscht, sich nicht fügen,
machtlos, sie können nur thun, was ihnen beliebt, nicht, was sie im
Grunde wollen (IV, pr. 2) (denn auch ihr Ziel ist das Gute), sie
vermögen nur das Böse, welches ein Nichts ist. Hiermit ist der
Gegensatz des Guten und Bösen zwar scharf hervorgehoben, aber
schon die Unterschätzung der Macht des Bösen, welche mit jenen
Sätzen zusammenhängt, scheidet den B. von der christlichen Lehre
von Sünde und Erlösung. Letztere muß ihm überflüssig erscheinen,
da die Leidenschaften nach seiner Meinung den Menschen zwar von
der Stelle bringen, aber nicht ganz über den Haufen werfen können
(I, pr. 6. convellere totumque exstirpare).

Nicht alle Menschen sind der Sünde unterworfen, sondern nur
die Mehrzahl, auch die Bösen streben eigentlich nach dem Guten, aber
theils erkennen sie das richtige Ziel nicht und suchen daher das
Glück in Reichthum, Ehrenstellen, Ruhm, Macht oder sinnlicher Lust,
theils werden sie durch ihre Leidenschaften von dessen Erlangung
abgehalten; durch diese aber werden sie zu Thieren; das Menschliche
in ihnen, ihre Seele, geräth durch die Leidenschaften in Gefangen=
schaft (IV, metr. 3). Im Grunde beruht das Böse nur auf Irrthum
und Schwäche, es ist eine Krankheit (IV, pr. 4). Doch leugnet B.
nicht, daß es auch Schuld (culpa) sei und dem Menschen zuge=
rechnet werden müsse, woraus die Berechtigung göttlicher Strafen
folgt.

Der Begriff der Zurechnung nun führt uns auf die Frage nach
der menschlichen Freiheit, welche B. entschieden behauptet[1]).

Staates annehmen solle, damit dessen Leitung nicht in schlechte Hände komme. Die
Bösen soll er nicht hassen, sondern bemitleiden, weil sie unglücklich sind. Die
Freundschaft ist nicht bloß Genuß, sondern Tugend u. s. w.

[1]) Vgl. außer de consol.: In libr. de interpret. edit. sec. lib. III (Migne patrolog. Tom. 64. p. 492): -Nos enim liberum arbitrium ponimus, nullo extrinsecus
cogente in id, quod nobis faciendum vel non faciendum judicantibus perpendenti-
busque videatur, ad quam rem praesumpta prius cogitatione perficiendam et agen-
dam venimus, ut et id, quod fit, ex nobis et ex nostro judicio principium sumat,
nullo extrinsecus aut violenter cogente, aut violenter impediente. .... liberum vo-
luntatis arbitrium non id dicimus, quod quisque voluerit, sed quod quisque judicio
et examinatione collegerit. Alioqui multa quoque animalia habebunt liberum vo-
luntatis arbitrium. Illa enim videmus sponte quaedam refugere, quibusdam sponte

Er sagt (V, pr. 2): jedes vernünftige Wesen habe, weil Urtheil, Unterscheidungsvermögen, daher Wahlvermögen und Freiheit, zu wollen und nicht zu wollen. Diese sei freilich nicht bei Allen gleich. Denn die höheren und göttlichen Wesen hätten klares Urtheil, unverdorbenen Willen und wirksame Fähigkeit, was sie wünschten, zu erreichen. Die Freiheit der menschlichen Seelen habe aber verschiedene Stufen. Größere Freiheit wohne ihnen bei, wenn sie in der Betrachtung des göttlichen Verstandes verharrten; geringere, wenn sie in Körper geriethen; noch geringere, wenn sie mit irbischen Gliedern in Verbindung träten. Am größten sei aber die Unfreiheit, wenn sie, dem Laster sich hingebend, den Besitz der eigenen Vernunft verlören.

Auffallen muß hierbei die Unterscheidung einer doppelten Leiblichkeit. Es wird nämlich ein Unterschied gemacht zwischen der Verbindung der Seele mit irbischen Gliedern und ihrem Eingehen in Körper überhaupt. Cally, der sich hartnäckig zu sträuben scheint, den B. aus den Neuplatonikern zu erklären, weiß sich dies wiederum orthodox zurechtzulegen. Die in der Betrachtung des göttlichen Verstandes „verharrenden Seelen" sind nach ihm die beatae mentes[1]). Die zweite Stufe soll den Zustand bezeichnen, in welchem sich Adam vor dem Sündenfall befand; die dritte den, in welchem ein Kampf der Seele mit den Leidenschaften, jedoch ein siegreicher, stattfindet (nach Rom. VII); die vierte den Zustand, in welchem die Seele den Leidenschaften erlegen ist. Mit Ausnahme des zuletzt Angeführten denkt nun in Wahrheit B. gar nicht an dergleichen. Sondern diese Abstufung ist wieder lediglich aus den Dogmen des Plato und der neuplatonischen Schule zu erklären, zu denen B. sich einmal wieder bekennt, während er sich zur Bibel nie bekennt. Die vollkommenste Freiheit wohnt denjenigen menschlichen Seelen bei, die, wie bei Plato[2]) einige Seelen im Präexistenzzustande dem Heer

---

concurrere. Quodsi velle aliquid vel nolle hoc recte liberi arbitrii vocabulo teneretur, non solum hoc esset hominum, sed ceterorum quoque animalium, quibus hanc liberi arbitrii potestatem abesse quis nesciat: sed est liberum arbitrium, quod ipsa quoque vocabula produnt, *liberum nobis de voluntate judicium.*

[1]) Was er darunter versteht, ist nicht ganz klar, wahrscheinlich die Seelen der im Glauben Verstorbenen.

[2]) Phaedr. S. 248.

der Götter in den überhimmlischen Ort zur Anschauung des wahrhaft Seienden zu folgen vermögen, in der Betrachtung Gottes verharren. So lange sie dies vermögen, bleiben sie vor dem Eingehen in Körper völlig bewahrt; vergessen sie aber ihrer höheren Natur, so sinken sie in Körper hinab. Diese ächt platonische Vorstellung war von der neuplatonischen Schule theils weiter ausgebildet, theils modificirt worden. Proclus unterscheidet nämlich einen ätherischen Leib und einen gröberen irdischen, und nach seiner Lehre kann die Seele auch im Präexistenzzustande nie ohne Leiblichkeit sein (instit. theologica cap. 196 ff. ed. Creuzer).

B. nun vereinigt jene altplatonische und diese neuplatonische Ansicht und setzt auf die oberste Stufe (mit Plato) die schlechthin unleibliche Seele, läßt dann aber (nach Proclus) die in eine ätherische Leiblichkeit gekleidete Seele, sodann die mit dem irdischen Leibe umgebene folgen. Die tiefste Stufe ist endlich die der Knechtung der Seele durch die Sünde. Diese letzte Stufe könnte an die Lehre des Augustin von der Unfreiheit des natürlichen Menschen erinnern, wenn die Lehre des B. nicht dadurch sehr von der des Augustin verschieden wäre, daß sie die allgemeine Sündhaftigkeit der Menschen leugnet und in diesem Punkte pelagianisch ist. Wenn B. ferner nicht nur in dem psychologischen Sinne von Freiheit spricht, in welchem sie Wahlvermögen ist, sondern auch von der positiven Freiheit, von welcher der Apostel Paulus (2. Cor. 3, 17) redet[1]), so darf man darin nicht etwa eine Spur christlichen Einflusses erblicken; denn diese Lehre ist außerdem, daß sie christlich ist, auch stoisch und neuplatonisch[2]). Mit viel größerem Recht könnte man die behufs der Vertheidigung seiner Lehre von der Freiheit von B. versuchte Lösung eines Problems, welches in der früheren Philosophie des Alterthums keine selbstständige Rolle spielt, die von B. versuchte Lösung dieses Problems könnte man, behaupte ich, eher als einen Beweis christlichen Einflusses und christlichen Interesses

---

[1]) »Cujus (dei) agi frenis atque obtemperare justitiae, summa libertas est« I, pr. 5.

[2]) Ich meine nicht, daß die biblischen Aussprüche über die Freiheit nichts mehr enthielten, als die stoischen und platonischen, sondern nur, daß die Philosophie den Gedanken: „Sich von Gott zügeln zu lassen, ist wahre Freiheit" mit dem Christenthum gemein hat.

betrachten, ich meine den Versuch, das Problem der Vereinigung
der menschlichen Freiheit mit der Präscienz Gottes zu
lösen. Dasselbe wurde im Alterthum (z. B. von Cicero: de fato)[1]
nur in Verbindung mit der Lehre von der Divination erörtert, während es bei den Kirchenvätern eine selbstständige und wichtige Stelle
einnimmt. Indessen bei Proclus (de provid. cap. 50 sq.) findet
sich nicht nur das Problem, sondern auch ein Versuch, es zu lösen,
mag dasselbe ihm nun durch das Christenthum nahe gelegt sein oder
nicht. Genug — bei dem heidnischen Proclus findet sich eine
Lösung, welcher die des B. mindestens ebenso ähnlich ist, wie der
des Augustin (de civ. dei V, cap. IX — IX. de lib. arbitr.
lib. III).

Die Frage ist also: wie kann, wenn Gott, der nicht irren kann,
unsere Handlungen vorhersieht, die Freiheit der menschlichen Handlungen bestehen?

Die Antwort ist bei Proclus folgende: Die Auskunft Einiger,
Gott wisse nicht Alles in bestimmter Weise (determinate), sondern
das Unbestimmte, d. h. das Freie, wisse er in unbestimmter Weise,
d. h. in der Form der Meinung[2], — diese Auskunft ist unhaltbar.
Gott weiß Alles bestimmt, während nicht Alles in bestimmter (nothwendig), sondern Einiges in unbestimmter Weise (frei) geschieht.
Denn während bei den Dingen in dieser Beziehung eine Ungleich-
heit stattfindet, findet in der göttlichen Erkenntniß Gleichheit statt,
und das Niedrigere (dem als solchem auch in Gott eine tiefer stehende Art der Erkenntniß scheint entsprechen zu müssen) wird auf
gleiche Weise von Gott erkannt, wie das Höhere. Die göttlichen
Ursachen sowohl des Körperlichen, als des Unkörperlichen, sind unkörperlich, ebenso ist es mit der Erkenntniß. Die Erkenntniß des
Geistigen und des Ungeistigen ist bei Gott immer eine geistige, die
des Ewigen und Zeitlichen eine ewige, die des Unbestimmten und
Bestimmten eine bestimmte. Die Art der Erkenntniß richtet sich
nicht nach ihrem Gegenstand, sondern nach ihrem Subject, dem Erkennenden. Denn sie hat ja ihren Sitz nicht in jenem, sondern in
diesem, ihm entspricht sie daher. Mag demnach der Gegenstand des

---

[1] S. Trendelenburg, Hist. Beitr. zur Philof. Bd. II, S. 180 ff.
[2] Vgl. bei B. den Ausdr. »incerta opinio«. V, pr. 3.

Erkennens immerhin den Charakter der Freiheit haben, wohnt nur dem Erkennenden Bestimmtheit oder Nothwendigkeit bei, so ist auch die Erkenntniß eine bestimmte und auf Nothwendigkeit beruhende. Denn wie man mit Schlechterem Besseres erkennen kann, so auch umgekehrt. Die Götter nun sind besser, als Alles; daher erkennen sie Alles nicht auf die entsprechende, sondern auf die bessere Weise, das Zeitliche vorzeitlich, das Körperliche unkörperlich, das Materielle immateriell, das Freie auf nothwendige Weise, das Unbeständige auf beständige Weise. Auch im Gedanken des Menschen existirt das Körperliche, welches er nach diesem Gedanken bildet, nicht körperlich. So erkennen die Götter unzeitlich und göttlich das Freie in *uns,* wir aber handeln nach unserer Natur. Unsere Entscheidungen sind im Voraus von ihnen erkannt, nicht wegen einer uns beherrschenden, sondern wegen der bei ihnen vorhandenen Nothwendigkeit.

Wie nun B. die Frage von Proclus überkommen zu haben scheint, so findet sich auch die von diesem gegebene Antwort, wenn auch erweitert und bereichert, bei B. wieder. Schon die Aporemata sind freilich vollständiger bei dem letzteren entwickelt.

Wenn Gott, so läßt sich B. vernehmen (V, pr. 3—6), wenn Gott, der nicht irren kann, von Ewigkeit her die Entschließungen und Thaten der Menschen vorauserkennt, so können diese (scheinbar) nicht frei sein. Wären sie frei, so könnte jenes Vorauserkennen nur unbestimmte Meinung sein. Das Geschehende aber zum Grunde des göttlichen Vorherwissens zu machen und so der Schwierigkeit aus dem Wege zu gehen, wäre ein vergebliches Auskunftsmittel. Denn wie, wenn die Vorstellung, daß etwas (gegenwärtig) stattfinde, woher sie auch stamme, eine richtige ist, dies nothwendig stattfinden muß, so muß auch, wenn Gott, der nicht irren kann, etwas als zukünftig voraussieht (wenn auch der Grund dieses Voraussehens nur der ist, daß es eben geschieht), dies nothwendig eintreten. Ferner wäre ja die Meinung, daß ein Ereigniß in der Zeit Grund ewigen Vorherwissens sei, nicht minder verkehrt, als die, daß etwas bereits Vergangenes Grund jenes Vorherwissens wäre, d. h. das logische prius in das zeitliche Ereigniß, das posterius in die ewige Präscienz zu verlegen, wäre nicht minder verkehrt, als das zeitliche posterius als ein früheres zu setzen gegenüber dem zeitlichen prius. Wissen aber kann man nur das Nothwen-

bige[1]). Von etwas nicht Nothwendigem kann man nur eine Mei‐
nung haben, und wenn man sich etwas als nothwendig vorstellt,
was nicht nothwendig ist, so ist die Meinung eine falsche; eine solche
aber bei Gott anzunehmen, wäre Frevel. Da nun das Wissen Gottes
immer ein gewisses ist, so ist jedes Ereigniß und jede Handlung
nothwendig. Die Folge ist, daß, da Zurechnung nicht mehr möglich,
Strafe und Lohn nicht gerechtfertigt ist. Tugend und Laster giebt
es nicht mehr, Gott wird Urheber des Bösen. Hoffnung und Gebet
werden sinnlos. Der Verkehr des Menschen mit Gott ist somit abge‐
brochen, und das menschliche Geschlecht, von seinem Urquell getrennt,
verschmachtet (V, pr. 3 fin.).

Hören wir nun die Lösung der Schwierigkeiten[2]):

---

[1]) cf. u. A. Arist. eth. Nicom. VI, 6 (Bekk.): ἡ ἐπιστήμη περὶ τῶν καθόλου
ἐστὶν ὑπόληψις καὶ τῶν ἐξ ἀνάγκης ὄντων.

[2]) Vgl. hierzu noch: In libr. de interpret. ed. sec. lib. III (Migne Patrolog.
Tom. 64. p. 506): »Utrum autem si omnia futura sciat deus, omnia esse necesse
est, ita quaeramus. Si quis dicat dei scientiam de futuris eventuum subsequi
necessitatem, is profecto conversurus est, si omnia ex necessitate non contingunt,
omnia deum scire non posse. Nam scientiam dei sequitur eventuum necessitas,
si necessitas eventuum non sit, divina scientia perimitur. Et quis tam impia ra‐
tione animo torqueatur, ut hoc de deo dicere audeat? Sed fortasse quis dicat,
quoniam evenire non potest, ut deus omnia futura non noverit, hinc evenire, ut
omnia ex necessitate sint, quoniam deo notitiam rerum futurarum tollere nefas est.
Sed si quis hoc dicat, illi videndum est, quod deum dum omnia scire conatur,
efficere omnia nescire contendit. Binarium enim numerum esse imparem si quis se
scire proponat, non ille noverit, sed potius nescit. Ita quoque non est potentiae
nosse, sed id arbitrari nosse potius impotentiae est. Qui ergo dicit deum cuncta
nosse et ob hoc cuncta ex necessitate esse futura, is deum dicit ex necessitate
cuncta ventura credere, quaecunque ex necessitate non eveniunt. Nam si omnia
ex necessitate ventura novit deus, in notione sua fallitur, non enim omnia ex ne‐
cessitate eveniunt, sed aliqua contingenter. Ergo si, quae contingenter eventura
sunt, ex necessitate eventura noverit, in propria providentia falsus est. Novit enim
futura deus, non ut ex necessitate evenientia, sed ut contingenter, ita ut etiam
aliud posse fieri non ignoret, quod tamen fiat ex ipsorum hominum et actuum
ratione, persciscat. Quare si quis omnia ex necessitate fieri dicat, deo quoque be‐
nevolentiam subripiat necesse est; nihil enim illius benignitas parit, quandoquidem
cuncta necessitas administrat, ut ipsum dei benefacere ex necessitate quodammodo
sit, et non ex ipsius voluntate; nam si ex ipsius voluntate quaedam fiunt, ut ipse
nulla necessitate claudatur, non omnia ex necessitate contingunt. Quis igitur tam
impie sapiens deum quoque necessitate constringat? qui si omnia ex necessitate
fieri dicat, ista quoque vis impossibilitas eveniet. «

1. Der Ausweg, daß man Grund und Folge vertauscht, d. h. die Präscienz Gottes zur Folge des Geschehens anstatt zum Grunde desselben macht, ist in der That als ungereimt anzuerkennen. Denn zu den angeführten Gründen kommt noch der hinzu, daß Gott Alles in Einem Schlage als gegenwärtig schaut (s. unten), folglich jene (logische) Priorität des Geschehenden gegenüber der göttlichen Erkenntniß als posterius vollends nicht möglich ist (ohne solche [logische] Priorität wäre aber die Ursächlichkeit nicht denkbar).

2. Dagegen ist der Satz, daß es von nicht Nothwendigem nur Meinung, kein Wissen gäbe, falsch. Er beruht auf der unbegründeten Voraussetzung (deren Widerlegung auch Proclus unternommen hatte), daß die Modalität des Erkennens von der Modalität des Erkannten abhange. Die Art des Erkennens ist vielmehr durch das Wesen des Erkennenden bedingt. Dies wird durch eine Analogie und durch ein Beispiel erläutert. Der Tastsinn erkennt die Rundheit eines Körpers auf ganz andere Weise, als der Gesichtssinn. Die sinnliche Wahrnehmung, die Vorstellung und das Begriffsvermögen fassen jedes auf seine Weise den Menschen auf, und dadurch entstehen die verschiedenen Arten der Erkenntniß eines Objects. Diese verschiedenen Arten sind nun nicht in gleich hohem Grade vollkommen, die Vorstellung steht höher, als die Sinnenwahrnehmung, das Begriffsvermögen höher, als beide. Höher aber, als sie alle, steht die Intelligenz, und diese ist die göttliche Art des Erkennens, welche dem Menschen nicht vergönnt ist. Diese nun befähigt Gott, auch das nicht Nothwendige auf bestimmte oder nothwendige Weise vorherzusehen und daher wirklich vorher zu wissen; wenn auch in Beziehung auf den Menschen der Satz richtig wäre, daß man von nicht Nothwendigem nur Meinung, kein Wissen haben könnte, selbst dann könnte er doch sicher nicht in Beziehung auf Gott gelten.

3. Der Satz, welcher die Kehrseite des hiermit widerlegten ist, so lautend: weil diese Handlung voraus gewußt wird, geschieht sie nothwendig — ist nur in einem Sinne wahr, in dem andern unwahr. Er kann nämlich eine doppelte Nothwendigkeit ausdrücken: 1. eine logische, 2. eine physische[1]). Entweder beruht er auf dem

---

[1]) Die Ausdrücke des B. lauten freilich anders: »Duae sunt etenim necessitates, *simplex* una, veluti quod necesse est, omnes homines esse mortales;

Verhältniß von Merkmal und Sache, oder auf dem von Grund und
Folge. In dem einen Sinn bedeutet er: was voraus gewußt wird,
wird sicherlich eintreten, das daß seines Eintretens ist nothwendig,
möge der Grund desselben der Entschluß eines freien Wesens sein oder
nicht. In dem andern Sinne bedeutet er: was voraus gewußt wird,
muß in der Modalität der Nothwendigkeit geschehen, kann nicht frei
oder Product eines freien Entschlusses sein, nicht nur das ὅτι seines
Geschehens ist nothwendig, sondern auch das πῶς und ὅθεν. Dieser
letztere Satz nun ist falsch, der erste ist richtig. Daß etwas als zukünftig vorausgesehen wird, ist nicht Grund, sondern Zeichen seines
künftigen Eintretens. Wenn ich gegenwärtig etwas sehe, so braucht
mein Sehen auf das, was ich sehe, keinen Einfluß zu haben. Die
Sonne geht auf, der und der geht spazieren; beides sehe ich, aber
nur jenes geht aus Nothwendigkeit hervor, dieses ist Folge eines freien
Entschlusses. Wenn ich es sehe, muß es freilich geschehen, aber mein
Sehen ist nicht Grund, sondern höchstens Zeichen seines Geschehens.
Nun entspricht aber Gottes Erkennen — auch das Vorauswissen —
unserem Wissen dessen, was gegenwärtig geschieht. In Einem
Schlage (uno ictu mentis V, pr. 4) sieht Gott das Vergangene, Gegen-
wärtige und Zukünftige als gegenwärtig[1]). Es giebt für ihn weder
Vergangenes, noch Zukünftiges. Denn sein Erkennen entspricht seinem
Wesen, dieses aber ist Ewigkeit. Was heißt aber Ewigkeit? Es heißt:
unendlichen Lebens in einem und jedem Moment ganzer und vollkom-
mener Besitz[2]). Den Ton hat in dieser Definition das „tota simul“,
die Ausschließung eines getheilten und successiven Besitzes (des unendlichen Lebens) oder die Aufhebung der Protensität des göttlichen
Lebens durch die Intensität. Dieser Art der Existenz Gottes entspricht seine Erkenntnißweise. Die Einfachheit und Ungetheiltheit seines
Wesens ist auch seinem Erkennen eigen, es verharrt in seiner
Einfachheit und umfaßt vermöge derselben alle Zukunft und was in
ihr geschieht als Gegenwärtiges. Dies ist auch der Grund, warum
man Gott nicht ein wirkliches Voraussehen (praevidentia), sondern ein Vorsichsehen (providentia) zuschreibt. Das Resultat

altera conditionis, ut si aliquem ambulare scias, eum ambulare necesse est.- V, pr. 6.
Gemeint aber ist offenbar der Gegensatz des Physischen und Logischen.

[1]) Vgl. Proclus: „Gott erkennt auch das Zeitliche unzeitlich.“

[2]) Vgl. oben S. 65 Anm. 1.

ist, daß Alles, auf Gott bezogen, nothwendig, nach seinem eigenen Wesen aber Vieles frei ist.

4. Aus demselben Grunde, weil Gott Alles als gegenwärtig schaut, ist es aber zugleich dem freien Menschen unmöglich, die Vorsehung Gottes zu vereiteln (evacuare). Denn, daß er frei ist, was er in seiner Freiheit thun wird und welche Richtung er einschlagen wird, alles dies ist ja in die Vorsehung aufgenommen und eingeschlossen.

Wir kamen auf diese Untersuchung der Lehre von der Freiheit aus Veranlassung der Behauptung der Zurechnung des Guten und Bösen als einer möglichen. Wir fügen nunmehr hinzu, was B. von der Bestrafung des Bösen und von der Belohnung des Guten sagt. Den höchsten Werth (IV, pr. 2—4) nun legt er darauf, daß die Guten den Lohn in sich selbst, die Bösen die Strafe in sich selbst tragen. Der Gute ist als solcher im Besitz des Lohnes und ist als solcher glücklich, weil er mit der Ordnung des Universums harmonirt; er ist mächtig, weil er mit den Gesetzen der Weltordnung, nicht gegen sie arbeitet; das Streben nach dem Guten, welches er mit dem Bösen theilt, ist bei ihm allein von Erfolg gekrönt, weil er das richtige Mittel zu dessen Erreichung, nämlich die Tugend, kennt und anwendet. Und dieser Lohn ist unentreißbar. Zwar hat der Gute in Folge der Schlechtigkeit des Bösen Manches zu leiden; allein glücklicher ist, wer Unrecht leidet, als der, welcher es thut, und das menschliche Leben ist so kurz, daß jedem Bösen die Fähigkeit, dem Guten zu schaden, bald genommen wird.

Das Gegentheil nun von allem diesem findet beim Bösen statt. Seine Schlechtigkeit selbst ist Strafe für ihn, er ist, obgleich er thun kann, was ihm beliebt, durchaus machtlos; er ist kein Mensch mehr, sondern gleicht dem Wolf oder Hund oder Fuchs oder Löwen, ja dem Hirsch, Esel, Vogel, oder gar dem Schwein[1]. Sein Ziel — das Gute — erlangt er nimmermehr; sonst wäre er ja gut, was gegen die Voraussetzung ist[2]. Gerade das Ziel, dessen Erreichung ihm fort und fort am Herzen liegt, erlangt der Böse nicht; er ist

[1] Lib. IV, pr. 3. Die Ausführung streift an das Komische: »Segnis ac stupidus torpet? asinum vivit.«

[2] Ein Schluß, der wieder auf dem Nichtunterscheiden des eudämonistischen und moralischen Guten beruht.

daher unglücklich und nur um so unglücklicher, wenn zu dem Wollen des Bösen das Können und die Ausführung hinzukommt; aber eben, weil er unglücklich ist, sollen wir ihm nicht zürnen, sondern ihn be= mitleiden. Zu dem Unglück aber, welches das Böse an und für sich mit sich bringt, kommt hinzu die Strafe des göttlichen Richters, die freilich andererseits ein Glück für den Bösen ist[1]), nicht, weil sie ihn bessert, sondern weil er durch sie, die aus der Gerechtigkeit und insofern aus dem Guten stammt, noch einigen Antheil am Guten hat. Der Tod, der der Bosheit ein Ziel setzt, ist des Bösen Wohl= thäter, und der in seinen Bestrebungen unbeschränkteste Böse ist der unglücklichste. Die Strafe nun, die ihn treffen kann, braucht nicht immer eine irdische zu sein; es giebt auch für die Verstorbenen eine Strafe und zwar eine doppelte Art derselben, je nachdem sie aus dem strafenden Zorn (poenalis acerbitas) oder aus der läuternden Barmherzigkeit (purgatoria clementia IV, pr. 4) hervorgeht. Beide Vorstellungen dürfen wir bei B. nicht aus christlichen Einflüssen her= leiten. Die Idee einer Vergeltung nach dem Tode findet sich schon bei Plato[2]) und bei späteren heidnischen Philosophen, ebenso die von einer im Jenseits stattfindenden Läuterung derjenigen, die nicht ge= radezu unheilbar gottlos sind.

Daß katholische Theologen in dem Ausdruck „purgatoria cle= mentia" die angeblich christliche Lehre vom Fegfeuer fanden und finden (f. Ballin. zu d. St. Suttner a. a. O. S. 22 Anm. 36), ist nicht zu verwundern. Allein ein Recht haben sie keineswegs dazu. Schon Obbarius hat darauf aufmerksam gemacht, daß die Vor= stellung von einer nach dem Tode stattfindenden Läuterung platonisch ist. Dagegen wird nun freilich bemerkt[3]), die Unterscheidung einer doppelten Strafe nach dem Tode sei nicht platonisch und nach Augustin hätten die Platoniker alle Strafen als reinigende be= trachtet.

Allein mindestens die erstere Behauptung ist falsch, und warum wir unsere Kenntniß vom Platonismus aus Augustin schöpfen sollen, während uns die Schriften Plato's selbst zugänglich sind, ist nicht

---

[1]) Fänden wir diese Idee nicht schon bei Plato im Gorgias, so würden wir versucht sein, sie aus August. de civ. dei XII, 3 herzuleiten.

[2]) Phaedo 113, D sq. 114, A sq.

[3]) Suttner a. a. O.

einzusehen. Aus dem **Phaedo**[1]) geht deutlich hervor, daß Plato sogar ein **vierfaches** Schicksal der Verstorbenen unterscheidet, je nachdem sie auf der Stufe einer mittelmäßigen Rechtschaffenheit oder ausgezeichneter Heiligkeit oder heilbarer oder endlich unheilbarer Gott= losigkeit stehen, und daß er ewige und zeitliche Strafen, sowie läu= ternde und lediglich rächende Strafen unterscheidet. Was hindert uns nun, in der in Frage stehenden Vorstellung des B. eben eine platonische Vorstellung zu erkennen? Will man aber auf Plato selbst nicht zurückgehen, so muß man doch zugestehen, daß **Seneca** ganz wie B. von einer Läuterung nach dem Tode redet[2]). Vor Allem aber ist zu beachten, daß von einem läuternden **Feuer** zwar bei Augustin und Cäsarius von Arles, **aber nicht** bei unserem Verfasser die Rede ist. Es ist durchaus willkürlich, die purgat. clem. von dem *πῦρ καθάρσιον* zu verstehen. Allein, selbst wenn von einem ignis purgat. etwas im Text stände, so würde dieser Ausdruck auf die stoische Lehre vom Weltbrande, nicht auf eine genuin=christliche Lehre zurückweisen; Clemens Alex. hat ihn nachweislich von den Stoikern entlehnt[3]).

Endlich haben wir noch zu erwähnen, was B. über die Un= sterblichkeit lehrt. Daß er eine solche anerkennt, geht schon aus

---

[1]) P. 113. 114: „*Τούτων δὲ οὕτω πεφυκότων, ἐπειδὰν ἀφίκωνται οἱ τετε-λευτηκότες εἰς τὸν τόπον οἱ ὁ δαίμων ἕκαστον κομίζει, πρῶτον μὲν διεδικάσαντο οἵ τε καλῶς καὶ ὁσίως βιώσαντες καὶ οἱ μή. Καὶ οἳ μὲν ἀνδόξωσι μέσως βεβιωκέναι, πορευθέντες ἐπὶ τὸν Ἀχέροντα, ἀναβάντες ἃ δὴ αὐτοῖς ὀχήματά ἐστιν, ἐπὶ τούτων ἀφικνοῦνται εἰς τὴν λίμνην, καὶ ἐκεῖ οἰκοῦσί τε καὶ καθαι-ρόμενοι τῶν τε ἀδικημάτων διδόντες δίκας ἀπολύονται, εἴ τίς τι ἠδίκηκε τῶν τε εὐεργεσιῶν τιμὰς φέρονται κατὰ τὴν ἀξίαν ἕκαστος· οἳ δ' ἂν δόξωσιν ἀνιάτως ἔχειν διὰ τὰ μεγέθη τῶν ἁμαρτημάτων, ... τούτους δὲ ἡ προσήκουσα μοῖρα ῥίπτει εἰς τὸν Τάρταρον, ὅθεν οὔποτε ἐκβαίνουσιν. οἳ δ' ἂν ἰάσιμα μὲν, μεγάλα δὲ δόξωσιν ἡμαρτηκέναι ἁμαρτήματα, ... τούτους δὲ ἐμπεσεῖν μὲν εἰς τὸν Τάρταρον ἀνάγκη, ἐμπεσόντας δὲ αὐτοὺς καὶ ἐνιαυτὸν ἐκεῖ γενομένους ἐκβάλλει τὸ κῦμα ... οἳ δὲ δὴ ἂν δόξωσι διαφερόντως πρὸς τὸ ὁσίως βιῶναι, οὗτοί εἰσιν οἱ τῶνδε μὲν τῶν τόπων τῶν ἐν τῇ γῇ ἐλευθερούμενοί τε καὶ ἀπαλλαττόμενοι ὥσπερ δεσμωτηρίων, ἄνω δὲ εἰς τὴν καθαρὰν οἴκησιν ἀφικνούμενοι καὶ ἐπὶ τῆς γῆς οἰκιζόμενοι.*"

[2]) Consol. ad Marc. c. 25: »Integer ille (filius Marciae) nihilque in terris re-linquens fugit et totus excessit paullumque supra nos commoratus, *dum expur-gatur,* et inhaerentia vilia situmque omnis mortalis aevi excutit« etc.

[3]) S. Ritter, Chr. Phil. I, S. 460.

dem eben angeführten Satze hervor, in welchem er läuternde Strafen, die im Jenseits eintreten, ausdrücklich anerkennt. Er sagt aber auch geradezu: die Seele des Menschen sei in keiner Weise sterblich (II, pr. 4); vernünftige Gründe machten die Annahme unmöglich, daß der ganze Mensch sterbe (II, 7); die Seele, die ein gutes Gewissen habe, strebe (ebendas.), vom irdischen Kerker befreit, frei gen Himmel. An einer anderen Stelle (IV, 4) nennt er ausdrücklich den Geist unsterblich (animus immortalis).

Hierin stimmt er einmal wieder mit dem Christenthum überein, aber nicht in höherem Grade, als es der Platonismus zuläßt. Die Kirchenväter des fünften Jahrhunderts lehren mit voller Entschieden- heit die Unsterblichkeit auch des Fleisches (hujus carnis) oder doch des Leibes. In grobsinnlicher Weise thut es Hieronymus. Denn er schreibt dem auferstandenen Leibe Zähne und Haare zu[1]). Aber eine Auferstehung des Leibes, ja des Fleisches, lehrt bekanntlich auch Augustin[2]). B. dagegen weiß, wie Plato, nur von einer Unsterb- lichkeit der Seele und steht auch in Beziehung auf dieses Dogma weder innerhalb der biblischen Lehre, noch innerhalb der kirchlichen Lehrentwickelung des fünften Jahrhunderts. Er spricht an anderen Stellen in Beziehung auf die Präexistenz der Menschen, indem er sich an Proclus anschließt, von einem ätherischen Leibe, obgleich er die Meinung dieses Philosophen, daß der Seele die Körperlichkeit wesentlich sei, nicht theilt. Wäre es ihm nun irgendwie darauf an- gekommen, wenigstens in diesem Punkte sich der kirchlichen Lehre zu nähern, so hätte er mindestens diesen ätherischen Leib den Seelen der Verstorbenen zuschreiben müssen. Aber es findet sich keine Spur davon, er bleibt vielmehr hier bei der genuin platonischen Lehre stehen.

Es leidet, wenn wir die Grundzüge des Systems richtig ge- zeichnet haben, keinen Zweifel, daß des B. Standort durchaus nicht der christliche ist. Dem biblischen Glauben und der kirchlichen Recht- gläubigkeit steht er vollends so fern, wie kein Häretiker des fünften und sechsten Jahrhunderts. Sein Begriff von Gott ist eher der

---

[1]) cf. Contra Joannem Hierosolym. p. 435 sq. in opp. edit. Vallars. Veron. 1735. tom. II.

[2]) cf. Enchirid. ad Laur. c. 84—92. De civ. dei XXII, 11—21.

platonische, als der christliche; doch verschmäht er es, mit den Kirchlichen Platonikern die Logoslehre in denselben einzutragen, von der
Trinitätslehre findet sich bei ihm überhaupt keine Spur. Dagegen
bildet zu der prima divinitas bei ihm das fatum[1]) die secunda.
Statt einer christlichen Schöpfungslehre fanden wir starke Reste des
Dualismus bei ihm. Die dem Christenthum zuwiderlaufende Lehre
von der Anfangs- und Endlosigkeit der Welt lehnt er keineswegs
ab. Die Dämonen scheut er sich nicht als gehorsame Diener der
göttlichen Vorsehung zu betrachten; seine Anthropologie müßten wir,
wenn sie überhaupt noch christlich wäre, als pelagianisch bezeichnen.
Damit hängt zusammen, daß eine Erlösung ihm durchaus als überflüssig erscheinen muß, es sei denn die von den Fesseln des Leibes;
seine Lehre von der Unsterblichkeit ist weit spiritualistischer, als die,
welche die Kirche unter dem Namen des Origenes zu verdammen
sich getrieben fühlte. Die Ethik ist ganz allgemein gehalten und
gründet sich nirgendwo auf die Thatsache der erschienenen Erlösung.
Genug — es bleibt dabei, daß B. kein christlicher Theolog, sondern
ein eklektischer Philosoph ist.

Wir fanden bei ihm Anklänge an den Timaeus, Phaedrus,
Philebus, Meno, Gorgias und Phaedo des Platon, ja mehr als
Anklänge; wir fanden nicht minder einzelne aristotelische Gedanken
bei ihm (aus der Physik und nicomach. Ethik). Anderes erinnert,
wie wir sahen, an spätere Philosophen, besonders Seneca und
Proclus. Kurz, wir werden nicht zu viel sagen, wenn wir be-
haupten: in dem System des B. bildet ein durch gewisse aristotelische
Gedanken modificirter Platonismus die Grundlage, außerdem ist ein
aus dem römischen Charakter, aus dem persönlichen Charakter des
Philosophen und aus der Lectüre römischer Philosophen, wie Cicero
und Seneca, stammender stoischer Zug nicht zu verkennen. Das
Christenthum ist in diesem Eklekticismus so gut wie gar nicht
zur Geltung gekommen. Aus diesem Grunde muß man von dem
Versuche abstehen, dem System des B. unter denjenigen Systemen
einen Platz anzuweisen, welche eine Vermittelung oder Verschmelzung
des Christenthums mit dem Platonismus darstellen oder anstreben[2]).

---

[1]) Man vergl. damit, was August. de civ. dei V, 9 vom fatum sagt.

[2]) Auf die angeblich theologischen Schr. des B., deren Aechtheit eben in Frage
steht, kann natürlich hier nicht Rücksicht genommen werden.

Unter diesen Systemen spielen im fünften und sechsten Jahrhundert das des Synesius und das des falschen Dionysius die bedeutendste Rolle. Was das erstere betrifft, so mag in demselben das christliche Element vor dem platonischen noch so sehr zurücktreten: es ist doch vorhanden, sonst würde sich Synesius nicht Mühe gegeben haben, wenigstens der christlichen Trinitätslehre Rechnung zu tragen, ebenso wenig würde er zu Ehren des Erlösers Hymnen gesungen haben. Vollends wird es Niemanden in den Sinn kommen, dem falschen Dionysius das Bestreben abzusprechen, sein System für einen Ausdruck der christlichen Lehre auszugeben. Er hütet sich vor jeder ausdrücklichen Abweichung von der kirchlichen Orthodoxie überhaupt; seine Theorie von der Trinität und von der Gottheit Christi deckt sich zwar keineswegs mit der kirchlichen; allein er will doch Christ sein, er will den Platonikern den Eintritt in die Kirche annehmbar und möglich machen.

Ganz anders B. Dieser schöpft zwar zum Theil aus gleichen Quellen, wie Synesius und Pseudo-Dionysius; mit diesem letzteren hat er vor Anderen vielleicht den Proclus zum gemeinsamen Lehrer. Allein er macht von dem, was er diesem entlehnt hat, in keiner Weise zu Gunsten des Christenthums Gebrauch. Was er aber mit diesem letzteren Uebereinstimmendes lehrt, findet sich ohne Ausnahme auch bei heidnischen Philosophen (oder könnte sich bei ihnen finden). Bei diesen rührt es freilich zum Theil aus christlichen Quellen her und solche standen dem B. natürlich auch offen; aber es ist nicht wahrscheinlich, daß er Werth auf sie legte, und es ist gewiß, daß er nichts Wesentliches aus ihnen schöpfte. Gegen diese letztere Behauptung darf nicht eingewendet werden, daß einzelne seiner Aussprüche an Stellen der h. Schr. erinnern[1]). Dies ist in

[1]) Dahin könnte man rechnen (I, metr. 5) die Worte: "Justus tulit crimen iniqui." Allein B., weit entfernt, dieselben auf Christum anzuwenden, wendet sie vielmehr auf sich an. Ferner (II, pr. 6) den Gedanken, daß Menschen nur über den Leib Gewalt haben, die Seele aber nicht tödten können. Dieser Gedanke, wie er hier ausgesprochen wird, erinnert indessen weniger an den bekannten Spruch der h. Schr. (Mt. 10, 28), als an die Worte Seneca's (cons. ad Helviam cap. 11 fin.): "Corpusculum hoc, custodia et vinculum animi, huc atque illuc jactatur: in hoc supplicia, in hoc latrocinia, in hoc morbi exercentur: animus quidem ipse sacer et aeternus est, et cui non possunt injici ma... s." In der Stelle II, 7 fin. ist von dem „anderen Tode" (mors secunda) die Rede, aber — in einem von dem bibli-

demselben Maße z. B. bei Seneca, Mark Aurel und Epictet der Fall, und würde nur dann etwas beweisen, wenn B. die Bibelstellen in ihrem ursprünglichen Sinne anwendete und dabei Werth auf diese ihre Quelle legte. Dies ist aber keineswegs der Fall. Er giebt ihnen vielmehr immer eine andere Wendung. Sowie heutzutage gewisse Kernsprüche der lutherischen Bibel in Aller Munde sind und auch von denen angewandt werden, die von ihrem ursprünglichen Sinn nichts wissen wollen, so hatten sich in den ersten christlichen Jahrhunderten manche Eklektiker und Popularphilosophen, die dennoch Heiden blieben, biblische Sentenzen angeeignet. Dies ist auch bei B. anzunehmen, der ja fortwährend in christlicher Umgebung lebte und wahrscheinlich die Taufe empfangen hatte. Bei Einer Stelle (III, pr. 12: „quod regit cuncta fortiter suaviterque disponit"), die an einen Vers des platonisirenden Buches der Weisheit (Sap. 8, 1) erinnert, hat man mit Hinweisung auf die sich anschließenden Worte darauf aufmerksam gemacht, daß sie das besondere Wohlgefallen des B. errege, und diesen Umstand daraus erklärt, daß sie aus der Bibel herrührt. Daß dies nun wirklich der Grund seines Wohlgefallens sei, sind wir aber durchaus nicht genöthigt anzunehmen. Denn warum drückt er ein besonderes Wohlgefallen bei anderen Stellen nicht aus, die nicht minder an Bibelsprüche und zwar neutestament= liche anklingen? Besondere Erwägung verdient eine Stelle (IV, pr. 6), wo ein Spruch angeführt wird, von dem die redend eingeführte Philosophie sagt, er rühre von einem her, der sogar über ihr

schen (Apocal. 2, 11) völlig verschiedenen Sinne — in Beziehung auf den Unter= gang des Nachruhms. — Durch die Worte (III, metr. 10): »Huc omnes pa- riter venite capti.... haec erit vobis requies laboris« etc. werden wir unwillkürlich an den Spruch erinnert: „Kommt her zu mir, Alle, die ihr mühselig und beladen seid, ich will euch erquicken." Daß jene Verse des B. eine Reproduction von Mt. 11, 28 sind, ist nicht zu beweisen, freilich auch nicht unmöglich. Ist es der Fall, so zeigt die Anwendung der Stelle auf die Glückseligkeit (huc) oder den pla- tonischen Gott keinen christlichen Tact. — IV, pr. 1 ist von vasa vilia und pretiosa (Gefäßen zu Unehren und zu Ehren) die Rede. Da zugleich von Gottes als eines Hausvaters wohlgeordnetem Hause daselbst die Rede ist, so ist wahrscheinlich, daß diese Worte unmittelbar oder mittelbar aus 2. Tim. 2, 20. 21 herrühren. Dort ist aber das Haus die Kirche, von der hier nicht im Entferntesten die Rede sein kann. Denn die Stelle handelt von der Weltordnung. Was beweist nun die Bekannt= schaft des B. mit diesen Bibelstellen, wenn er sie so ganz anders wendet?

ftänbe („nam ut quidam me quoque excellentior ait"). Der Text
des Spruches felbft fteht nicht feft[1]). Der Sinn desfelben ift aber
offenbar·der: „Der heilige oder fromme Menfch fteht dermaßen
unter dem Schutz höherer Mächte, daß felbft fein Leib vor Leiden
bewahrt bleibt." Diefer Sinn ergiebt fich nämlich aus dem Zu-
fammenhang und aus dem, was in der Lesart nicht zweifelhaft ift,
mag nun der höhere Schutz dem „Aether" oder den „Geftirnen"
oder (nach der gewöhnlichen Lesart) den „Mächten" (δυνάμεις) zu-
gefchrieben werden. Woher nun diefer Spruch ftammt, hat noch
Niemand nachzuweifen vermocht, was fehr begreiflich ift, zumal wenn
er einer verloren gegangenen Schrift angehört. So viel aber ift
ficher, daß der Urheber desfelben, dem fich fogar die Philofophie
unterordnet, ein „Theolog" im eminenten, antiken Sinne des Worts
fein muß, d. h. ein unmittelbares Organ der Gottheit, ein Hiero-
phant oder ein Prophet. Da nun B. Vielen für einen bibelgläu-
bigen Chriften gilt, fo liegt der Verfuch nahe, diefen Spruch in der
h. Schr. aufzufpüren. In diefer findet er fich aber nicht, obgleich
fie ähnliche Grundgedanken enthält; fo z. B. Pf. 34, 21, wo die
Worte nach den LXX. fo lauten: φυλάσσει κύριος πάντα τὰ ὀστᾶ
αὐτῶν (δικαίων), ἓν ἐξ αὐτῶν οὐ συντριβήσεται. Wie dem auch
fei, in der Form, in welcher der Gedanke von B. ausgefprochen
wird, paßt er viel beffer in eine heidnifche Schrift, als in eine
chriftliche. Nach Einigen (cf. Cally in d. Note zu d. Stelle) rührt
er aus einer der Schriften des fogen. Hermes Trismegiftus
her, und dies ift ja möglich, obgleich es fich, da jene Schriften
nicht mehr alle vorhanden find, nicht beweifen läßt. Jedenfalls läßt
fich die Art der Einführung des Spruches nicht dazu gebrauchen,
wahrfcheinlich zu machen, daß B. die Philofophie der chriftlichen
Offenbarung untergeordnet habe. Kannte diefer die Bibel, was fehr
wohl möglich ift, fo erkannte er in ihr doch nicht eine Quelle der
Wahrheit und des Troftes. Sonft hätte er, da er nach Troft für
die leidenden Gerechten fich umfah und eine Theodicee zu geben
verfuchte, wenigftens das Buch Hiob nicht vergeffen können, zumal

---

[1]) Der neuefte Herausgeber (Obbarius) lieft: Ἀνδρὸς δ' ἱροῦ σῶμ' αἰθὴρ
ἐξοικοδόμησεν. Vielleicht ift anftatt deffen (cf. die Varianten bei Obbarius) zu
lefen: Ἀνδρὸς δὴ ἱεροῦ δῶμ' ἀστέρες ᾠκοδόμησαν.

da er Gedanken vorbringt, die sich mit dem Inhalte jenes Buches nahe berühren¹).

Achten wir endlich auf dasjenige Element der Lehre des B., welches dem Dialog den Namen gegeben, so müssen wir zwar bekennen, daß das Beste, was die griechisch-römische Philosophie an Trostgründen zu Tage gefördert hatte — und dies ist nicht zu verachten — sich bei B. wiederfindet. Er spricht mit voller Klarheit den Gedanken aus, daß Gott die Tugendhaften durch Leiden in der Tugend üben wolle, daß sich überhaupt die Tugend nicht bewähren könne, es sei denn in dem bittersten Kampf mit Schmerz und Unglück. Allein auf der anderen Seite ist unleugbar, daß er das, was für den Christen der Kern aller Trostgründe ist, nicht erfaßt hat. Zwar tröstet auch er sich mit dem Jenseits, er lehrt eine Unsterblichkeit der Seele. Aber jener Trost ist ein anderer, als die Hoffnung des Christen auf das ewige Leben. Diese gründet sich auf die Thatsache der Auferstehung des Erlösers als des ἀρχηγὸς τῆς ζωῆς und auf das Bewußtsein, mit Christo verbunden zu sein. Von alle dem weiß aber B. nichts.

Ferner wird der von schwerem Leid heimgesuchte Christ einerseits, wenn er auch ein reines Gewissen hat, sich nicht für schlechthin schuldlos erachten, andererseits wird er sich durch den Hinblick auf das Leiden des Erlösers, der Apostel und der Märtyrer der Kirche trösten. Dem B. fällt es dagegen nicht ein, bei den Worten „justus tulit crimen iniqui" an den Erlöser zu denken, sondern er wendet sie lediglich auf sich und seinesgleichen an.

Der ganze Dialog ist auch in dieser Beziehung zwar durchweg edel gehalten, jedoch nicht christlich. Schon das muß auffallen, daß B. sich im Angesicht des Todes von der Philosophie trösten läßt. Zwar ist dies an sich keineswegs unchristlich. Allein daß er dabei stehen bleibt, beweist, daß sein Christenthum durchaus nicht intensiv war. Und — was das Wichtigste ist — einmal macht das ganze Gespräch den Eindruck, als hätte der Verfasser seine innerste Ueberzeugung vollständig in demselben ausgesprochen, als hätte

---

¹) Ebenso wenig hätte er die betreffenden Psalmen und Stellen des Jesaias übersehen können, Christi und der Apostel (z. B. Joh. XVI, 33. Röm. V, 3) zu geschweigen.

er die Trostesgründe, die er überhaupt für erheblich hielt, hier vollständig erschöpft; auch nennt er die Philosophie ausdrücklich (III, pr. 1) den höchsten Trost müder Seelen (summum lassorum solamen animorum).

Dazu kommt, daß er in der That nicht überall philosophische Argumente findet und sich daher hin und wieder auf den religiösen Glauben zurückzieht, dieser sich dann aber bei ihm nicht als der christliche erweist.

Dies Alles haben sich auch diejenigen nicht verbergen können, welche unseren Philosophen für einen eifrigen Christen erklären. Sie haben indessen verschiedene Versuche gemacht, diese Thatsachen mit dem einmal feststehenden Urtheil, B. müsse ein eifriger Christ gewesen sein, und mit der angeblich wohlbegründeten Ansicht, er habe die Kirchenlehre durch Schriften vertheidigt, in Einklang zu bringen.

Unter diesen Versuchen sind besonders drei hervorzuheben, wenn wir von der vermittelnden Meinung G. Baur's absehen. Dieser glaubt nämlich, B. sei allerdings in erster Linie Philosoph, er sei zwar Christ, aber sein christliches Interesse gehe nicht tief; nun seien die theologischen Schriften, die man ihm zuschreibe, in theologischer Beziehung so dilettantisch, im Uebrigen so dialektisch gehalten und verriethen so wenig ein tieferes Interesse für die christlichen Dogmen, daß man sie dem Philosophen wohl zuschreiben dürfe. Diese Ansicht scheint mir unhaltbar, weil sich in einem Theile jener Schriften in Wahrheit kirchlicher Eifer und ein warmes Interesse für das Christenthum allerdings ausspricht, worauf ich später zurückkommen werde. Jene drei übrigen Versuche sind aber folgende:

1. hat man unter Festhaltung der Aechtheit der theologischen Schriften das Buch de consol. philos. für unächt erklärt oder doch starke Zweifel gegen die Aechtheit desselben geäußert (Glareanus in der Vorrede zur Baseler Ausg.). Diese Meinung hat nirgends Anklang gefunden und verdient wegen der Einhelligkeit aller Zeugnisse, sowie wegen der unverkennbaren Uebereinstimmung des Dialogs mit Allem, was über B. historisch feststeht, und mit dessen anerkannt ächten Schriften — keine Widerlegung.

2. hat man gesagt, die Philosophie, mit der sich B. in unserem Dialog unterrede, sei Niemand anders, als der Sohn Gottes selbst (Gervaise in seiner Biographie). Diese Meinung ist nicht minder

wunderlich. Was die Philosophie dort sagt, paßt nicht in den Mund
des Erlösers, schon deshalb nicht, weil Christus sich nicht auf die
Autorität des Platon und des Aristoteles berufen kann; ferner, weil
es der christlichen Lehre zum Theil direct widerspricht, wie wir nachgewiesen haben.

3. hat man behauptet, der Dialog sei unvollendet. Er habe
eigentlich aus zwei Theilen bestehen sollen. In dem ersten habe B.
die Trostgründe der Philosophie zusammengestellt, in einem zweiten
Theile hätten diese Gründe durch die Aussprüche der Offenbarung
oder Christi ergänzt und vervollständigt werden sollen; B. sei aber
durch den Tod oder durch irgend etwas Anderes an der Ausführung
seines Vorhabens verhindert worden. Dafür, daß das Werk unvollendet sei, spreche der Mangel eines Vorwortes und einer Dedication, die den übrigen Schriften des B. nicht fehlten; die Hinweisung auf ein höheres Ziel im Munde der Philosophie; der all-
mähliche Fortschritt zu stärkeren Beweisen, der erst am Ende die
stärksten erwarten lasse; die Verheißung, den Weg zum höchsten Ziel
erst noch zu zeigen (im 4. Buch); die Unterbrechung der Hauptfrage
durch die Untersuchung über die Vorsehung; der Mangel einer Entscheidung der eigentlichen Frage, endlich die Anerkennung einer höheren
Offenbarung. Diesen Ausweg ergriffen Bertius (pracf. in Boeth.
ed. Lugdun. Bat. 1671), Richter (in der Vorrede zur deutschen
Uebersetzung. p. XXXXI. Leipz. 1753) und Andere, zuletzt noch
Suttner (in d. a. Progr. p. 23).

Er ist ein bloßer Nothbehelf, auf den ohne die thatsächlichen
Widersprüche, die zwischen der consol. philos. und den angeblichen
theol. Schriften, sowie der Legende von dem christlichen Marthrium
des B. bestehen, Niemand verfallen sein würde. Auf ein äußeres
Zeugniß vermag sich diese Ansicht nicht zu stützen, die angeführten
inneren Gründe sind aber unhaltbar. Der Mangel eines Vorworts
und einer Dedication beweist Nichts; denn auch die übrigen (ächten)
Schriften des B. sind zum Theil ohne Vorwort und Dedication,
und, wären sie es nicht, so wäre doch damit Nichts bewiesen. „Auf
ein höheres Ziel" weist die Philosophie allerdings hin, d. h. sie sagt,
es komme nicht auf äußeres Glück, sondern auf die wahre Glückseligkeit an, die in Gott ruhe und von der äußeren Lage unabhängig sei, deren der Gute schon hier durch Tugend theilhaftig werde

und nach Abwerfung der Fessel des Leibes noch mehr theilhaft zu
werden Aussicht habe. Dieses Ziel ist aber nicht das, auf welches
Christus und die Apostel, sondern das, auf welches Plato hinweist,
das Vaterland des Philosophen. Auf „stärkere Beweise, die erst
noch kommen sollen,“ deutet die Philosophie im ersten Buche allerdings hin. Damit sind aber keine anderen gemeint, als die, welche
wirklich später in dem uns vorliegenden Werke selbst auftreten, es
sind gegenüber den bloßen Beruhigungsmitteln die eigentlichen philosophischen Argumente der letzten Bücher. Die Anerkennung ferner
einer höheren Offenbarung liegt nur in den Worten der Philosophie
(IV, pr. 6): „ut quidam me quoque excellentior ait.“ Niemand
hat indessen bewiesen oder kann beweisen, daß hiermit Christus oder
ein Organ Christi gemeint sei. Daß endlich die Untersuchung durch
die Frage über die Vorsehung unterbrochen werde, müssen wir in
Abrede stellen. Das Hauptthema des Gesprächs ist die Frage:
giebt es eine weise und gütige Vorsehung auch für die menschlichen
Angelegenheiten und liegt in dem Glauben an eine solche ein Trost
für den leidenden Gerechten, d. h. wird von dieser Vorsehung wirklich Alles beherrscht? Mit diesem Thema hängt die Frage eng zusammen, ob der Zufall und die menschliche Freiheit die Vorsehung
nicht vereiteln. Daher können die Worte am Anfang des fünften
Buches, wo es heißt, daß die Untersuchung über das Wesen des
Zufalls ein wenig von der Hauptrichtung des Gesprächs abliege,
nur als Form der Einkleidung, als Mittel zur Belebung des Dialogs betrachtet werden, zumal da dieser, wie er uns vorliegt, einen
sehr passenden Schluß hat, eine Thatsache, welche gegen die ganze
Hypothese stark in's Gewicht fällt. Der Verfasser ermahnt uns
nämlich durch seine letzten Worte, deshalb, weil es dem Bösen doch
oft gut, dem Guten oft schlecht zu gehen scheine, nicht etwa den
Unterschied von Tugend und Laster zu vergleichgültigen oder zu
wähnen, Gotte gelte beides gleich; ferner ermahnt er, von der Hoffnung und von demüthigem Gebet nicht abzulassen und, je weniger
eine physische Nothwendigkeit vorhanden sei, welche die menschliche
Freiheit aufheben könnte, desto fester überzeugt zu sein, daß eine
moralische Nöthigung vorhanden sei, vor den Augen eines allwissen-
den Richters rechtschaffen zu wandeln. Passender konnte das Buch
nicht schließen.

Ist nun aber auch dieser letzte Versuch, den Dialog als verträglich mit einem wahren innerlichen Christenthum zu erweisen, als gescheitert zu betrachten, so haben wir Veranlassung genug, von allen derartigen Versuchen, denen jede Grundlage fehlt, unsererseits abzustehen und B. fernerhin für einen Philosophen zu halten, der sich nicht nur dem Kirchenglauben seiner Zeit, sondern auch dem Christenthum aller Zeiten indifferent, wenn nicht feindlich, gegenüberstellte. Wäre aber das Werk auch unvollendet, so konnte sich doch B., wenn er ein eifriger Christ war, nicht in dem ersten Theile seines Buches zu widerchristlichen Lehren bekennen. Da er dies gethan hat, wie wir zeigten, so erklärt die Hypothese des Bertius nicht, was sie erklären will, selbst wenn sie richtig ist.

Die einzelnen theologischen Schriften.

Wir müssen es nach den Resultaten, zu denen wir gelangten, von vorn herein für unwahrscheinlich halten, daß der Verfasser der Schrift: „vom Troste der Philosophie" ein Interesse haben konnte, die christliche Lehre und die dogmatische Form, welche derselben seine Zeit gegeben hatte, zu vertheidigen; es fragt sich nun aber, ob das so begründete Vorurtheil gegen die Aechtheit der in Frage stehenden Schriften durch die Beschaffenheit, d. h. den Inhalt, die Tendenz und die Form dieser selbst bestätigt oder aufgehoben wird. Wir müssen demnach specieller auf dieselben eingehen.

Vier Abhandlungen also sind es, die hier in Betracht kommen. Zwei derselben behandeln die Lehre von der Dreieinigkeit: 1. „Quomodo trinitas unus Deus ac non tres dii." 2. „Utrum pater et filius ac spiritus sanctus de divinitate substantialiter praedicentur." An diese schließt sich 3. eine speciell christologische: „De persona et natura contra Eutychen et Nestorium," und 4. ein zusammenfassendes Glaubensbekenntniß: „Brevis fidei christianae complexio."

Neuntes Hauptstück.

Die erste Abhandlung von der Dreieinigkeit: Quomodo trinitas unus Deus ac non tres dii (de trinitate).[1]

I. Inhalt:

Die Abhandlung beginnt mit einer in Beziehung auf Form und Inhalt ziemlich wunderlichen Vorrede, welche an einen[2] vom Ver-

[1] Ueber diese Schrift haben wir zwei alte Commentare, einen von Gilbertus Porretanus (12. Jahrh.) und einen von Thomas Aquinas (dieser nicht über die ganze Abhandlung). — [2] Das Vobis scheint plur. majest. zu sein.

faſſer hochgeſchätzten, übrigens nicht näher bezeichneten[1]) Mann ge=
richtet iſt. Der angebliche B. ſpricht in derſelben aus, daß er hier=
mit die Frucht einer ſchwierigen Unterſuchung, an welche er viel Zeit
gewandt habe, jenem Manne zur Beurtheilung übergebe. Für die
große Menge ſei ſie nicht beſtimmt, ja, weil ſein Auge, wohin er
auch blicke, abgeſehen von jenem hochgeachteten Gönner, überall nur
geiſtiger Faulheit oder verſchmitzter Scheelſucht (partim ignava segnities, partim callidus livor) begegne, habe er, was er aus den
Tiefen der Philoſophie geſchöpft (ex intimis sumpta philosophiae
disciplinis), abſichtlich in eine ſo dunkle Form gehüllt, daß dergleichen Scheuſale von Menſchen (talibus hominum monstris) es
zu verſtehen nicht im Stande wären. Von dem aber, für den es
beſtimmt ſei, verſehe er ſich eines ſachgemäßen (materiae similem
sententiam) und nachſichtigen Urtheils. Bis zu den Höhen der
Gottheit könne ja der menſchliche Geiſt ſich nicht erheben. Man
müſſe eben ſein Möglichſtes thun. Schließlich deutet er an, daß in
ſeiner Arbeit vielleicht einige Früchte der Beſchäftigung mit Auguſtins
Schriften bemerkbar ſein möchten.

Nun folgt die Abhandlung ſelbſt. Gleichſam als Text wird
derſelben die Kirchenlehre zum Grunde gelegt.

Cap. 1. Ehrfurcht vor ihrer Religion als der chriſtlichen, heißt
es, beanſpruchen mehrere (Parteien)[2]), aber zumeiſt oder vielmehr
allein hat der Glaube (Anſpruch auf) Geltung, der, theils weil er
allgemeine, d. h. für alle (Stände, Alter u. ſ. w.) gültige Regeln
vorſchreibt, theils weil ihm faſt in der ganzen Welt gehuldigt wird,
der katholiſche oder allgemeine heißt. Dieſer nun lehrt alſo von
der Einheit der Dreifaltigkeit: „Gott iſt Vater, Gott iſt Sohn, Gott
iſt heiliger Geiſt; darum ſind Vater, Sohn und h. Geiſt ein Gott,
nicht drei Götter.“ Verſchieden von einander ſind die Glieder dieſer
Zuſammenſtellung nicht, ſie ſind es nur in den Augen derjenigen,
die etwas hinzuthun oder hinwegnehmen, wie die Arianer, welche
die Dreifaltigkeit, indem ſie nach Graden des Verdienſtes Unter=
ſchiede in dieſelbe hineintragen, aufheben und eine Mehrheit daraus
machen; denn die Verſchiedenheit iſt das Princip der Mehrheit.

---

[1]) Symmachus wird nur in der wahrſcheinlich unächten Ueberſchrift genannt.

[2]) Das in runde Klammern Eingeſchloſſene ( ) iſt hier erklärende Ergänzung
des Referenten, dagegen enthalten die eckigen Klammern [ ] Worte des Verfaſſers.

Abgesehen von jener ist diese undenkbar. Drei oder überhaupt mehrere Dinge können entweder der Gattung oder der Art oder der Zahl nach verschieden sein; denn in dieser dreifachen Weise ist ja auch Einheit (Zusammengehörigkeit) möglich, und der Einheit muß die Verschiedenheit hierin entsprechen[1]): Mensch und Pferd sind als lebende Wesen der Gattung nach eins, Cato und Cicero der Art nach, Tullius und Cicero der Zahl nach. Diesen drei Arten der Zusammengehörigkeit entsprechen die Arten der Verschiedenheit. Was nun die der Zahl nach stattfindende Verschiedenheit betrifft, so wird dieselbe durch die Mannigfaltigkeit der Accidentien zu Wege gebracht[2]); drei Menschen unterscheiden sich nämlich weder der Gattung noch der Art nach, sondern nach ihren Accidentien, und will man in der Vorstellung (im Gegensatz zur Realität) von allen anderen Accidentien absehen, so bleibt doch als nothwendiges Accidens der Ort übrig, der für alle schlechterdings ein anderer sein muß; denn zwei Körper können nicht einen Ort inne haben, und der Ort ist ein Accidens. Die Accidentien bringen also hier die Mehrzahl zu Wege.

Cap. 2. Um nun die Einheit Gottes zu begründen, geht der Verfasser auf die einzelnen Theile der theoretischen Wissenschaft zurück, deren er mit Aristoteles drei annimmt: 1. Die Physik begreift diejenigen Dinge, denen Bewegung beiwohnt und bei denen die Form weder durch Abstraction (wie bei der Mathematik), noch in der Wirklichkeit von der Materie abgesondert ist. 2. Die Mathematik betrachtet das, wobei zwar nicht in der Realität, aber doch in der Abstraction die Form sich von der Materie ablösen läßt. 3. Die Theologie hat es mit Unbewegtem zu thun und zwar solchem, wobei die Form nicht nur in abstracto, sondern auch in der Wirklichkeit ohne Stoff ist. Gottes Wesen nämlich ist ohne Materie und ohne Bewegung[3]). Dem Physischen nun entspricht die verstandesmäßige (rationaliter), dem Mathematischen die lehrhafte (d. h. demonstrative, disciplinaliter), dem Göttlichen die intellectuale (d. h.

---

[1]) Vgl. zur Erläuterung Boeth. topic. Aristot. interpr. lib. I, cap. 6. Migne tom. LXIV, pag. 914. Ibid. pag. 116 in Porphyr. commentar. lib. IV de differ.

[2]) Also: Vater, Sohn und h. Geist sind weder der Gattung, noch der Art nach verschieden, noch Individuen derselben Art.

[3]) Bis hierher, aber nicht weiter, stimmt der Verfasser genau mit Aristoteles (cf. Metaphys. VI, 1) überein, bei welchem Theologie = Metaphysik ist.

die unmittelbar auffassende, dem *νοῦς* entsprechende, intellectualiter)[1] Erkenntnißweise, und in Ansehung dieses Letzteren darf man
sich nicht auf bloße Vorstellungen[2] einlassen (diduci ad imagina-
tiones), sondern man muß die Form selbst in's Auge fassen, welche
wirklich reine Form, nicht Bild, und das Sein selbst ist, und auf
der das Sein beruht. Alles Sein beruht ja auf der Form. Eine
Statue z. B. wird nicht wegen des Erzes, welches ihr Stoff ist,
sondern wegen der Form, welche diesem aufgeprägt ist, Abbild eines
lebendigen Wesens genannt, und das Erz selbst wird nicht wegen
der Erde, welche dessen Stoff ist, sondern wegen der ihm aufge-
prägten Gestalt so genannt. Sogar Erde ist, was sie ist, nicht als
der formlose Stoff [*κατὰ τὴν ὕλην*], sondern wegen der Trockenheit
und Schwere, und das sind Formen. Nichts also ist, insofern es
einen Stoff, sondern alles, insofern es eine eigenthümliche Form
hat. Das göttliche Wesen aber ist Form ohne Materie, ist deshalb
Eines und (lediglich) das, was es (als Totalität) ist. Das Uebrige
ist nicht (lediglich), was es (als Totalität) ist; denn Jegliches hat
sein Sein aus dem, woraus es ist, d. h. aus seinen Theilen; es ist
dieses und jenes, d. h. seine Theile in ihrer Verbindung, aber nicht
dieses oder jenes einheitlich. Der Mensch z. B. ist, insofern er aus
Seele und Körper besteht, Körper und Seele, nicht — sei es Körper
oder Seele. Theilweise ist er also nicht, was er ist. Was dagegen
nicht aus Diesem und Diesem besteht, sondern nur Dieses ist, das
ist wahrhaft, was es ist, und ist das Schönste und Selbstständigste,
weil es auf keinen Elementen beruht. Das also ist wahrhaft Eines,
in dem keine Zahl, in dem außer dem, was es ist, nichts Anderes
ist; denn es kann nicht materielles Substrat (subjectum) werden,
weil es reine Form ist. Reine Formen aber können nicht materielles

---

[1] Diese Stelle ist eine der dunkelsten der ganzen Abhandlung. Die in derselben enthaltenen Bezeichnungen und Unterschiede sind weder aristotelisch noch neuplatonisch. »Disciplinaliter« ist wahrscheinlich = *μαθηματικῶς* und heißt „demon-
strativ"; »rationaliter« (dem reflectirenden Verstande entsprechend) wahrscheinlich =
discursiv. »Intellectualiter« steht beidem gegenüber als Ausdruck der unmittelbaren Erkenntniß, die der Demonstration nicht weiter bedarf und mit einem
Schlage den Gegenstand trifft.

[2] Dieser Ausdruck ist wahrscheinlich nur deshalb dunkel, weil er von Anfang
an unklar gedacht ist.

Substrat sein. Zwar können die übrigen Formen (Begriffe) gewissermaßen Substrat für Accidentien sein, z. B. (der Begriff) Menschlichkeit; aber selbst dieser Begriff ist an sich keiner Accidentien fähig, sondern nur, wenn und insofern ihm ein Stoff zum Grunde gelegt ist. Das Accidens nämlich, welches in Wahrheit nur das dem Begriff Menschlichkeit untergelegte concrete Substrat (nominat.) annimmt, nimmt nur scheinbar dieser Begriff selbst an. Schlechthin stofflose Form vollends kann nicht Substrat sein und kann nicht an etwas Materiellem existiren. Man redet zwar auch von Formen, die an und in der Körperwelt existiren. Allein es beruht auf einem ungenauen Sprachgebrauch, wenn man solche Körpern anhaftenden Formen im eigentlichen Sinne Formen (formae), anstatt Abbilder (imagines) nennt; denn sie sind jenen Formen, welche nicht am Stoff ihr Sein haben, nur ähnlich (nicht gleich). Kurz — wo reine Form ist, giebt es keine Verschiedenheit, folglich keine Mehrheit, die ja aus einer Verschiedenheit herrühren müßte, mithin keine Vielheit, die aus Accidentien entstanden sein müßte, folglich keine Zahl[1]).

Cap. 3. Gott nun, wird fortgefahren, unterscheidet sich durch Nichts von Gott, und ist weder[2]) durch Accidentien, noch durch accidentelle Differenzen, die nur von einer zum Grunde liegenden Materie herrühren könnten, (von sich) verschieden. Wo aber keine Differenz ist, ist keine Mehrheit und Zahl, also Einheit. Freilich wird der Name Gott dreimal wiederholt, indem man Gott Vater, Sohn und h. Geist nennt. Aber diese drei Einheiten machen keine Mehrzahl aus. Es giebt nämlich eine doppelte Zahl: die eine ist die, mit der wir zählen, die andere die, welche sich bei den gezählten Dingen vorfindet. Jene, die Zahl selbst, mit der wir zählen, hat immer eine Mehrheit an sich; die Zahl dagegen, die in den Dingen ist, das Gezählte, braucht keine Mehrheit zu sein. In Beziehung auf die Zahl, mit der wir zählen, bringt eine Wiederholung von Einheiten Pluralität hervor (in numero, quo numeramus, repetitio unitatum facit pluralitatem); aber nicht nothwendig schließt eine

---

[1]) Vgl. zu diesem Cap. August. de trin. lib. V. u. VI. und Boeth. in categor. Aristot. lib. I. (Migne tom. LXIV, p. 170.) Was Pseudo-Boeth. von der reinen Form sagt, sagt B. (Aristoteles) von der reinen Substanz. Doch hätte dieser dasselbe auch von der reinen Form sagen können, ohne sich selbst zu widersprechen.

[2]) Nach der Lesart nec vel (nothwendige Conjectur).

solche Wiederholung von Einheiten eine Pluralität dessen in sich, was wiederholt wird. Sage ich von demselben Dinge: es ist Schwert, Dolch, Degen (ensis, mucro, gladius), so ist das eben eine Wiederholung desselben Dinges, nicht eine Zählung verschiedener Dinge. Es ist so, als ob ich sagte: Sonne, Sonne, Sonne. Damit meine ich nicht drei Sonnen, sondern ich sage dasselbe von einem Dinge dreimal aus. Ebenso wenig deutet, wenn man vom Vater, Sohn und h. Geist, also dreifach, die Gottheit prädicirt, dieser Ausdruck auf einen dreifachen Gott. Diese Gefahr ist vielmehr, wie gesagt, nur für diejenigen vorhanden, welche, je nach den Verdiensten, einen Gradunterschied bei den Personen der Dreieinigkeit annehmen. In der katholischen Kirchenlehre dagegen, welche solche Unterschiede nicht gelten läßt, bedeutet der Ausdruck: Gott ist Vater, Sohn und h. Geist und diese Dreifaltigkeit ist Ein Gott, nicht sowohl eine Mehrzahl, als eine Wiederholung, gerade wie Schwert und Dolch von Einem Degen, und Sonne, Sonne, Sonne von derselben Sonne gesagt wird.

Diese Analogieen sollen jedoch nur beweisen, daß nicht jede Wiederholung einer Einheit eine Mehrzahl ergiebt. Sie sollen dagegen nicht andeuten, daß Vater, Sohn und h. Geist nur verschiedene Namen[1]) Gottes seien. Nur darin stimmt ihr Verhältniß mit dem des Schwertes und Dolches überein, daß sie dasselbe sind, unterscheidet sich aber dadurch von jenem, daß sie nicht dieselben (Personen) sind. Der Vater ist nicht derselbe, wie der Sohn. Insofern scheint nun doch wieder eine Mehrzahl sich einzuschleichen. Wir müssen daher auf den Sinn achten, in welchem Jegliches von Gott ausgesagt wird.

Cap. 4. Es giebt aber überhaupt zehn Prädicamente (Kategorieen): Substanz, Qualität, Quantität, Relation, Ort, Zeit, Zustand (habere), Lage[2]) (situm esse), Thun (Activum), Leiden (Passivum).

Die Bedeutung derselben richtet sich nach dem jedesmaligen Subject. Sie bezeichnen, wenn sie auf die übrigen Dinge angewandt

---

[1]) Der Verfasser ist also nicht Sabellianist, schon deshalb nicht, weil er von der ontologischen Trinität redet. Der Gedanke findet sich ebenso bei Augustin, freilich nicht die Analogie des Schwertes, welches drei Namen hat.

[2]) Die Bedeutung dieser Kategorieen ist zum Theil schon bei Aristoteles selbst zweifelhaft.

werben, theils wesentliche Eigenschaften derselben, theils zufällige[1]). Auf Gott bezogen gewinnen sie alle eine andere Bedeutung. Relatives kann von ihm überhaupt nicht ausgesagt werden (ad aliquid omnino non potest praedicari)[2]). Die Substanz ist bei ihm nicht Substanz, sondern übersubstantiell. Ebenso ist es mit der Qualität und dem Uebrigen, was Attribut sein kann. Sagen wir „Gott", so ist das freilich eine Substanz, aber eine über die Substanz hinausgehende. Sagen wir von ihm: er ist gerecht, so ist das eine Qualität, aber keine zufällige, sondern eine wesentliche [oder vielmehr überwesentliche]; denn Gott ist nichts Anderes, sofern er ist, als, insofern er gerecht ist, sondern Sein und Gerechtsein ist bei Gott dasselbe. Ebenso ist es mit der Quantität. Sein und Großsein ist bei Gott dasselbe. Die bisher erwähnten Prädicate nun sind der Art, daß sie dem, dem sie beigelegt werden, das als wesentliche Eigenschaft zuerkennen, was sie ausdrücken. Bei den übrigen (Ort, Zeit u. s. w.) ist dies nicht der Fall. Aber auch jene bereits genannten haben in ihrer Anwendung auf Gott eine andere Bedeutung, als in Beziehung auf das Uebrige. Bei den übrigen Dingen bezeichnen sie ein getheiltes Sein, bei Gott ein einheitliches. So verhält es sich nicht nur mit der Substanz, sondern auch mit der Qualität und Quantität. In einer anderen Beziehung ist der Mensch Mensch, in einer anderen gerecht; Gott dagegen ist und ist gerecht als derselbe. Ein Mensch ist eben nur groß, Gott ist die Größe selbst (ipsum magnus existit. Sic.).

Trotz dieses Unterschiedes bezeichnen aber die unter jene Kategorieen fallenden Prädicate stets wesentliche Eigenschaften. Dagegen werden die unter die übrigen fallenden überhaupt nicht wesentlich ausgesagt, weder von Gott, noch vom Menschen und von dem Uebrigen, z. B. Prädicate des Ortes. Zwar sagt man vom Menschen z. B.: er ist auf dem Markt, von Gott: er ist überall. Aber

---

[1]) Dies ist wenigstens die wahrscheinlichste Deutung der betreffenden Stelle (pars eorum in reliquarum rerum praedicatione substantia est, pars in accidentium numero est). Nimmt man accidens = Attribut, was es allenfalls auch heißen kann, so nennt er Eine Kategorie, die der Substanz, gegenüber den neun anderen eine pars, was schwerlich anzunehmen ist.

[2]) Sind diese Worte nicht Zusatz eines Glossators, so widersprechen sie der eigenen Theorie des Verfassers. S. unten.

7 *

das ist für Menschen kein wesentliches Prädicat [wie weiß oder lang], sondern ein zufälliges. Bei Gott aber verhält es sich auch damit freilich wieder anders. „Er ist überall" heißt nicht: er ist an jedem Orte (denn er ist überhaupt nicht an einem Orte), sondern: jeder Ort ist ihm gegenwärtig, so daß er ihn einnehmen kann, ohne von ihm selbst aufgenommen zu werden. Nirgends also ist er an einem Orte, weil er allenthalben ist, aber nicht an einem Orte. Wie dem auch sei, Prädicate des Ortes zeigen keine wesentliche Eigenschaft dessen an, von dem sie ausgesagt werden[1]).

Ebenso ist es mit der Zeit. Vom Menschen sagt man: gestern kam er, von Gott: er ist immer. Jenes ist kein wesentliches, sondern ein zufälliges Prädicat. Was aber den Ausdruck: „Gott ist immer" betrifft, so kann derselbe an sich bedeuten, daß etwas in der Vergangenheit gewesen ist, in der Gegenwart ist und in Zukunft sein wird. Diese Bedeutung paßt z. B. auf den Himmel und die übrigen unsterblichen Körper. Auf Gott bezogen hat er eine andere Bedeutung. Bei Gott drückt dieses „Immer" eine Gegenwart aus, die sich von dem Jetzt der menschlichen Dinge dadurch unterscheidet, daß letzteres (immer wiederkehrend) die Zeit zu einer fortlaufenden und immerwährenden macht; ersteres dagegen, das göttliche Jetzt, als stets bleibendes, unbewegliches und feststehendes die Ewigkeit hervorbringt.

Wiederum ebenso verhält es sich mit den Kategorieen des Zustandes (habere) und Thuns (z. B. vom Menschen: er läuft bekleidet; von Gott: Alles besitzend herrscht er).

Alle diese Prädicate sind keine wesentlichen, nur die unter die Kategorieen der Substanz, Qualität und Quantität gehörenden Prädicate dienen zur Bezeichnung des Wesentlichen. Die Kategorieen der Lage (situs) und des Leidens (Passiv.) finden ohnehin auf Gott gar keine Anwendung.

Ein Theil der Kategorieen also zeigt das Wesen der Dinge an, ein Theil nur äußere accidentelle, vorübergehende Umstände derselben[2]) [heftet von außen den Dingen etwas an].

---

[1]) Dieser letzte Satz steht freilich nicht im Text. Aber das ganze Raisonnement wäre unklar, wenn wir ihn nicht ergänzen dürften. Der Verfasser bedarf zuweilen sehr der Nachhülfe, wenn man seinen Sätzen irgend einen Sinn entlocken will. Der ächte B. bedarf dessen nicht.

[2]) Wir müssen uns darüber wundern, wie der Verfasser dies von Prädicaten,

Cap. 5. Wie steht es nun aber mit der Kategorie der Relation, um derentwillen die vorhergehenden Betrachtungen angestellt wurden? Die unter sie fallenden Prädicate sagen nichts aus von einer Sache, was diese an sich wäre, sondern es muß etwas Anderes von außen hinzukommen, womit sie zusammengestellt wird. Relative Begriffe sind z. B. Herr und Knecht. Nimmt man nun den Knecht weg, so fällt zwar auch der Herr gewissermaßen weg, aber doch nur in dem Sinne, daß das Prädicat „Herr" wegfällt [perit vocabulum, quo dominus vocabatur], das Subject dieses Prädicats selbst wird dadurch in seinem Wesen nicht verändert. Dies scheint bei der Qualität nicht minder der Fall zu sein. Es scheint aber nur so. In der That verliert z. B. das Weiße sein Wesen, wenn ihm das Weißsein genommen wird[1]).

Die relativen Prädicate thun also nichts zum Wesen der Sache, von der sie ausgesagt werden, hinzu und nehmen nichts weg, ändern überhaupt nichts am Wesen, sie bestimmen lediglich eben ein Verhältniß, welches jedoch nicht nothwendig ein Verhältniß zu etwas Anderem sein muß [quae tota non in eo, quod est esse, consistit, sed in eo, quod est in comparatione aliquo modo se habere, nec semper ad aliud, sed aliquoties ad idem]. Trete ich an die rechte Seite Jemandes, so steht er mir gegenüber auf der linken, ohne aber seinem Wesen nach links zu sein. Trete ich ihm zur linken, so steht er rechts, ohne seinem Wesen nach rechts zu sein, wie er etwa seinem Wesen nach weiß oder lang ist; er ist es nur durch mich.

Relative Prädicate alteriren also das Wesen einer Sache nicht. Sind nun Vater und Sohn solche relative Prädicate, und unterscheiden sich der Vater und der Sohn, wie gesagt, durch nichts Anderes, als durch die Beziehung; betreffen ferner relative Prädicate nicht das Wesen: so bringen jene Prädicate keinen sachlichen Unterschied in das Wesen Gottes, sondern nur einen, wenn man so sagen darf, persönlichen (non facit alteritatem rerum, sed, si dici potest, qno quidem modo id quod vix intelligi potuit, interpretatum

---

wie (deus est) »ubique«, (deus est) »semper«, behaupten kann. Hätte er den Augustin besser verstanden, so würde er sich anders ausgesprochen haben.

[1]) So unbefriedigend diese Fassung des Unterschiedes ist, so ist es doch die einzige, die man aus den Worten des Verfassers herauslesen kann.

est — personarum). Gott ist ja auch nicht dadurch, daß zu seinem Wesen etwas hinzugetreten wäre, Vater geworden, denn die Zeugung des Sohnes ist ihm wesentlich; der Name Vater aber drückt nur eine Beziehung aus. Aus Gott dem Vater ist Gott der Sohn, aus beiden der h. Geist hervorgegangen. Räumlich sind sie nicht außer einander, weil unkörperlich. Sie sind aber auch durch keine Unterschiede von einander getrennt. Wo nun kein Unterschied, ist auch keine Mehrzahl, folglich Einzahl (Einheit). Nichts aber konnte aus Gott geboren werden, als Gott. Wiederholung der Einheiten bringt ferner in den gezählten Dingen nicht nothwendig Mehrzahl hervor. Folglich ist die Einheit der Drei hinlänglich festgestellt.

Cap. 6. Die Dreiheit ist dadurch gesichert, daß Verhältnisse in Gott gesetzt sind, wodurch die schlechthinige Einheit aufgehoben ist. Die Einheit ist dadurch gewahrt, daß das Wesen oder die Thätigkeit oder überhaupt die wesentlichen Prädicate nicht verschieden sind. Das Wesen schließt die Einheit in sich, die Relationen bringen die Mehrfachheit in die Dreifaltigkeit (relatio multiplicat trinitatem). Daher kommt es, daß nur das lediglich einer einzelnen Person beigelegt wird, was Ausdruck der Relation ist. Nämlich der Vater ist nicht derselbe, wie der Sohn, und beide sind nicht dieselben, wie der h. Geist; dagegen sind Vater, Sohn und h. Geist derselbe Gott, derselbe Gerechte, derselbe Gute, derselbe Große und so weiter in Allem, was wesentliches Prädicat ist. Dabei darf man nicht vergessen, daß relative Aussagen nicht immer die Beziehung auf etwas Verschiedenes fordern; freilich der Ausdruck „Knecht" erfordert das Correlativum „Herr", und beide sind verschieden. In Beziehung auf die Trinität findet dieses aber nicht statt. Hier herrscht keine Verschiedenheit und doch Relativität. Gleiches ist dem Gleichen gleich, Aehnliches dem Aehnlichen ähnlich, Identisches ist mit dem, womit es identisch ist, identisch. In der Trinität nun ist das Verhältniß des Vaters zum Sohne, und beider zum h. Geiste ein ähnliches, wie das des Identischen zu dem, welches mit ihm identisch ist. Freilich ist ein solches Verhältniß bei allen übrigen Dingen nicht zu entdecken, allein das rührt nur von der dem Vergänglichen von Natur anhaftenden Verschiedenheit (alteritas) her. Bedienen wir uns nur des dem Göttlichen angemessenen Erkenntnißorgans (des simplex intellectus), so wird es uns möglich, dieses (Mysterium trotzdem) zu verstehen.

Hiermit schließt die Abhandlung. Im Epilog erklärt der Verfasser, er erwarte nunmehr das Urtheil (des Lesers). Einen Satz, der dem Glauben an sich feststände, habe er unter dem Beistande der göttlichen Gnade durch hinlängliche Beweise zu stützen gesucht; wenn ihm dieses gelungen sei, so werde er sich über das vollbrachte Werk in dem freuen, der ihm die Kraft dazu gegeben. Ueber sich könne der Mensch nicht hinausgehen, und daher müßten Gebete die Lücken der Schwachheit ausfüllen.

Dies ist also der Inhalt der Abhandlung. Es kommt nun darauf an, die in ihr enthaltene Auffassung des Trinitätsbogmas darzulegen und an diese Darlegung die Untersuchung ihrer Aechtheit anzuknüpfen.

II. Die in dieser Abhandlung enthaltene Lehre von der Dreieinigkeit.

Wenn es sich um die Feststellung der Trinitätslehre einer angeblich im fünften oder sechsten Jahrhundert abgefaßten Schrift handelt, zumal wenn ermittelt werden soll, ob und was sie Eigenthümliches bietet, so versteht es sich von selbst, daß dabei die Lehre Augustins von der Dreieinigkeit zum Maßstabe dienen muß. Von dieser haben wir daher in diesem Theile unserer Untersuchung auszugehen. In aller Kürze erinnern wir aber zuvor einleitungsweise an die voraugustinische Entwickelung des Dogmas.

Nachdem, wie bekannt, zuerst die wesentliche Gottheit und hypostatische Präexistenz des Logos gegenüber dem abstracten Monotheismus der judaisirenden Unitarier und gegenüber dem sabellianischen Substantialismus und Modalismus festgestellt war, nachdem dann noch ausdrücklich im arianischen Streite die von Origenes schon betonte Ewigkeit des Sohnes, sein Gezeugtsein aus dem Wesen des Vaters und, mit Ueberwindung des Suborbinatianismus, die Wesenseinheit des Sohnes mit dem Vater, endlich die gleiche Gottheit der dritten Hypostase gesichert war: hatte das kirchliche Bewußtsein einen das religiöse Bedürfniß befriedigenden Ausbruck in dem nicäno-constant. Symbolum gefunden. Doch waren es insonderheit zwei Punkte, welche wenigstens dem theologischen Erkenntnißbedürfniß auch jetzt noch den Anstoß zu immer erneuter Erwägung geben mußten. Einmal war entweder doch noch ein suborbinatianischer Rest auch

in den Theorieen derjenigen Kirchenlehrer, welche für die athanasia-
nische Lehre einstanden, insofern übrig geblieben, als die wesentliche
Grundeinheit, welche der Dreiheit der Hypostasen gegenübersteht,
lediglich in den Vater verlegt wurde, oder die Einheit wurde in
ziemlich abstracter und allgemeiner Weise darein gesetzt, daß Vater,
Sohn und Geist ein und dasselbe Wesen, denselben Willen und
dieselbe Macht haben. Daß der Begriff Gottes rein als solcher
nicht vollendet sei, so lange man Gott an sich nur als absolutes
Wesen faßte, daß zum Wesen Gottes Persönlichkeit und zwar Drei-
persönlichkeit gehörte, dies war noch nicht zur Anerkennung gekommen.
Auf der anderen Seite regte sich, ganz abgesehen vom ontologischen
Begriff der Gottheit, immer wieder mit Anspruch auf besondere
Lösung die aus dem Ganzen des Problems gleichsam losgerissene
Frage nach der Vereinbarkeit einer Einheit mit einer Dreiheit. Wie
wenig befriedigend dieselbe bis zum Ende des vierten Jahrhunderts
gelöst war, zeigt die Lehre des Basilius[1]), welcher die numerische
Einheit der Trinität geradezu leugnet, und die später von Augustin
aufgestellte Lehre, der Satz, daß nur ein Gott sei, beziehe sich nicht
allein auf den Vater, sondern auf die ganze Trinität, nicht gutge-
heißen haben würde.

Während die Kirche nun die früheren Resultate mehr der theologischen Arbeit der griechischen Theologen, namentlich dem Athanasius
und den drei Kappadociern verdankte, hört die orientalische Kirche
im Laufe des fünften Jahrhunderts bereits auf, zur Fortbildung des
Dogmas etwas Wesentliches beizutragen; die vorher von uns bezeichnete Aufgabe, einmal, zu zeigen, daß weder die bloße, leere Ab-
solutheit, noch die abstract monadische Einheit, sondern allein die
Dreieinigkeit den Begriff Gottes erfülle, sodann noch ausdrücklich
und besonders die Verträglichkeit der Dreiheit mit der Einheit nachzuweisen, diese Aufgabe fiel der abendländischen Theologie anheim.
Augustin versuchte zum ersten Male eine umfassende Lösung derselben.
Wie er es that, nach allen Seiten auseinander zu setzen, ist nicht
dieses Orts. Da aber jene zweite Aufgabe, die Einheit mit der
Dreiheit zu vereinigen, auch das Problem der dem B. zugeschriebenen

---

[1]) Apolog. ad Caesariens. (ep. 8): ἡμεῖς ἕνα θεὸν οὐ τῷ ἀριθμῷ, ἀλλὰ τῇ
φύσει ὁμολογοῦμεν.

Abhandlung ist, so können wir diese Seite der augustinischen Tri=
nitätslehre um so weniger unbeachtet lassen, als der angebliche B.
auf den Kirchenvater ausdrücklich zurückweist.

Augustin nun macht auf der einen Seite mit der Einheit Gottes
vollen Ernst[1]). Während die früheren Vertreter des Nicänismus
eine numerische Einheit zum Theil ausdrücklich leugneten, statuirte
er nicht nur numerische Einheit, sondern auch schlechthinige Einfach=
heit oder innere Einheit. Die körperlichen Creaturen sind wesentlich
aus Theilen zusammengesetzt, und durch die Vielheit der sich nicht
deckenden Eigenschaften, die ihnen zukommen, wird ihre Einfachheit
ausgeschlossen. In jeglichem Körper ist etwas Anderes die Größe,
etwas Anderes die Farbe, etwas Anderes die Gestalt (figura); denn
Farbe und Gestalt können dieselben bleiben, wenn die Größe sich
verändert. Dasselbe gilt von der Seele: sie ist zwar einfacher, als
das Körperliche, aber auch in ihr begründen wenigstens die verschie=
denen Anlagen, Affecte und Begierden jene Vielheit, die überhaupt
allem Veränderlichen wesentlich zukommt. Gott dagegen ist einerseits
nicht aus Theilen zusammengesetzt, auf der anderen Seite bringen
die Prädicate, welche ihm zukommen, keine Vielfältigkeit in sein
Wesen; denn er ist nicht etwa Substrat für Eigenschaften, die an
ihm wären (VII, 10); was er ist, ist er wesentlich, unveränderlich,
absolut. Er ist nicht groß, d. h. er hat nicht bloß Theil an der
Größe, wie es bei den Geschöpfen der Fall ist, bei denen sich Sub=
ject und Prädicat trennen läßt, sondern ist die Größe (V, 11) selbst,
er ist nicht nur gut, sondern die Güte selbst. Die Eigenschaften selbst
aber, die substantiell von ihm ausgesagt werden, sind einmal unter
einander und ferner mit dem Sein Gottes identisch. Bei Gott ist
Sein und Allmächtigsein, Seligsein u. s. w. dasselbe. Accidentell
wird von Gott nichts ausgesagt, weil Alles in ihm ewig und un=
veränderlich ist (V, 6). Nach allem diesem kommt Gott schlechthinige
Einfachheit zu. Auf der anderen Seite ist er dreieinig: Vater, Sohn
und h. Geist, und der Vater ist nicht derselbe, wie der Sohn u. s. w.
(VII, 9). Da dies nicht accidentell von ihm ausgesagt werden kann
— denn für Gott giebt es überhaupt kein Accidens, und außerdem
ist er ja immer, von Ewigkeit her, Vater, Sohn und h. Geist ge=

---

[1]) cf. de trinit. VI, 8.

wesen (V, 6) — so scheint es nur (nach dem Wesen) substantiell
von ihm ausgesagt werden zu können. Und dies wäre in der That
die einzig übrigbleibende Möglichkeit, wenn er ein Geschöpf wäre.
Nach dem Wesen ausgesagt würde aber die Dreieinigkeit einen Unter=
schied in Gott begründen, und die Einheit wäre aufgehoben.

In der That kann sie ebensowenig substantiell, wie accidentell,
von ihm ausgesagt werden, sonst wäre Gott an sich, seinem Wesen
nach, Vater; in Wahrheit ist aber der Vater nur Vater, weil er
den Sohn hat, der Sohn nur Sohn, weil er den Vater hat. Dies
begründet nun allerdings einen Unterschied, aber keinen Unterschied
in der Substanz, sondern nur in der Relation. Die Prädicate
Vater, Sohn und h. Geist sind also weder accidentelle, noch sub=
stantielle, sondern relative. Hiermit hängt zusammen, daß, was nicht
Ausdruck der Relation ist, allen drei Personen auf gleiche Weise
zukommt.

Diese Gedanken, und im Grunde nur diese, hat der angebliche
B. aus dem reichen Schatz der Schriften Augustins herausgegriffen
und in seiner ziemlich kurzen Abhandlung ziemlich weitläufig aus=
einandergesetzt. Das Eigene, was er hinzugethan, ist 1. eine neue
Begründung des Satzes, daß es in Gott kein Accidens, folglich keine
Vielheit gebe, und zwar wird derselbe aus aristotelischen Sätzen über
Form und Materie entwickelt; 2. eine Nachweisung der Denkbarkeit
der Einheit in der Dreiheit mittelst Unterscheidung der Zahl, womit
gezählt wird, von der, die in dem Gezählten ist; 3. eine neue Fest=
stellung des Sinnes und des Grades, in welchem die zehn aristote=
lischen Kategorieen auf Gott Anwendung finden; der Zweck dieser
Auseinandersetzung ist die Hervorhebung der Kategorie der Relation,
deren Anwendung auf die vorliegende Frage angeblich die Möglich=
keit, Dreieinigkeit in Gott trotz der Einheit anzunehmen, in's Licht
stellt. Diese im Einzelnen zum Theil in ziemlich verworrener De=
duction dargelegten Sätze sind, wie aus dem erstatteten Bericht er=
hellt, in folgender im Ganzen logisch wohlbegründeter Ordnung ent=
wickelt:

Erstens wird die Einheit des göttlichen Wesens erwiesen
(Cap. 1—3).

a) Cap. 1. Vielheit könnte in Gott weder durch Vorhandensein
    einer Gattungs=, noch durch Vorhandensein einer Artver=

schiedenheit, sondern höchstens durch Vorhandensein einer
Zahlverschiedenheit innerhalb des göttlichen Wesens entstehen;
Zahlverschiedenheit aber entsteht bei vorausgesetzter Gattungs=
und Arteinheit nur durch verschiedene Accidentien, d. h. das
Wesen nicht ausdrückende Prädicate.

b) Cap. 2. Accidentien stammen immer nur aus dem mate=
riellen Substrat eines Begriffs. Da ein solches bei Gott
nicht angenommen werden kann, weil er reine Form ist, so
ist er ohne alle Accidentien, folglich ohne Zahlverschiedenheit.

c) Cap. 3. Wenn nun in der Trinität dennoch drei Personen
gezählt werden, so muß man bedenken, daß hier dasselbe
drei Mal gezählt wird, also eine Wiederholung von Iden=
tischem, keine eigentliche Zählung von Verschiedenem stattfindet,
obgleich nicht behauptet werden darf, daß die drei Personen
der Trinität dieselben seien.

Zweitens wird gezeigt, daß mit der erwiesenen Einheit die
von der Kirche bekannte Dreipersönlichkeit vereinbar sei (Cap. 4—6).

a) Cap. 4. Um diese Wahrheit zu erkennen, muß man erwägen,
in welchem Sinne und in welchem Maße die zehn Kategorieen
auf Gott Anwendung finden.

b) Cap. 5. Die Kategorie der Relation, unter welche das Prä=
bicat der Dreipersönlichkeit fällt, schließt die Vereinbarkeit der
Einheit mit der Dreiheit in sich, weil Prädicate der Relation
das Wesen eines Subjects überhaupt nicht alteriren.

c) Cap. 6. Das Resultat ist demnach, daß die Betrachtung des
göttlichen Wesens an und für sich dessen Einheit, die Be=
trachtung der verschiedenen Relationen dieses göttlichen We=
sens die Trinität ergiebt, und daß beides in Gott vereinbar
ist, während bei allem Uebrigen Einheit und Dreiheit nicht
vereinbar ist.

Anhang.

Bemerkungen zu den einzelnen Capiteln.

Zum Prolog.

Die Schriften de trinitate, welche den auf das Zeitalter des arianischen Streites unmittelbar folgenden Jahrhunderten angehören, haben
fast alle eine unmittelbar praktische Veranlassung, d. h. einen Anknüpfungs-
punkt in den hie und da wieder erwachten Lehrstreitigkeiten innerhalb einer
kirchlichen Provinz, Diöcese oder Parochie, und gleichen in dieser Beziehung den entsprechenden Streitschriften und Gelegenheitssymbolen des
vierten Jahrhunderts. Trinitarische Abhandlungen dagegen mit rein doc-
trinärem und allgemein apologetischem Interesse, rein theologische Re-
productionen der symbolisch kirchlichen Lehre und fortschreitende wissenschaftliche Begründungen, wie sie die Scholastik versuchte, finden sich,
abgesehen von Augustin, wenigstens in der lateinischen Kirche dieses Jahrhunderts so gut wie gar nicht. Daß dem so ist, begreift sich aus den
Umständen der Zeit. Arianer z. B. gab es noch lange nach dem Concil
von Constantinopel (381): ganze Völkerschaften, die im fünften und
sechsten Jahrhundert Italien, die Donauprovinzen, Spanien und Nord-
Afrika überschwemmten, bekannten sich zum arianischen Glauben und for-
derten die orthodoxen Kirchenlehrer zu apologetischen und polemischen
Erörterungen immer von Neuem heraus. Nicht nur die Ostgothen und
Westgothen, sondern auch die Vandalen in Afrika, die Sueven in Spanien,
die Burgunder in Gallien, die Longobarden in Oberitalien waren lange
Zeit hindurch Arianer. Andererseits war der Arianismus kirchlich über-
wunden, ganze Kirchenprovinzen blieben gänzlich von ihm verschont, und
es hätte, während anderswo der Kampf gegen die wirklich vorhandenen
Häretiker fortgesetzt wurde, zugleich die wissenschaftliche Erörterung be-
ginnen können, welche sich an die kirchliche Fest- und Sicherstellung der
Dogmen anzuknüpfen pflegt. Sie begann wirklich mit Augustin, aber
selbst dieser hatte zum Theil mit lebendigen Gegnern zu thun. Unter
Anderem hielt er mit dem arianischen Bischof Maximinus zu Hippo im
Jahre 428 eine Disputation und legte die Resultate derselben in einer
Schrift dar (Collatio cum Maximino Arianorum episcopo im 8. Bande
der Benedict. Ausg.). Dagegen haben seine fünfzehn Bücher von der
Dreieinigkeit (sowie die in anderen Schriften zerstreuten Ausführungen
des Trinitätsdogmas) freilich eine allgemeinere dogmatische Bedeutung.

Achten wir nun auf die Zeitgenossen des B., so finden wir Avitus, Bischof von Vienne, im Streit mit burgundischen Arianern; ebenso hatte es sein Zeitgenosse Fulgentius von Ruspe mit den Arianern unter den Vandalen in Afrika zu thun.

Wie steht es aber in dieser Beziehung mit der dem B. zugeschriebenen Schrift? Von einer speciellen außerhalb des Verfassers liegenden Thatsache, welche diesen zu ihrer Abfassung veranlaßt hätte, enthält sie keine Spur; sie macht überhaupt den Eindruck eines rein gelehrten, scholastischen Elaborats. Vincentius von Beauvais behauptet zwar in seinem speculum historiale (XXI, 15. XVII, 56): zur Zeit des B. sei eine (oder die?) Ketzerei in Bezug auf die Dreieinigkeit hervorgetreten; es sei daher eine Synode gehalten worden, und B. habe gefürchtet, er möchte wegen seiner Beredtsamkeit zum Vertheidiger der rechtgläubigen Lehre ausersehen werden. Um sich dem nicht auszusetzen, habe er sich von jener Synode fern gehalten, sei aber dadurch in den Verdacht einer Begünstigung jener Ketzerei gekommen. Um diesen nun von sich abzuwälzen, habe er gegen die Ketzer das Buch von der Dreieinigkeit geschrieben. Aber abgesehen davon, daß es zweifelhaft ist, ob Vincentius die vorliegende Abhandlung oder eine andere dem B. zugeschriebene im Auge gehabt hat, abgesehen davon, daß von einer um 500 in Italien entstandenen Häresie der bezeichneten Art und von einer darauf bezüglichen Synode sonst nichts bekannt ist, abgesehen von der Unbestimmtheit obiger Nachricht und der Unzuverlässigkeit des Vincentius überhaupt, schweigt die Schrift selbst von einer solchen Veranlassung gänzlich. Es kommt dem Verfasser nicht auf einen Beweis seiner Rechtgläubigkeit, sondern lediglich auf eine dialektische Lösung des in der kirchlichen Lehre scheinbar liegenden Widerspruchs an. Ebensowenig ist die Schrift direct gegen Arianer gerichtet; von Arianern ist zwar darin die Rede, aber deren Erwähnung trägt mehr den Stempel einer antiquarischen Bemerkung. Der Verfasser reflectirt in aller Ruhe über die Enantiophanieen des Glaubensbekenntnisses (vielleicht des athanasianischen, obgleich sich nicht ausmachen läßt, ob der Verfasser ein schriftliches Symbol im Sinne hatte). In dieser Beziehung nun, nämlich insofern sie durch keine außerhalb des Verfassers liegende Veranlassung hervorgerufen ist, stände unsere Abhandlung in dem Zeitalter des B. ziemlich einsam da, und in Verbindung mit anderen Indicien dürfen wir vielleicht auch hierin ein Merkmal der Unächtheit finden, obwohl zuzugestehen ist, daß eine solche Ausnahme wohl denkbar ist.

Die nach längerer Untersuchung gefundene Lösung soll nun B. dem Symmachus, seinem Schwiegervater, zur Beurtheilung überwiesen haben.

Dieser aber war seinem äußeren Bekenntniß nach ein Christ, wie Suttner (S. 21) aus einem Briefe des Avitus von Vienne (ep. 31) nachgewiesen hat. Allein diese Widmung kann, wie sich zeigen wird, ursprünglich vor der Abhandlung nicht gestanden haben.

Die Vorrede selbst enthält manche wunderliche Ausdrücke und Gedanken. Wunderlich ist z. B. die bewußte Absicht des Verfassers, dunkel zu schreiben, damit seine Neider und das übrige „geistesträge" Publicum seine Schrift nicht verständen und mit Füßen träten. Wahrscheinlich fürchtete der Verfasser, man möchte seine Gedanken verworren finden, und bevorwortete deshalb, er habe sie absichtlich in's Dunkel gehüllt. Die Wichtigthuerei ferner, welche in dem Aussprechen des Vorhabens liegt, ex intimis sumpta philosophiae disciplinis vorzutragen und zwar verschleiert durch dunkele, neue Bezeichnungen, ist des B. durchaus unwürdig. Was der Verfasser von dem Wesen der accidentia, von den Kategorieen, von Form und Materie u. s. w. sagt, war für B., der die aristotelische und neuplatonische Philosophie genau kannte, etwas ganz Triviales. Derselbe würde hier gar nicht hervorgehoben haben, daß er aus der Philosophie schöpfe, was er ja in seinen meisten Schriften that, er würde vielmehr darauf aufmerksam gemacht haben, daß diesmal nicht rein Philosophisches, sondern Kirchlichtheologisches Gegenstand seiner Abhandlung sei. Ueberdies ist der Ausdruck „aus den innersten Disciplinen der Philosophie Entnommenes" höchst unklar. Wozu noch kommt, daß in Wahrheit die Abhandlung durch neue Ausdrücke ebensowenig, wie durch neue Gedanken sich auszeichnet.

Zu Cap. 1.

Der Verfasser geht hier von der Lehre der katholischen Kirche als der einzig gültigen aus und sucht dieses Attribut (katholisch) derselben zu erklären. Katholisch oder allgemein heißt sie, weil sie allgemeine Regeln vorschreibt, d. h. wohl solche, welche für alle Völker und Stände bestimmt sind, und weil sie fast über die ganze Erde verbreitet ist. Letzteres erinnert an die universitas (ubique) des Vincentius Lerinensis, der aber speciell von der traditionellen Kirchenlehre spricht. Auf die Zeit der Abfassung läßt sich indessen aus dieser Ansicht nicht schließen, am wenigsten ist dadurch die Zeit des B. ausgeschlossen.

Uebrigens ist zuzugestehen, daß der Inhalt dieses Capitels genau der Topik des Aristoteles (lib. I. cap. 6. S. 914 in der Ausgabe des B. von Migne) und der Isagoge des Porphyrius (lib. IV. de differentia Migne S. 116) entspricht, von welchen Schriften B. die erstere übersetzt, die letztere commentirt hat; daraus kann jedoch nichts zu Gunsten der

Aechtheit unserer Abhandlung geschlossen werden; in einer späteren Zeit, wo man die Logik nur aus dem B. lernte, wird der Verfasser diese Sätze aus den genannten Schriften des B. geschöpft haben.

Zu Cap. 2.

Auffallend ist in diesem Capitel die Unterscheidung folgender drei Arten der Erkenntniß: disciplinaliter, rationaliter und intellectualiter. Aristoteles und B. bedienen sich dieser und der entsprechenden Ausdrücke nicht in dem angegebenen Sinne. Ja, es ist sogar zweifelhaft, ob B. sich die in demselben Capitel vorkommende aristotelische Eintheilung der theoretischen Wissenschaft in Physik, Mathematik und Theologie (Metaphysik) angeeignet hat. In seinem Dialog (I.) in Porphyr. a Victor. translat. trägt er eine andere vor; hier zerfällt die theoretische Wissenschaft nicht, wie bei Aristoteles, in Physik, Mathematik und Theologie, sondern ein Theil handelt de intellectibilibus (entsprechend der Theologie), ein zweiter de intelligibilibus (der Mathematik nicht entsprechend), der dritte de naturalibus (der Physik entsprechend). Gerade in Beziehung auf solche Fragen, die für die ganze Auffassung der Wissenschaft so entscheidend sind, dürfen wir aber bei B. kein Schwanken annehmen. Wäre er der Verfasser unserer Abhandlung, so würde er mindestens die hier vorgetragene Eintheilung mit der sonst vorgetragenen vermittelt oder ihr ausdrücklich gegenübergestellt haben.

Zu Cap. 4.

Die Zurückführung der Dreipersönlichkeit auf drei verschiedene Relationen innerhalb des göttlichen Wesens, die, wie wir sahen, Augustin versucht hatte, eignet sich der Verfasser an, ohne ein wesentlich neues Moment hinzuzufügen; anstatt dessen giebt er eine weitere Ausführung jener Theorie und setzt auseinander, wie die zehn Kategorieen des Aristoteles auf Gott anzuwenden seien. Dieses scholastische Exercitium erinnert allerdings wiederum an B., von dem die Späteren die Logik lernten, kann aber schon deshalb nicht wohl dem B. selbst zugeschrieben werden, weil der Verfasser großen Mangel an Gewandtheit im Umgehen mit den Prädicamenten verräth und sich in Widersprüche verwickelt, während B. bekanntlich in diesem Gebiete ein Meister ist, wie seine Commentare zu Aristoteles und Porphyrius hinlänglich beweisen.

Bei Augustin nun ist Alles ungleich klarer und durchsichtiger, als bei Pseudo-B. Man merkt ihm an, daß er von den Neuplatonikern auch Gewandtheit in formalem, logischem Denken sich angeeignet hatte. Allein schon er geräth in gewisse Schwierigkeiten.

Es ist aber zu bedenken, daß Augustin sich gar nicht ausdrücklich vornimmt, die Art zu bestimmen, wie die Kategorieen auf Gott anzuwenden seien. Dies ist dagegen allerdings bei unserem Verfasser der Fall, der nichtsdestoweniger viel unsicherer auf diesem Gebiete herumtappt und an großer Unklarheit leidet. Wir müßten sogar behaupten, daß er sich direct selbst widerspricht, sähen wir uns nicht veranlaßt, die sogleich anzuführenden Worte, welche diesen Widerspruch in sich schließen, für ein Glossem zu erklären. Insofern nämlich durch die Worte[1]): „ad aliquid vero omnino non potest praedicari" (scil. de deo, welcher Zusatz sich wirklich auch in einzelnen Ausgaben findet), d. h. „unter die Kategorie der Relation Fallendes wird von Gott überhaupt nicht ausgesagt", die Anwendbarkeit dieser Kategorie auf Gott ausgeschlossen wird, widersprechen sie gerade dem Hauptergebniß des ganzen Abschnitts, daß nämlich die drei Personen der Trinität relativ (ad aliquid) prädicirt werden, und ein so handgreiflicher Widerspruch möchte sogar einem mittelmäßigen Kopfe nicht zuzuschreiben sein. Nun bemerkt zwar Gilbertus Porretanus zu den Worten „omnino non" (deren Stellung er umzukehren für gut hält): „id est: nequaquam sicut id, quo deus est" (vgl. dessen Commentar). Allein dies ist ein Gewaltstreich. „Omnino non" heißt „überhaupt gar nicht" und kann nicht für „non substantialiter" stehen. Wir müssen daher diese Ausflucht verwerfen. Bedenkt man nun, daß die folgenden Worte „nam substantia in illo non est" cet. diesen Satz gar nicht begründen, sondern lediglich den diesem vorangehenden, erwägt man ferner, daß der Verfasser von den relativis erst im folgenden Capitel redet und dieser Betrachtung schwerlich hat vorgreifen wollen, ja dieselbe als eine ganz neue mit den Worten einführt: „Age nunc de relativis speculemur, pro quibus omne, quod dictum est, sumpsimus ad disputationem": so wird man nicht verkennen, daß die oben angeführten Worte Zusatz eines Glossators sind, der in Gemäßheit einer mißverstandenen Stelle des (ächten) B. (Nam quum sint accidentia relativa, si quas substantias relativas esse concedimus, in accidentium numero ponendas esse censebimus, sed hoc contrarium est. In categor. Aristot. lib. II. Migne LXIV, p. 216 sq.) oder vielmehr des Aristoteles es für unthunlich hielt, Gott relative Prädicate zuzuschreiben. Sind die Worte dagegen ächt, so involviren sie einen handgreiflichen Widerspruch.

Sehen wir nun zu, wie es mit dem Uebrigen steht. Der Verfasser bemerkt zuvörderst, daß sich die Bedeutung der Prädicamente nach dem

---

[1]) Vgl. den Zusammenhang, in dem diese Worte vorkommen, in dem oben erstatteten Bericht.

jebesmaligen Subjecte richte. Im Allgemeinen brückt ein Theil ber Kategorieen wesentliche, ein Theil zufällige Eigenschaften aus. Auf Gott an-
gewendet gewinnen sie alle eine andere Bedeutung, als sie sonst haben;
denn die Wesenheit (Substanz) ist hier überwesentlich; ebenso gewinnt,
was unter die Qualität und Quantität fällt, hier wesentliche, ja über-
wesentliche Bedeutung und ist mit dem Sein identisch (was bei Menschen
nicht der Fall ist). Bis hierher ist Alles klar. Nun folgen aber mit
einstweiliger Uebergehung ber folgenben Kategorie (ber Relation) zunächst
die des Orts und der Zeit. Hier erregt sogleich der ungenaue Ausbruck
Anstoß. Zuerst heißt es nämlich: „Reliqua vero neque de deo, neque
de caeteris praedicantur," und gleich barauf: „nam ubi vel de deo
vel de homine praedicari potest." Der Verfasser will sagen, daß unter
ber Kategorie bes Orts nie etwas Wesentliches, sondern nur etwas Zufälliges ausgesagt werbe. Wie sich dies nun mit dem nach des Verfassers
Meinung möglichen Satz: „deus ubique est" verträgt, bleibt unklar.
Wahrscheinlich will er aber sagen, diese Kategorie finde auf Gott gar
keine Anwendung.

Dieselbe Unklarheit herrscht hinsichtlich der Kategorie der Zeit. Bei
bem Menschen brückt die betreffende Aussage ein Accidens aus (z. B. heri
venit). Welcher Art bagegen ber Satz ist: „deus semper est", barüber
giebt uns ber Verfasser keinen Aufschluß. Da es ihm so viel heißt, wie
deus aeternus est, so hätte er behaupten müssen, hier handle es sich um
ein wesentliches Prädicat, welches jedoch auf bie Kategorie ber Qualität
zurückzuführen sei. Dies thut er aber nicht. Anstatt bessen vergleicht er
bas göttliche semper mit bem, welches bem Himmel und ben Gestirnen
(caeteris immortalibus corporibus secundum philosophos) zukomme,
und insofern jenes eine ewige Gegenwart ist, mit bem menschlichen „Jetzt".
Die Gebanken, welche er bei bieser Gelegenheit vorbringt, stimmen mit
bem Entsprechenben in ber consolatio (cf. lib. V. pr. 6) überein, sind
aber bort weit bünbiger ausgesprochen.

Daß ber Verfasser in ber angeführten Stelle ben Zusatz macht:
„secundum philosophos", spricht direct gegen die Aechtheit. B.
redet, weil er selbst etwas von einem Philosophen in sich spürt, nicht
so von Philosophen, wie von fremben Leuten, und weil er die
alten Philosophen genau kennt, nennt er sie bei Namen, redet aber nicht
so in's Blaue hinein von „Philosophen". Dieses beiläufig, wir kehren
zu den Kategorieen zurück.

Es folgen bie des habere und facere. Daß sie zusammengestellt
werben, ist sehr auffallend und stimmt weber mit Augustin noch B.
Jener sagt von bem facere, daß es eigentlich Gott allein zuzuschreiben

sei, dem Menschen nur mittelbarer Weise, während habitus nur trans-
late auf Gott bezogen werden könne. Dagegen bezeichnet unser Verfasser
beides als Ausdrücke accidenteller, nicht wesentlicher Eigenschaften oder
Zustände. Endlich sind noch die Kategorieen situm esse und pati übrig,
deren Anwendung auf Gott gänzlich abgewiesen wird. Zum Schluffe
faßt der Verfasser, ehe er zur Kategorie der Relation übergeht, seine
Ansicht dahin zusammen: die Kategorieen drückten theils das wesentliche
Sein, theils vorübergehende, zufällige Zustände oder vielmehr Umstände
aus. Jene nun will er praedicationes secundum rem nennen (die
Interpunction bei Ballinus ist falsch), d. h. wesentliche Aussagen, näher
— in Beziehung auf das Nichtgöttliche — accidentia secundum rem,
d. h. doch wohl accidentia inseparabilia, in Beziehung auf Gott prae-
dicatio(nes) secundum substantiam rei. Dies widerspricht nun wiederum
dem B. (cf. commentar. in isag. Porphyr. a se ipso translat. libr. IV.
Migne LXIV. p. 132 de accid.) und zeigt die Unfähigkeit des Verfassers,
sich in logischen Fragen sicher zu bewegen. Das Prädicat homo est vom
Menschen würde B. nimmermehr für ein accidens secundum rem (= in-
separabile) erklärt haben, wie es der Verfasser thut, indem er die Prä-
bicamente quae aliquid esse designant, oder quasi rem monstrant, in
Beziehung auf Nichtgöttliches für accidentia secundum rem erklärt; sondern B. würde sagen, dies sei substantialiter praedicatum.

Will man aber den Verfasser dadurch vertheidigen, daß man sagt,
hier sei accidens nicht das Zufällige, sondern das, was wir Attribut
nennen, so bezüchtigt man denselben großer Verworrenheit; denn es ist
klar, daß er an anderen Stellen dieses Capitels accidens in dem gewöhnlichen Sinne braucht (qualitatem quidem, sed non accidentem).
Bei dem Satze: „nam pars eorum in reliquarum rerum praedicatione
substantia est, pars in accidentium numero est" könnte dies zweifelhaft sein, obgleich unsere Auffassung die wahrscheinlichste ist. Bei der
anderen (angeführten) Stelle aber ist es gewiß, und wenn in dem zuletzt
angeführten Satze die Bedeutung „Attribut" angenommen wird, so ist die
Verwirrung noch größer.

Zu Cap. 5.

Worauf der Verfasser hier hinaus will, ist klar, zumal, wenn wir
den Augustin vergleichen. Es ist dies: Relative Prädicate, wie Vater zc.,
fügen zum Wesen des Subjects nichts hinzu und nehmen nichts hinweg,
sie drücken nur ein Verhältniß desselben und zwar in der Regel, jedoch
nicht immer, zu etwas Anderem (Verschiedenem) aus. Allein eben die
Annahme von relativen Prädicaten in Beziehung auf Gott widerspricht

bem B. Dieſer ſpricht zwar auch ben Satz aus: „in omnium maximo deo quidquid intelligitur, non in eo accidentaliter, sed substantialiter intelligitur, etenim, quae bona sunt, substantialiter de eo, non accidentaliter credimus," bagegen ſieht er ſich nirgenbs veranlaßt, bieſen Satz bahin zu beſchränken, baß er bie Trinität als relatives Präbicat (wie Auguſtin unb unſer Verfaſſer) Gottes faßt. Er weiß eben gar nichts von einer Trinität (de interpret. ed. II. Migne t. LXIV. 416). Merkwürbig iſt auch ber Umſtand, baß B., wo er von ber Kategorie ber Relation ſpricht, unter anberen bas Beiſpiel pater unb filius braucht, aber nicht im Entfernteſten babei ber chriſtlichen Trinitätslehre gebenkt. Wie nahe lag einem chriſtlichen Theologen bei Erörterung bieſer Kategorie ein Blick auf bie Trinitätslehre, nachbem Auguſtin ſie für bie Löſung einer trinitariſchen Frage in Anſpruch genommen hatte, unb mußte nicht B., wenn er ein ſolches chriſtlich = theologiſches Intereſſe hatte, wie es unſer Tractat vorausſetzt, bei ben Beiſpielen pater unb filius an bie Trinitätslehre benken? (cf. Migne LXIV. 228.) Weit entfernt aber, bies zu thun, ſtellt er vielmehr Sätze auf, mit benen bie bamalige Trinitäts- lehre unb, was wichtiger iſt, unſere Abhanblung ſich nicht in Einklang bringen läßt, wie ſich ſogleich zeigen wirb.

Zu Cap. 6.

Ariſtoteles beſinirt (categor. c. 7) bas Relative ausbrücklich als bas, welches als bas, was es iſt, von Anberem ausgeſagt wirb ober wie immer ſonſt in Beziehung zu einem Anberen ſteht (πρός τι δὲ τὰ τοι- αῦτα λέγεται, ὅσα αὐτὰ ἅπερ ἐστὶν ἑτέρων εἶναι λέγεται ἢ ὁπωσοῦν ἄλλως πρὸς ἕτερον). Dieſe Definition präciſirt er ſelbſt alsbann bahin, baß er bas Relative als bas bezeichnet, beſſen Sein mit bem in gewiſſer Weiſe zu etwas ſich Verhalten zuſammenfällt (ἔστι τὰ πρός τι οἷς τὸ εἶναι τ' αὐτόν ἐστι τῷ πρός τί πως ἔχειν). Damit ſoll aber natürlich nicht aufgehoben werben, baß bas Etwas ein Anberes ſein muß. Wenigſtens B. — unb barauf allein kommt es uns an — interpretirt bie Worte ſo: „Atque hoc est, quod ait (Aristoteles): sed sunt ad aliquid (= relativ), qui- bus hoc ipsum esse est ad aliquid quodammodo se habere, ac si diceret: quorum substantia est ad aliquid aliud referri et quae ita sunt, ut ipsa id quod sunt ad aliud referantur, et esse eorum sit ad aliquid aliud referri" (Migne LXIV. p. 236). Dem wiber- ſprechenb ſagt ber Verfaſſer unſeres Tractats: bie relative Ausſage ſei nicht immer ber Art, baß ·ſie in Beziehung auf etwas vom Subject Verſchiebenes präbicirt werbe. Herr unb Diener ſeien freilich verſchieben, aber ſo ſei es bei ber Trinität nicht. Er hatte vorher geſagt, Vater,

8 *

Sohn und h. Geist seien zwar nicht dieselben, aber doch dasselbe.
Hierdurch ist ausgeschlossen, daß der Vater „aliquid aliud" ist, als der
Sohn u. s. w., der Verfasser widerspricht also den Worten des B. Die
Worte aber, mit denen er seinen Satz begründet, sind wahrscheinlich durch
eine Stelle des B. veranlaßt, den der Verfasser ohne Zweifel (sowie den
Augustin) kennt, aber nicht überall verstanden hat. B. führt (a. a. O.
S. 219) als Beispiele relativer Verbindungen, bei welchen das auf-
einander Bezogene mit demselben Worte bezeichnet werde (was z. B.
nicht der Fall ist bei der Verbindung der Correlate Herr und Knecht),
die Sätze an: simile simili simile est; aequalo aequali aequale est (d. h.
nicht etwa: zwei Größen, welche einer dritten gleich sind, sind einander
gleich, sondern einfach: das Gleiche ist dem gleich, welches ihm gleich
ist), ohne natürlich die Vorstellung aufzugeben, daß die beiden einander
ähnlichen oder gleichen Dinge dennoch verschiedene Dinge sind. Der Verfasser setzt hinzu: idem ei, quod est idem, idem est, welches Beispiel
B. nicht gebraucht hatte, reißt jene Sätze aus ihrem ursprünglichen Zusammenhang heraus und verwendet sie, nachdem er selbst einen den
Sinn verändernden Zusatz gemacht, für den Beweis, daß in der Trinität
die Relation sich nicht auf ein Anderes, sondern auf dasselbe, nämlich
Gott, beziehe. Das Verhältniß des Vaters zum Sohne und beider zum
h. Geist sei ein ähnliches, wie das Verhältniß dessen, was dasselbe ist,
zu dem, was dasselbe ist. So zeigt sich also auch hier, daß der angebliche und der wirkliche B. nicht miteinander übereinstimmen.

III. Stil und dialektische Form der Abhandlung.

Wir müssen anerkennen, daß der angebliche Theologe B. in
seiner Schreibart dem Philosophen B. ähnlich ist. Vom Stil eines
Augustin ist dieselbe grundverschieden, schon deshalb, weil dieser sich
eigentlich nie in den trockenen Ton der bloßen Lehrhaftigkeit verliert,
sondern selbst da noch, wo er Schlußkette an Schlußkette reiht, mehr
oder weniger an den Ton des Hymnus anstreift. Ebensowenig erinnert die Diction unseres Verfassers an die jener Väter, die sich
in einer gelassenen, vom hymnischen wie vom syllogistischen Stil
gleich weit entfernten, paränetischen, kirchlich = biblischen Sprache bewegen. Der Stil unseres Verfassers ist vielmehr der scholastische,
der sich durch Nüchternheit, schwerfällige Akribie und Vermeidung

jeglichen Ausdrucks individueller Lebendigkeit auszeichnet. Für diesen
Stil waren die logischen Schriften des B. Vorbild, und Laurent.
Valla hat recht, wenn er sagt: „Boethius nos docuit barbare
loqui." Wir müssen indeß falschen Folgerungen, die man aus jenem
Zugeständniß ziehen könnte, vorbeugen.

Zuerst nämlich ist zu bemerken, daß die gemeinsame scholastische
Färbung an sich gar nicht die Identität der Verfasser zu beweisen
vermag. Von Isidorus Hispalensis bis gegen Ende des Mittelalters
sind unendlich viele Bücher in diesem Stile geschrieben worden; weil
er eines eigenthümlichen Gepräges fast gänzlich unfähig ist und der
Geist dieser ganzen Literatur, deren Absicht ist, fertige kirchliche
Formen durch aristotelische Logik gegen Einwände des reflectirenden
Verstandes sicher zu stellen, im Ganzen derselbe bleibt, so sehen sich
die scholastischen Schriftwerke in stilistischer Beziehung alle einander
sehr ähnlich. Es sind zwar nicht nur die eigentlichen Mystiker, welche
sich von den Banden dieser Sprache frei machten, sondern auch ein
Theil der sogenannten Scholastiker; aber der größte Theil der kirchlichen Schriftsteller jener Jahrhunderte steht unter der Herrschaft der
boethianischen Schreibart. Daß nun unser Verfasser nicht später, als
im achten Jahrhundert, gelebt hat, ist sicher; allein um so begreif-
licher wird, daß er ähnlich schreibt wie B., ohne B. zu sein. Bei
allen derartigen Fragen muß man doch den Canon festhalten: daß
Aehnlichkeiten sich oft eben so gut aus bewußter oder unbewußter
Nachahmung, als aus Identität der Schriftsteller erklären. Zumal
nun in den ersten Jahrhunderten nach dem Zeitalter des B. wurde
dieser von Clerikern, welche einen Zug zur Dialektik in sich spürten,
mehr gelesen, als irgend ein anderer Schriftsteller, seine Schriften
waren rücksichtlich des trivium und quadrivium neben denen des
Cassiodorus und weniger Anderen der Katechismus der Gelehrten.
Man schöpfte die Kenntniß des Aristoteles und Porphyrius fast nur
aus dem B.; wenn man sich deren Methode aneignen wollte, so
studirte man diesen, und leicht konnte es geschehen, daß man sich
dabei auch seinen Stil vollkommen aneignete[1]).

---

[1]) Wie heutzutage viele Latinisten nicht nur im Allgemeinen den Geist der
lateinischen Sprache, wie er im Cicero zur Erscheinung kommt, in sich aufnehmen,
sondern ganz individuell ciceronianische Phrasen für die einzig möglichen und eigentlich classischen Ausdrücke gewisser Gedanken halten.

Daß nun unfer Verfaffer nicht felbft B. ift, fondern diefen nur ftubirt hat, geht aus der Verfchiedenheit der Sprache hervor, die troz der Aehnlichkeit unleugbar ift. B. felbft gehörte kaum noch dem eifernen Zeitalter der römifchen Literatur an. Selbft in feinem Dialoge vom Trofte der Philofophie, der hinfichtlich des Stils fein beftes Schriftwerk ift, finden fich Ausdrücke, Wortformen und Con= ftructionen, die auch Römer, die felbft nicht mehr dem goldenen Zeit= alter der lateinifchen Sprache angehören, als barbarifch bezeichnet haben würden¹). Selbft wenn man die philofophifchen Schul= und Kunftausdrücke abzieht, bleibt viel Unclaffifches übrig, z. B. die Häu= fung abftracter Subftantiva und zügellos gebildeter Adverbien. Allein troz alledem find altrömifche Grundfchichten, Refte antik=claffifcher Sprach= und Denkweife nicht zu verkennen; den B. hat das Stubium des Cicero und der römifchen Dichter über die Barbarei feiner Zeit erhoben und vor dem äußerften Grade des Unclaffifchen bewahrt. Seine Vorreden, z. B. zu den Büchern über die Arithmetik und Mufik, zeigen troz fchwerfälliger und barbarifcher Ausdrücke (z. B. moralitas) noch eine gewiffe römifche Urbanität und überhaupt rö= mifches Bewußtfein. Von allem diefem ift in der Abhandlung de trinitate faft keine Spur vorhanden, während fie an fchiefen und unclaffifchen Ausdrücken²) verhältnißmäßig viel reicher ift, als die ächten Schriften des „letzten Römers". Die nothbürftigften gram= matifchen Kenntniffe fehlen ihrem Verfaffer nicht, aber für das rö= mifche Idiom hat er keinen Sinn, fondern fein Stil erinnert an das Mönchslatein fpäterer Jahrhunderte. In der etwas künftlichen und gefuchten Wortftellung ahmt er allerdings dem ächten B. nach.

Vor Allem aber unterfcheidet er fich von diefem durch die oft geradezu unlogifche Satzverbindung und Gedankenentwickelung. Viel= fach ift es fchwierig, wo der Verfaffer zwei Sätze durch die Parti= keln nam oder igitur verbindet, einzufehen, inwiefern der folgende einen Grund oder eine Folge des vorhergehenden enthält, fo z. B. in dem Satz: In naturalibus igitur rationaliter, in mathematicis disciplinaliter cet. (Cap. 2.) Unmotivirte Verbindungen durch die

---

¹) S. den Nachweis bei Obbarius pag. **XXII** ff.

²) So z. B. in der Vorrede *igniculum* mentis *illustrare*. Feuer kann man wohl anfachen, aber nicht erleuchten. Raris, id est, vobis colloquor, ich rede zu Seltenen, d. h. zu Euch! Quantum — tam, anftatt quanto — tanto.

Caufalpartifel enthält befonders auch Cap. 4¹). B. dagegen hat nicht
umfonft fich vorzugsweife mit dem Organon des Ariftoteles be=
fchäftigt, und man kann nicht behaupten, daß die ariftotelifche Theorie
von den Schlußfolgerungen, die er dargeftellt und commentirt hat,
in feiner Praxis fich nicht bewährt habe. In Verbindung mit diefen
Thatfachen nun erregt ein Umftand Verdacht, welcher, abgefehen von
jenen, für die Aechtheit unferer Abhandlung fprechen könnte. Wir
geben nämlich zu, daß außer der fcholaftifchen Färbung überhaupt
auch viele einzelne Phrafen der Abhandlung an Stellen des B.
erinnern. Vergleicht man die Vorrede zu den Büchern de arithmetica und zu lib. IV. (auch I. und II.) in topica Ciceronis mit
unferem Prolog, fo wird man eine Uebereinftimmung theils einzelner
Gedanken, theils einzelner Ausdrücke bemerken, die fchwerlich zufällig
ift²). Allein dies fpricht in Verbindung mit den oben erwähnten

---

¹) Gleich das erfte nam ift nicht zu erklären; ebenfowenig das zweite u. f. w.

²) In der Vorrede in top. Cic. lib. IV. heißt es: nosti oblatrantis morsus
invidiae, nosti, quam facillime in difficillimis causis *livor* iudicium ferat. Ebenfo
beklagt fich unfer Verfaffer darüber, daß ihm theils callidus *livor*, theils ignava
segnities begegne, welchem letzteren Ausdruck wiederum die Befchwerde (ebendafelbft
lib. II. praef.) entfpricht, daß gewiffe Leute die Uebrigen *sua segnitie* metiuntur,
Andere tantae disciplinae rationem *culcant* (d. h. mit Füßen treten), wofür unfer
Verfaffer feinerfeits das Compofitum proculcare gefetzt hat (proculcanda proiecerit).
— In der praef. ad arithm. lib. I. heißt es: quae ex sapientiae doctrinis elicui;
praef. in top. Cic. lib. I.: ex disciplinarum liberalium sumptum penu. In unferer
Vorrede wird dies nachgeahmt, aber mit einer Uebertreibung: ex intimis sumpta
philosophiae disciplinis. — In der Arithmetik (praef.) fpricht ferner B. von dem
longis tractus otiis labor, unfer Verfaffer von investigata diutissime quaestio. Jener
fagt (ebendaf.), er habe die weitläufige Abhandlung des Nicomachus kurz zufammen=
gefaßt, und braucht die Ausdrücke: moderata brevitate collegi. Pfeudo=Boethius
fagt demgemäß: stylum brevitate contraho (freilich bei ihm hat die Kürze einen
anderen, etwas wunderlichen Zweck, nämlich den nicht Einfichtsvollen das Ver=
ftändniß unmöglich zu machen). — Dort heißt es: vides igitur, ut tam magni laboris effectus tuum tantum spectet examen nec in aures prodire publicas nisi doctae
sententiae astipulatione nitatur .... tu tantum dignus eo munere videbare .... laboris mei primitias doctissimo iudicio consecrabis. Dem entfprechend erwartet der
falfche B. lediglich das Urtheil feines Adreffaten. Einen Theil jener Worte feines
Vorbildes hat er wahrfcheinlich mißverftanden: er feinerfeits will gar fein anderes
Publicum, als feinen (oder feine) Adreffaten, während der wirkliche B. fein Werk
dem Publicum nicht vorenthalten, aber freilich nicht eher vorlegen will, als bis es
durch das zuftimmende Urtheil feines Schwiegervaters gleichfam die Weihe empfangen
haben werde. Wahrfcheinlich ift auch der Ausdruck tam facilior esse debet (die

Differenzen nicht für die Aechtheit unseres Tractats, sondern führt auf die Vermuthung, daß der Verfasser die Vorreden des wirklichen B. studirt hat, um denselben die seinige nachzubilden, vielleicht sogar, um den Leser glauben zu machen, er habe ein Werk des B. vor sich. Wir würden auf jene Uebereinstimmung kein Gewicht legen, wäre sie nicht bei der großen Kürze der Vorrede unserer Abhandlung zu auffallend. Sie erklärt sich aber, wie bemerkt, durch die Annahme, daß ein Anderer, sei es nun mit der Absicht, sein Werk dem B. unterzuschieben, oder ohne diese Absicht, gewisse Vorreden dieses Schriftstellers für sein Werk benutzt hat. Doch würden wir nicht wagen, auf solche Erscheinungen allein, wie es auf anderen Gebieten der Kritik neuerdings zuweilen geschieht, unser Verwerfungsurtheil zu gründen.

IV. Zusammenfassung der gegen die Aechtheit sprechenden Gründe.

Wir haben in dem Vorhergehenden von Stufe zu Stufe neue Gründe entdeckt, welche gegen die Aechtheit unserer Abhandlung entscheiden. Zum Schluß stellen wir noch einmal, was etwa für dieselbe zu sprechen scheint, und das, was diesem gegenüber[1]) steht, zusammen.

Daß nun das Problem, welches sich der Verfasser stellt, in die Zeit des B. allenfalls paßt, soll nicht in Abrede gestellt werden. Allein es läßt sich nicht leugnen, daß es in die folgenden Jahrhunderte eben so gut paßt. Müßte nicht die Schrift, weil sie bereits im achten Jahrhundert citirt wird, für eine spätestens im achten Jahrhundert verfaßte gelten, so könnten wir sie nach jenem Gesichtspunkte in jedes Jahrhundert des Mittelalters setzen.

Achten wir aber auf die Lösung des Problems, so finden wir eine große Abhängigkeit von Augustin; das Neue und Eigene, welches der Verfasser zu dem von diesem Dargebotenen hinzugefügt hat, zeigt

---

Abhandlung) ad veniam (Vorrede zu de trin.) durch die Worte (praef. de arithm.): »apud te facilis veniae locus« veranlaßt, und der etwas gesuchte: »nostri studiosus inveni«, d. h. interessirt für meine Erfindung (auch der Ausdruck inventum findet sich mehrere Male in der genannten Vorrede des B.) durch den entsprechenden: »communis negotii studiosus« (in top. Cic. lib. IV. praef.) hervorgerufen.

[1]) Die Gründe gegen ein christlich-theologisches Schriftthum des B. überhaupt wiederhole ich hier nicht, sondern setze sie voraus.

fich, wie wir fahen, als fehr dürftig. Dem B. ift eine folche Abhängigkeit nicht zuzutrauen. Andererfeits muß freilich jene Anwendung ariftotelifch-neuplatonifcher Logik und jenes rein formaliftifche
Verfahren in der Beweisführung auffallen, wobei zwar auf die fertige Kirchenlehre, aber nicht auf die h. Schrift und die Väter hin-
gewiefen wird. Letzteres fcheint nun für die Aechtheit zu fprechen.
Allein diefe Methode blieb ja nicht Eigenthum des B., fondern fie
ging auf die folgenden Jahrhunderte über; ferner konnte B., voraus-
gefetzt, daß ihm das Intereffe für den Kirchenglauben nicht fehlte,
vermöge feines platonifirenden Gottesbegriffes (der fich aus der
Schrift de consol. ergiebt) zwar allenfalls alexandrinifch-fpeculative
Faffungen der Trinitätslehre, fchwerlich aber die kirchliche des fünften
Jahrhunderts vertreten. In der Anwendung der Kategorieen zeigt der
Verfaffer einerfeits überhaupt eine große Unbeholfenheit, wie wir fie
dem B. nicht beimeffen dürfen, andererfeits widerfpricht er darin
mehrfach direct der nachweislichen Theorie diefes Philofophen, befonders in der Anwendung der Kategorie der Relation, auf welche
ihm gerade am meiften ankommt.

Schon diefe Thatfachen erlauben uns nicht nur, fondern zwingen
uns, jenem die Abhandlung abzufprechen. In Verbindung mit jenen
anderen Gründen verdient aber auch der Umftand Berückfichtigung,
daß fich von einer beftimmten außerhalb der Perfon des Verfaffers
liegenden Veranlaffung zur Abfaffung diefer Schrift, wie fie bei den
Zeitgenoffen des B., welche die kirchliche Trinitätslehre in Schriften
vertheidigten, fich nachweifen läßt, keine Spur findet. Der Verfaffer
polemifirt zwar beiläufig hie und da gegen den Arianismus, hat
aber, wie die Vorrede zeigt, weder Arianern, noch anderen Häretikern
gegenüber geftanden; die Erfteren berührt er nur ein oder zwei Mal
in einer rein antiquarifchen Bemerkung.

Hat nun unfere Abhandlung überhaupt keine praktifche Tendenz,
ift fie vielmehr die Frucht eines rein gelehrten fcholaftifchen Löfe-
verfuchs, fo paßt fie auch weit beffer, als in das fünfte oder fechste,
in fpätere Jahrhunderte, wo Arianismus Name eines überwundenen
alten Syftems, nicht einer noch lebendigen Härefie war[1]).

[1]) Ein franzöfifcher Hiftoriker (du Roure: Histoire de Théodoric le Grand.
Paris 1846. tom. II. pag. 144) behauptet, B. habe feit der Zeit nach 519, kurz,
bevor er (wegen Vertheidigung des römifchen Senats) bei Theodorich in Ungnade

Aber selbst, wenn sich nachweisen ließe, daß die Abhandlung aus der Zeit des B. herrührte, so bliebe doch immer undenkbar, daß dieser sie verfaßt hat. Aus welchem Grunde, brauche ich hier nicht mehr nachzuweisen, da ich bei der Zeichnung der Grundzüge seines Systems gezeigt habe, daß sein Gott nicht der des Christenthums ist und daß seine Theologie mit der kirchlichen Lehre von der Dreieinigkeit nicht vereinbar ist (vgl. ferner meine Bemerkungen zu Cap. 5 und 6).

Die Widmung an Symmachus, den Schwiegervater des B., auf welche sich die Vertheidiger der Aechtheit berufen, stammt offenbar von der Hand eines Späteren und entstand gleichzeitig mit der Annahme, daß B. der Verfasser sei; ihr Urheber war wahrscheinlich ein Abschreiber, der das Werk für ächt hielt und wußte, daß Symmachus der Schwiegervater und Leidensgefährte des B. war, sowie daß er mit diesem in literarischem Verkehr stand; oder, wenn der Verfasser, wie die Compilation seiner Vorrede aus Vorreden des B. anzunehmen allenfalls gestattet, ein falsarius ist, so diente ihm die Aufschrift gleichfalls als Mittel, über den Tractat den Schein zu verbreiten, er habe den B. zum Urheber.

Nun kommen aber viele einzelne Instanzen gegen die Aechtheit hinzu, auf welche wir in den Anmerkungen zu den einzelnen Capiteln aufmerksam gemacht haben. Wir erinnern an die unlogische und unklare Gedankenentwickelung, an welcher die Abhandlung an vielen Stellen leidet, an die wunderlichen Gedanken der Vorrede, an die Thatsache, daß sich der Verfasser den Philosophen fremd gegenüberstellt, endlich an die sonderbaren Bezeichnungen der den einzelnen Theilen der Wissenschaft entsprechenden Arten der Erkenntniß. Auf der anderen Seite ist eine Benutzung des B. von Seiten

fiel und in Verdacht gerieth, sich wirklich dem kirchlichen Interesse zugewandt und — was ihm zuvor fern gelegen — sich in theologischen Schriften zum Kirchenglauben bekannt, ohne Scheu, die (arianischen) Gothen und deren König vor den Kopf zu stoßen. Aber das sind nur Ahnungen und in der Luft schwebende Hypothesen, die auf keinen bestimmten historischen Zeugnissen ruhen. Bald, nachdem B. bei Theodorich in Ungnade gefallen, schrieb er im Kerker das Buch vom Troste der Philosophie, dessen Inhalt der kirchlichen Lehre zum Theil schnurstracks widerspricht. Und kurz vorher soll er als Vertheidiger der Kirchenlehre aufgetreten sein!

des Verfassers sehr wahrscheinlich; allein mehrere Stellen, die auf eine solche hinweisen, erklären sich, wie wir zeigten, am besten, wenn man annimmt, daß der Verfasser gewisse nachweisliche Stellen des B. mißverstanden oder mißbraucht habe.

Endlich ist der Stil des Verfassers von dem des Aniciers verschieden und hat nur die scholastische Färbung mit demselben gemein. B. kann daher nicht für den Verfasser gehalten werden. Alles zusammengenommen, müssen wir den Tractat demselben absprechen. Die einzigen Instanzen, welche diesem Verwerfungsurtheil entgegenstehen, sind die Ueberschriften auf den Handschriften und die Ansicht einiger Theologen aus dem achten und neunten Jahrhundert. Diese beiden Stützen, auf welche die Vertheidiger der Aechtheit allein angewiesen sind, reduciren sich zudem auf eine einzige, insofern sie sich selbst auf einander stützen. Die Aufschrift gründet sich auf die (falsche) Ueberlieferung von einem angeblichen theologischen Schriftthum des B., oder die Annahme eines solchen stützt sich ursprünglich auf irrthümliche Ueberschriften einzelner Codices[1]). Was beweisen nun Zeugnisse aus dem achten Jahrhundert in Betreff eines Schriftstellers aus dem fünften (oder sechsten), wenn, wie es hier der Fall ist, außer ihnen **Nichts für**, **Alles gegen** die Aechtheit spricht, und Zeugnisse aus dem sechsten und siebenten gänzlich fehlen? Cassiodor und Isidor wissen gar nichts von theologischen Schriften des B., und plötzlich tritt im achten Jahrhundert Alcuin mit der Ansicht auf, unsere Abhandlung rühre von B. her. Wir verweisen in dieser Beziehung auf das oben (S. 35 ff) über alle theologische Schriften Gesagte und wiederholen, daß wir den gewichtigen Gründen gegenüber, die wir so eben zusammenstellten, jenen späteren Zeugnissen aus einer kritiklosen Zeit um so weniger Werth beizulegen vermögen, als die Entstehung der Ansicht, die sie vertreten, so unbegründet diese auch ist, dennoch, wie wir sahen, nicht unerklärlich ist (vergl. S. 13 ff. dieser Schrift). In einer Zeit, wo man die Schriften des Pseudo-Dionysius Areopagita für ächt hielt, konnte man sich sehr wohl auch anderen historischen Irrthümern hingeben, und ein solcher liegt hier eben vor.

---

[1]) In Beziehung auf die Ueberschrift stimmen die Handschriften nicht einmal überein. Vgl. die Note des Vallinus zum Exordium der Abhandlung (ed. Lugd. 1671. p. 269).

Die Abhandlung wurde dem für einen christlichen Märtyrer
gehaltenen B. vielleicht zu dem Zweck untergeschoben, ihr Autorität
zu verschaffen; seine scholastische Sprache wurde, so weit es anging,
nachgeahmt, seine Formeln entlehnt, Ausdrücke aus seinen Vorreden
compilirt. Dies ist möglich, freilich nicht gewiß; der Verfasser kann
auch unschuldig an dem später sich verbreitenden Irrthum sein. Daß
aber B. nicht der Verfasser ist, darf nicht länger bezweifelt werden.
Näheres läßt sich nicht angeben, weder die Zeit der Entstehung jenes
Irrthums, noch die der wirklichen Abfassung. In dem achten Jahrhundert muß die Schrift freilich vorhanden gewesen sein.

Zehntes Hauptstück.
Die zweite Abhandlung von der Dreieinigkeit.

Utrum pater et filius ac spiritus sanctus de divinitate substantialiter praedicentur: Ob Vater, Sohn und h. Geist von der
Gottheit wesentlich ausgesagt werden.

I. Inhalt.

Der Verfasser dieser Abhandlung glaubt gleichfalls von der
Grundlage ausgehen zu müssen, welche der katholische Glaube bildet.
Diesem zufolge, bemerkt er nun, müsse die Frage: ob der Vater ein
Wesen sei, bejaht werden, ebenso verhält es sich mit dem Sohn;
auch von dem h. Geist bezweifelt Niemand, daß er ein Wesen sei.
Nimmt man aber alle drei zusammen, so stellt sich heraus, daß sie
nicht mehrere, sondern ein Wesen ausmachen. Das einige Wesen
der Drei läßt sich nun weder irgendwie zertrennen oder spalten,
noch besteht es in einer Verbindung von Theilen zu einem Ganzen;
es ist vielmehr ein schlechthin einiges. Alles also, was von dem
göttlichen Wesen ausgesagt wird, haben die Drei mit einander gemein, und es ist ein Zeichen, daß etwas vom Wesen der Gottheit
gilt, wenn es von den Dreien als einer Einheit und zugleich von
jedem Einzelnen besonders ausgesagt werden kann, wie das Prä-

bicat: Gott. Dieses ist also ein wesentliches. Ebenso ist es mit den Prädicaten: Wahrheit, Güte, Unveränderlichkeit, Gerechtigkeit, Macht u. s. w.

Was dagegen nur von einer einzelnen Person gesagt werden kann, ohne für alle Personen zu gelten, darf nicht als wesentliches Prädicat angesehen werden, es ist vielmehr ein Prädicat anderer Art. So verhält es sich nun mit dem Namen „Vater", der ja auf den Sohn und h. Geist nicht angewandt werden kann; er bildet demnach kein wesentliches Prädicat der Gottheit. Ebenso ist es mit den Namen „Sohn" und „h. Geist". Nur dann wären sie wesentliche Bezeichnungen, wenn sie einem Einzelnen und allen Einzelnen beigelegt würden. Vielmehr werden sie offenbar beziehungsweise (ad aliquid, in Gemäßheit der Kategorie der Relation) auf Gott angewandt; denn der Vater ist doch Jemandes Vater, der Sohn Jemandes Sohn, der h. Geist Jemandes Geist.

Nicht einmal die Dreieinigkeit wird wesentlich von Gott aus- gesagt [denn der Vater ist nicht die Dreieinigkeit, weil er nicht Sohn und h. Geist ist u. s. w.], sondern die Dreieinigkeit beruht auf der Mehrheit der Personen, die Einheit aber auf der Einfachheit des Wesens. Wenn nun die Personen eine Theilung (einen Unterschied) darstellen (divisae sunt), das Wesen aber ungetheilt ist (substantia vero indivisa), so kann eine von den Personen hergenommene Be- zeichnung sich nicht auf das Wesen beziehen. Eine solche Bezeich- nung ist aber die Dreieinigkeit, die ja von der Verschiedenheit der Personen herrührt; die Dreieinigkeit bezieht sich also nicht auf das Wesen. Vater, Sohn, h. Geist und die Dreieinigkeit werden dem- nach von Gott nicht wesentlich, sondern relativ ausgesagt. Dagegen Wahrheit, Gerechtigkeit, Güte, Allmacht, Wesen, Unveränderlichkeit, Kraft, Weisheit und alles dergleichen Erdenkliche wesentlich.

Der Verfasser schließt mit den Worten: „wenn ich recht habe und mit dem Glauben mich in Uebereinstimmung befinde, so bitte ich Dich, mich davon in Kenntniß zu setzen; oder, wenn du etwa in einem Punkte anderer Meinung bist, so betrachte genauer, was ich gesagt habe, und verbinde wo möglich Glauben und Vernunft[1]."

---

[1] «Haec si se recte et ex fide habent, ut me instruas peto, aut si aliqua re forte diversus es, diligentius intuere, quae dicta sunt, et fidem, si poteris, ratio- nemque conjunge.»

II. Unächtheit.

Ueber diesen Tractat haben wir sehr wenig zu bemerken. Er enthält einen einzigen Gedanken, welcher in der sehr kurzen Abhandlung weitläufig genug auseinandergesetzt ist. Neu war derselbe schon zur Zeit des B. längst nicht mehr. Er war weit besser schon von Augustin entwickelt; in der oben von uns beurtheilten anderen pseudoboethianischen Abhandlung über die Trinität ist er gleichfalls enthalten, und sogar diese letztere erscheint, verglichen mit der in Rede stehenden, als gedankenreich. Wie jene erstere einen einzelnen aus Augustin herausgegriffenen Gedanken behandelt, so beschäftigt sich die letztere mit einem einzelnen Gedanken jener, obgleich sich nicht nachweisen läßt, daß sie jünger, als dieselbe, ist und daß der Verfasser dieselbe gekannt hat.

Die meisten Gründe, mit welchen die Urheberschaft des B. bei jener widerlegt wurde, gelten auch für diese, wir wiederholen sie hier nicht. Um indessen wenigstens Einiges zu erwähnen, bemerken wir noch einmal, daß diese ganze Theorie sich mit der Lehre des B. von den Kategorieen nicht verträgt[1]), und daß B. überall in seinen Schriften, wo er von Gott spricht, verräth, daß er von einer Dreieinigkeit nichts weiß. Die älteren Vertheidiger der Aechtheit der beiden Abhandlungen über die Trinität behaupten, — ohne jeden Beweis — dieselben seien im Gefängniß geschrieben. Wird dies nun angenommen, so ist der Widerspruch zwischen ihnen und der Schrift „vom Troste der Philosophie" vollends unbegreiflich. Denn diese letztere ist sicher im Kerker verfaßt. Vorausgesetzt aber auch, dem B. hätte es an christlich-theologischem Interesse nicht gänzlich gefehlt und er hätte die Trinitätslehre in einer Schrift vertheidigt, was ihm, besonders auch nach seiner Schrift vom Troste der Philosophie zu urtheilen, in Wahrheit sehr fern lag, so würde er sich doch gescheut haben, einen der geringsten Gedanken des Augustin (de trinit. lib. V.), der zu seiner Zeit vermuthlich zu den Trivialitäten der Theologie gehörte, ohne Hinzufügung irgend einer neuen eigenen Idee noch einmal auf's Breiteste vorzutragen und zwar, ohne den Augustin zu nennen. Viel wahrscheinlicher ist, daß diese Schrift

---

[1]) Vgl. unsere Bemerkungen zu der vorigen Schrift capp. V. u. VI.

ein dogmatisches Exercitium eines unbekannten Clerikers ist, welcher in einer Zeit und an einem Orte lebte, wo dergleichen Dinge wieder etwas Neues waren.

Ob der Verfasser mit dem, von welchem die erste Schrift de trinitate herrührt, dieselbe Person ist, ist nicht zu entscheiden. Inhalt und Stil sprechen im Allgemeinen dafür. Aber es ist nicht wahrscheinlich, daß jener, wie es in dieser Abhandlung geschehen ist, von einer diversitas der Personen der Dreieinigkeit geredet haben würde. In der Sache stimmen zwar beide Abhandlungen überein; aber vor diesem Ausdruck würde sich der Verfasser der größeren gehütet haben. Die kleinere nun, um die es sich hier allein handelt, soll laut der Ueberschrift an den Diaconus Johannes (I.) gerichtet gewesen sein, welcher später Papst wurde. Diese Meinung entstand vermuthlich gleichzeitig mit der Ansicht, daß die Schrift dem B. ihren Ursprung verdanke. Beide Irrthümer wurden wahrscheinlich theils durch den scholastischen Ton und den formalistischen Charakter, theils noch besonders durch die Schlußworte veranlaßt, in welchen der Verfasser seinen Adressaten auffordert, Glauben und Vernunft zu vereinigen. B. galt nämlich (vgl. S. 13 ff.) in späteren Jahrhunderten neben jenem Johannes für einen Märtyrer des katholischen Glaubens, und man erinnerte sich, so oft man an den B. dachte, zugleich jenes Papstes, der ja gleichfalls und ziemlich gleichzeitig dem Theodorich erlegen war[1]. Beide mußten — so schloß die fromme Phantasie — mit einander in Berührung gekommen sein. Nun kam aber noch ein anderer Umstand hinzu. Weil B. in einer Person ein guter Katholik (nach der Sage) und eine philosophische Autorität war, schien jene Aufforderung, Glauben und Vernunft zu vereinigen, in Niemandes Mund besser zu passen, als in den seinigen. So schrieb man ihm denn eine Abhandlung zu, für die man keinen anderen Verfasser mußte und die man für älter hielt, als sie war. Jede solche logisch-abstract gehaltene Abhandlung über dogmatische Fragen,

---

[1] Die Vertheidiger der Aechtheit machen darauf aufmerksam, daß man eine untergeschobene Schrift nicht an einen Diaconus, sondern an eine angesehenere Person, etwa an einen Papst, adressirt haben würde. Indessen eine absichtliche Unterschiebung behaupten wir ja nicht, sondern ein irrthümliches Zuschreiben. Man hatte freilich die Person des Papstes Johannes in's Auge gefaßt, vermuthete aber, daß er die Schrift vor dem Antritt seines Pontificats abgefaßt haben möge.

in der weder eine Bibelstelle, noch ein Kirchenvater erwähnt war, in der ferner kein unmittelbarer Ausdruck von eigentlich religiösem Gefühl sich vernehmen ließ, erinnerte an die logischen Schriften des B. (mit denen sich die Cleriker der auf das Zeitalter ihres Urhebers folgenden Jahrhunderte viel beschäftigten), wie man in der späteren jüdischen Literatur alle Spruchweisheit gern auf Salomo zurückführte, anderer Analogieen zu geschweigen.

Gegen die Aechtheit spricht unter anderen Gründen auch der, daß B., der sich sicherlich vorzugsweise mit ganz anderen Dingen, als christliche Theologie, beschäftigte und sicher kein Theologe war, schwerlich jene Schlußworte des Tractats an den späteren Papst Johannes gerichtet und diesen aufgefordert haben würde, über dem Glauben die ratio nicht zu vergessen, anstatt sich von ihm ermahnen zu lassen, über seinen philosophischen Studien den Glauben nicht zu vergessen, — eine Ermahnung, deren B. gewiß sehr bedurfte. Hätte der Verfasser, wenn auch in kirchlich = apologetischem oder dogmatischem Interesse, einen entschiedenen und kühnen Schritt in die Philosophie hinein gethan und hätte er dabei das Gefühl haben können, solche Einmischung der ratio möchte seinem geistlichen Freunde vielleicht unzulässig erscheinen, so wäre es allenfalls am Platze gewesen, diesem zu sagen: „man dient oft der Kirche am besten dadurch, daß man die Philosophie, die ratio, in ihre Dienste zieht!" Und in späterer Zeit, wo oft der geringste Versuch, einen Glaubenssatz durch die aristotelische Logik zu stützen, verdächtig erschien, war eine solche Aufforderung, selbst am Schlusse einer solchen Schrift, allenfalls zeit= und sachgemäß. Dagegen hätte zu jener Zeit der spätere Papst Johannes vermuthlich ebenso gut, wie heutzutage wir (und B., wenn er überhaupt kirchlich=literarisches Interesse hatte), gewußt, daß der einzige Gedanke, welchen jener Tractat enthält, ursprünglich von Augustin herrührt; beide mußten ohne Weiteres diesen Gedanken für orthodox halten, und weder konnte der Verfasser, nachdem er ihn auseinandergesetzt hatte, sich gedrungen fühlen, darauf hinzu= weisen, daß man Vernunft und Glauben vereinigen müsse, noch konnte der Empfänger einer solchen Abhandlung diese Aufforderung motivirt finden. Ueberhaupt aber, abgesehen von allem Anderen, war B. jedenfalls viel zu ehrlich, zu selbstständig und zu einsichts= voll, um einem Cleriker, ohne den Augustin zu nennen, eine so bürftige Abhandlung darzubieten, welche, wie dieser hätte erkennen müssen, einem Plagiat einiger Capitel des Augustinus (de trinit. lib. V.) sehr ähnlich sah. Indem ich im Uebrigen auf das zu der größeren Schrift über die Dreieinigkeit Bemerkte verweise, bemerke ich nur noch, daß sich der wirkliche Verfasser dieser Abhandlung ebenso wenig ermitteln läßt, wie der der so eben angeführten. Der Erste, der sie citirt, ist Hincmar von Rheims (vgl. S. 24. Anmerk.). Sie muß also im neunten Jahrhundert vorhanden gewesen sein.

Elftes Hauptstück.

Die Abhandlung: de persona et natura contra Eutychen et Nestorium.

I. Charakter, Inhalt und Abfassungszeit.

Diese dritte Abhandlung ist unter den theologischen Schriften, welche dem B. zugeschrieben werden, offenbar die bedeutendste. Sie ist es zunächst dem äußeren Umfang nach, aber auch in anderer Beziehung ist sie wenigstens der größeren über die Dreieinigkeit überlegen. Obgleich sie nämlich noch subtilere Fragen, als diese, zu beantworten sucht, so ist ihr Verfasser doch seines Stoffes mehr Herr und weiß seine Gedanken klarer auszudrücken, nicht als ob demselben ein tieferer Blick in das Wesen der Sache zugeschrieben werden könnte, ja er hat sich sogar gleichfalls nicht überall von Verworrenheit frei erhalten. Allein eine größere Gewandtheit, als der Verfasser jener Abhandlung, legt er doch an den Tag. Auch die Latinität ist hier wenigstens besser, als dort, und was die in Rede stehende Schrift genießbarer macht, ist einerseits eine Art von sarkastischer Keckheit[1]), andererseits eine etwas größere religiöse Wärme[2]). Die Gedanken

---

[1]) So wird dem Nestorius vorgehalten, die beiden Christi, in welche er die Person des Erlösers spalte, ständen sich viel ferner, als Mensch und Ochs.

[2]) Man darf, um diese zu erkennen, freilich nicht bei dem ersten Theile der Abhandlung stehen bleiben.

selbst zeugen von mehr Selbstständigkeit[1]). Solche Wunderlichkeiten,
wie sie uns in den beiden ersten Abhandlungen begegneten, finden
wir hier nicht; — kurz, die Schrift hat wirklich einigen bleibenden
Werth, was man von den anderen (von dem historischen Werthe
rede ich hier nicht) schwerlich behaupten kann, und wir kommen bei
ihr wenigstens nicht in die Lage, sie von vorn herein für des B.
unwürdig erklären zu müssen. Es ist daher zu verwundern, daß sie
bei den Dogmenhistorikern nicht mehr, sondern weniger Berücksichtigung gefunden hat, als die Abhandlungen über die Dreieinigkeit,
welche, wie die Bücher des Augustin de trinitate zeigen, fast gar
keinen neuen Gedanken enthalten, während uns hier doch wenigstens
einige wichtige neue Begriffsbestimmungen begegnen. Nicht einmal
Schröckh, der nicht leicht etwas übersieht, hat sie einer näheren
Berücksichtigung werth gehalten; und unter den Neueren hat — abgesehen von den Monographen über B. — fast nur Dorner ihrer
einige Erwähnung gethan. Dies erklärt sich allerdings zum Theil
daraus, daß ihre historische Bedeutung insofern gering ist, als sie in
die concreten Verhältnisse und in das Detail der Streitfragen, welche
sie — falls sie aus dem Jahrhundert des B. herrührt — veranlaßt
haben, nicht sehr tief und lebendig eingreift. Der Verfasser macht
sich zwar mit Nestorius und Eutyches zu schaffen, aber er nennt im
Uebrigen keinen Namen eines monophysitischen oder dyophysitischen
Gegners, und seine Abhandlung markirt keine schärfer begrenzte
Phase des langjährigen christologischen Streites[2]); indessen im Verhältniß zu ihren vermeintlichen Schwestern hätte sie mehr Aufmerksamkeit verdient. Ob sie aber in Wahrheit in die Zeit des B. zu
setzen ist, besonders aber, ob sie den B. zum Verfasser hat, sind
Fragen, die erst noch erörtert werden müssen.

Sie gehört, ihrem Prolog und ihrem Thema nach zu urtheilen,
in die Zeit der monophysitischen Streitigkeiten, d. h. in die Zeit nach

---

[1] Dies gilt allerdings mehr von dem ersten allgemeinen Theil, zum Theil
aber auch von dem zweiten, der auch, wo der Verfasser vollkommen mit der Kirchenlehre übereinstimmt, doch wenigstens eigenthümliche Combinationen zeigt.

[2] Zum Theil kommt dies freilich vielleicht daher, daß zur Zeit ihrer Abfassung (nicht erst im 6. Jahrh., vgl. unten) die Hauptgegensätze sich noch nicht,
wie später, in eine Menge von speciellen Fragen gespalten hatten.

dem ökumenischen Concil von Chalcedon (451); dieser terminus a
parte ante steht für ihre Abfassungszeit fest; denn nicht nur Nestorius,
sondern auch Eutyches gilt in der ganzen Abhandlung als bereits
kirchlich verurtheilt. Nähere Zeitbestimmungen dagegen sind schwierig.
Indem wir die Verhältnisse, unter denen die Schrift verfaßt wurde,
im Folgenden darzulegen versuchen, setzen wir voraus, daß dieselbe
keine absichtliche Fälschung enthält[1]). Dazu ist in der That kein
Grund vorhanden. Die in derselben erwähnten Umstände haben
durchaus nichts Unwahrscheinliches, die angebliche Veranlassung der
Schrift ist eine sehr wohl denkbare; der ganze Ton macht nicht den
Eindruck künstlicher Nachahmung und tendenziöser Fälschung. Nun
erzählt[2]) uns der Verfasser, er habe in einer Versammlung den
Brief eines Bischofs vorlesen hören, und in diesem sei der Gegensatz der Kirchenlehre und des Eutychianismus so ausgedrückt gewesen:
die Anhänger des letzteren ließen sich den Ausdruck: „Christus besteht
aus zwei Naturen," gefallen; daß er aber auch in zwei Naturen
bestehe, leugneten sie, während die katholische Kirche beides glaube.
Dann fährt er fort: „cujus dicti novitate percussus" u. s. w. Es
ist ihm also damals entweder der ganze Streit oder doch diese Fassung des Differenzpunktes neu gewesen; denn er sagt, er sei von
der Neuheit dieses Ausspruches betroffen gewesen[3]). Wir wollen
zu seinen Gunsten annehmen, daß das Letztere der Fall war, d. h.
daß ihn eben nur diese Formulirung des Streitpunktes überrascht

---

[1]) Eine solche enthält wohl nicht einmal die Ueberschrift, welche den B. zum
Verfasser, den Diaconus Johannes zum Adressaten macht; ob diese aber trotzdem
auf einem Irrthum beruht oder nicht, ist eben die Frage.

[2]) »Meministi enim, quum in concilio legeretur epistola, recitatum, Eutychianos
ex duabus naturis Christum consistere, confiteri; in duabus, negare: catholicos vero
utrique dicto fidem praebere; nam et ex duabus eum naturis consistere et in duabus apud verae fidei sectatores aequaliter credi. Cujus dicti novitate percussus,
harum conjunctionum, quae ex duabus naturis vel in duabus consisterent, diffe-
rentias inquirebam, multum scilicet referre ratus, nec puto inerti negligentia praete-
reundum, quod episcopus, scriptor epistolae, tanquam valde necessarium praeterire
noluisset.« etc.

[3]) Selbst, wenn man den Ausdruck novitas nicht subjectiv faßt, so daß er
ausdrückt, das dictum sei dem Verfasser neu gewesen, sondern objectiv, so daß
er bezeichnet, daß jenes dictum an sich ein novum atque inauditum sei, so würde
doch der Ausdruck percussus unsere Folgerung rechtfertigen.

habe. Für unsere Folgerung ist übrigens ziemlich gleichgültig, welches von beidem gemeint ist. Es muß uns nämlich unter allen Umständen in Verwunderung setzen, daß dem Verfasser erst jetzt bekannt geworden ist, daß der Gegensatz der monophysitischen[1]) und (kirchlich) dyophysitischen Partei in jenen beiden Formeln (einerseits nur ex, andererseits ex und in duabus naturis) sich ausdrückte. Schon vor dem chalcedonischen Concil war dieser Gegensatz der Art, daß er in diesen Formeln seinen Ausdruck fand, obwohl freilich schon das bloße ex das äußerste Zugeständniß der (cyrillisch = eutychianischen) monophysitischen Partei war. Vollends nun um die Zeit jenes Concils spielen diese Präpositionen als charakteristische Merkmale der beiden sich gegenüberstehenden Auffassungen eine so wichtige Rolle, daß ihre Bedeutung Keinem, der an den kirchlichen Streitigkeiten jener Zeit irgendwie theilnahm, entgehen konnte[2]). Wenn nun jene Fassung des Gegensatzes dem Verfasser noch neu ist, so muß entweder die veranlassende Ursache seiner Schrift (d. h. eben jene Versammlung, in welcher der erwähnte bischöfliche Brief verlesen wurde) in die Zeit unmittelbar nach dem chalcedonischen Concil[3]) gefallen sein, oder er selbst stand den kirchlichen Händeln wie ein Privatgelehrter überhaupt so fern, daß man aus dem Thema seiner Schrift und der Art der Behandlung dieses Themas nicht im Entferntesten auf das, was vor ihm und um ihn geschah, d. h. auf die gleichzeitigen kirchlichen Streitigkeiten und brennenden Fragen, folglich nicht auf die Zeit der Abfassung der Schrift, schließen kann.

Es ist nicht denkbar, daß vierzig bis sechszig Jahre nach 451 die eigentliche Quintessenz der chalcedonensischen Beschlüsse, welche, seitdem sie gefaßt waren, das Schiboleth der kirchlichen Partei und die Zielscheibe der monophysitischen Angriffe wurden, einem römischen Theologen, ja einem Laien, der sich einigermaßen für die kirchlichen

---

[1]) Wir bedienen uns dieses Ausdrucks im allgemeinen Sinn, ohne speciell die nachchalcedonensischen Monophysiten zu meinen.

[2]) Vgl. Dorner, 2. Th. 2. Aufl. S. 125 ff.

[3]) Der berühmte Brief Leo's an den Flavian, in welchem die in Rede stehende Formel der Eutychianer gleichfalls vorkommt, wurde sehr bald überall in der katholischen Welt bekannt, selbst unter Laien. Vgl. die Note des Chiffletius im Anhang zu seiner Ausg. der WW. des Vigilius Tapsensis (Divione 1664. p. 84).

Fragen interessirte, noch neu sein konnte, so daß er damals noch
erst der Kenutnißnahme von dem Inhalte eines solchen Briefes bedurfte, um auf jene Formeln aufmerksam zu werden. Einem Fulgentius von Ruspe z. B. sind diese Formeln nichts weniger als neu
(cf. de trin. ad Felicem cap. 5).

Wir halten daher für wahrscheinlich, daß die Abhandlung bald
nach dem Chalcedonense[1] verfaßt ist; denn uns für die andere
Seite der Alternative zu entscheiden, haben wir keinen Grund. Wir
haben zwar schon oben bemerkt, daß der Verfasser nicht sehr lebendig
in die momentanen Zeitfragen eingreift, es ist in seiner Schrift keine
bestimmte Phase des Streites ausgeprägt, er beruft sich nicht ausbrücklich auf Leo oder andere Urheber und Vertreter der chalcedonischen
Schlüsse. Allein er ist doch so weit bekannt mit den Einwürfen der
Eutychianer und Nestorianer, erklärt sich so vielfach gegen die land-
läufigen Formeln, welche man beiden Parteien im Laufe des Streites
andichtete, bedient sich so oft bei der Bekämpfung jener Häresen der
bei den Vertretern der Kirchenlehre üblichen Analogieen, stimmt überhaupt im Allgemeinen so sehr mit den übrigen Vertheidigern des
Chalcedonense, z. B. Vigilius von Tapsus, überein, daß wir ihn
nicht für einen dem Kampfplatz ganz fern stehenden theologischen
Dilettanten-halten dürfen. Daß er aber jene gröbere, allgemeine
Fassung der Antithese zum Text seiner Abhandlung macht, daß er
nicht etwa gegen später hervorgetretene feinere Nuancirungen des
Monophysitismus, z. B. speciell gegen Severianer oder Julianisten,
auftritt, dieser Umstand spricht eben für eine frühzeitigere Abfassung.
Gegen diese unsere Ansicht, welche unten noch weitere Begründung
finden wird, scheint nun freilich Einiges zu sprechen, was Suttner
(a. a. O. S. 17), zum Theil in Uebereinstimmung mit Aelteren, die
gleich ihm B. für den Verfasser der Schrift halten, neuerdings gel-

---

[1] Martianus Rota (cf. Migne patrol. curs. compl. tom. 63. p. 546) meint,
der erwähnte Brief eines Bischofs sei der bekannte Brief Leo's an Flavian selbst
(vgl. Dorner a. a. O.). Dies ist nicht gerade unmöglich, hat wenigstens nicht
mehr gegen sich, als die sogleich zu erwähnende Hypothese des Ballinus. Der
Brief des Leo konnte sehr wohl zu Rom in einer Versammlung vorgelesen werden.
Was dagegen Martianus Rota von der Zeit der Geburt des B. sagt, ist unhaltbar. Dies kümmert uns aber nicht, weil wir den B. nicht für den Verfasser der
Schrift halten.

tend gemacht hat. Wir sind mit der Behauptung des genannten Gelehrten einverstanden, daß der Verfasser „in einer Zeit lebte, wo römische Sprache und Sitten noch lebendig waren," und daß derselbe Kenntniß der griechischen Sprache verräth. Aber daraus folgt sehr wenig, und beides paßt noch besser, wenn wir den Verfasser für älter, als B. halten, als wenn wir ihn in die Zeit des letzteren setzen oder gar B. für den Verfasser halten. Daß „die Behandlung eines Dogmas auf dialectischem Wege zur Zeit des Verfassers etwas Neues war, und eine lateinische Terminologie dazu aus dem Griechischen erst noch zurechtgebildet werden mußte," ist nur halb wahr, würde übrigens, wenn es wahr wäre, gleichfalls für unsere Ansicht sprechen. Solche das gewöhnliche Maß kaum überschreitende Kenntniß der griechischen Philosophie, besonders der des Aristoteles, wie sie der Verfasser verräth, ist der lateinischen Kirche nicht erst durch B. zugänglich geworden. Es bedurfte kaum eines Mehreren, als eines Studiums der griechischen Kirchenväter und des Augustin, um die griechische Philosophie so weit zu kennen, wie der Verfasser sie kennt. Die technischen Ausdrücke, deren er sich bedient, und die er freilich schärfer faßt, als es gewöhnlich geschah, wie ὑπόστασις, φύσις, πρόςωπον, οὐσία, waren sämmtlich schon während, ja vor der Zeit der arianischen Streitigkeiten im Gebrauch gewesen. Am wenigsten läßt sich behaupten, daß Aristoteles „allein durch B. bekannt geworden wäre"; dies paßt auf die ersten Jahrhunderte des Mittelalters, wo die philosophische Bildung wieder gleichsam von vorn anfangen mußte, aber nicht auf das fünfte (und sechste) Jahrhundert. Unter den Arianern gab es Aristoteliker genug und durch Vermittelung der Neuplatoniker und älteren griechischen Kirchenväter war vieles Aristotelische in die philosophische und kirchliche Schulsprache übergegangen, wenn man auch behaupten darf, daß eine gründliche Kenntniß der aristotelischen Logik erst durch B. wieder angebahnt wurde. Uebrigens hat man von dem Aristotelismus unserer Abhandlung eine übertriebene Vorstellung. Von den meisten Definitionen, welche sie enthält, weiß der Stagirite nichts[1]) und ebenso-

---

[1]) So kommt z. B. ὑπόστασις in der Bedeutung, in der es bei unserem Verfasser vorkommt, bei Aristoteles und überhaupt bei den griechischen Philosophen nirgend vor. Der Begriff ist freilich aristotelisch.

wenig sein Dolmetscher B. Daß dieser am wenigsten sich so verächtlich über Aristoteles aussprechen würde[1]), wie es der Verfasser
thut, davon weiter unten[2]).

Nun hat aber Vallinus eine von einigen Neueren[3]) vertheidigte
allerdings scharfsinnige Hypothese aufgestellt, welche unsere Behauptung zu widerlegen scheint. Vallinus will nämlich in einem Schreiben
der vom Kaiser Anastasius verfolgten griechischen Bischöfe, welches diese
im Jahre 512 an den Papst Symmachus richteten, jenen Brief wieder-
gefunden haben, durch dessen Vorlesung in einer öffentlichen Versammlung der Verfasser, wie er im Proömium sagt, zum Nachdenken
über die christologische Streitfrage und mittelbar zu unserer Abhandlung angeregt worden ist. Jenes Sendschreiben griechischer Bischöfe
soll mit unserer Abhandlung so viel Verwandtschaft haben, durch so
viele Gedanken und Ausdrücke an dieselbe erinnern, daß die Identität der beiden Briefe nicht bezweifelt werden könne. Wir wagen
sie dennoch zu bezweifeln. Vergleicht man nämlich den genannten
Brief[4]) mit unserer Abhandlung, so findet man allerdings einige
Anklänge[5]). So weit aber solche vorhanden sind, erklären sie sich
aus der Identität des behandelten Themas und sind durchaus nicht
auffallend. Wörtlich übereinstimmende Sätze finden sich gar nicht;
die Aehnlichkeiten aber, welche wirklich vorhanden sind, finden kaum
weniger zwischen unserer Abhandlung und jeder beliebigen Schrift,
welche in jenem Jahrhundert in Sachen des monophysitischen Streites
geschrieben ist, statt. Was beweist z. B. der Umstand, daß die seit
langer Zeit für die Differenz charakteristischen Präpositionen in und
ex auch in diesen beiden Schriften vorkommen? Was beweist die
beiderseitige Bemerkung, daß die Kirchenlehre den Nestorianern und

---

[1]) Mit den Worten: Aristoteles caeterique eiusmodi et multimodae philosophiae sectatores (Cap. I.) würde B. sich selbst verspotten.

[2]) Es handelt sich hier noch nicht um den Beweis, daß B. der Verfasser
nicht sein könne, sondern um den Beweis, daß der Verfasser älter, als dieser,
sein könne.

[3]) So Baur und Suttner.

[4]) Mansi VIII. pag. 221—226.

[5]) Welche Baur (p. 35 ff.) und Suttner sorgfältig zusammengestellt haben.
Wir bemerken ausdrücklich, daß außer den von beiden ziemlich übereinstimmend
zusammengestellten ähnlichen Stellen der Brief und unsere Abhandlung gar keine
Aehnlichkeit miteinander haben.

Eutychianern gegenüber die richtige Mitte halte? Derselbe Gedanke findet sich, um nur ein Beispiel anzuführen, in der Schrift des Vigilius Tapsensis[1]), und wie man zwischen dieser und unserer Abhandlung deshalb noch keine nähere Beziehung statuiren darf, weil in beiden der Satz vorkommt (S. 19. Joh. 3, 13): „nemo ascendit in coelum, nisi qui de coelo descendit" (vgl. unsere Abhandlung cap. 5 fin.), ein Satz, auf den sich ein Theil der Monophysiten für ihre Behauptung eines unmittelbar himmlischen Ursprunges des Fleisches Christi berief: ebensowenig folgt aus jenen Sätzen eine Abhängigkeit unserer Abhandlung von jenem Briefe der griechischen Bischöfe.

Was vollends die Hypothese von der Identität beider Briefe geradezu als unhaltbar erkennen läßt, ist Folgendes. Jener Brief wurde von einer Mehrzahl von griechischen Bischöfen an Symmachus gerichtet; in unserer Abhandlung ist von dem Schreiben eines Bischofs die Rede. Nun meint man zwar, damit wäre der Concipient bezeichnet, der im Namen jener griechischen Bischöfe geschrieben habe. Allein diese Annahme ist sehr gezwungen; es wäre nicht viel anders, als wenn man den Inhalt gewisser Briefe des Apostels Paulus als Meinung nicht sowohl dieses Apostels, als vielmehr dessen betrachten wollte, dem er dictirt hat. Daß der in unserer Abhandlung erwähnte Brief ursprünglich griechisch abgefaßt gewesen und dadurch die genaue Prüfung griechischer Ausdrücke von Seiten des Verfassers veranlaßt worden sei, ist rein aus der Luft gegriffen.

Die Richtigkeit der Hypothese des Ballinus läßt sich also nicht nur nicht beweisen, sondern sie hat sogar positive Bedenken gegen sich; sie kann uns daher an unserer Vermuthung nicht irre machen, daß die Abhandlung bald nach den chalcedonensischen Beschlüssen abgefaßt worden ist.

Nach diesen allgemeinen Betrachtungen müssen wir aber theils zur Charakterisirung der Abhandlung an und für sich, theils um der Frage nach dem Verfasser willen, näher auf deren Inhalt eingehen.

---

[1]) Longe separati estis, *in medio* est via, quam reliquistis. Sabellius und Arius, die Manichäer und Photinus, Nestorius und Eutyches werden darauf aufmerksam gemacht, daß sie sich gegenseitig widerlegten, und die Wahrheit die in der Mitte liegende Kirchenlehre sei. Contra Eutych. lib. II. cap. 3. ed. Chifflet. pag. 15.

II. Der chriſtologiſche Standort des Verfaſſers.

Der Verfaſſer will hauptſächlich den Eutyches widerlegen und die Kirchenlehre gegen ihn vertheidigen, wendet ſich indeſſen in der That nicht minder gegen den Neſtorius, und zwar behandelt er nicht nur den Neſtorianismus, ſondern auch den Eutychianismus, welcher nach ſeiner kirchlichen Verwerfung im Verlauf des monophyſitiſchen Streites noch bedeutende Variationen und Modificationen erlitt, wie fertige Syſteme, ebenſo die katholiſche Chriſtologie. Demgemäß hält er ſich lediglich an das Allgemeine, welches beide Häreſen, in welchen verſchiedenen Geſtalten ſie auch zu verſchiedenen Zeiten auftraten, nie verleugneten. Dabei erhält er ſich, gleich allen orthodoxen Kirchen= vätern ſeiner Zeit, in der Darſtellung derſelben nicht frei von Ueber= treibungen, und legt ihren Urhebern zum Theil Sätze in den Mund, welche ſie wahrſcheinlich nie ausgeſprochen haben[1]). Betrachten wir nunmehr das Einzelne.

1. **Allgemeine Definitionen. Die Begriffe: Natur und Perſon** (Cap. 1—3).

Mit gutem Grunde geht er von ſcharfen Begriffsbeſtimmungen aus und erklärt ſich, ehe er in die chriſtologiſche Frage ſelbſt eintritt, darüber, was er unter „Natur“ und „Perſon“ überhaupt verſtehe. Zwar kann man nicht ſagen, daß er ſich nachher wirklich überall genau an die aufgeſtellten Definitionen hält und ſeine Sätze (auch nur, ſo weit dies möglich war) lediglich aus dieſen entwickelt; allein in Folge ſeines Strebens, alle logiſch möglichen Fälle nach dem Satze „divide et impera“ zu erſchöpfen, herrſcht doch im Ganzen Methode in ſeiner Abhandlung.

Zunächſt handelt es ſich um den Begriff „Natur“. Von dieſem nun giebt uns der Verfaſſer (cap. 1) nicht weniger als vier Erklä= rungen: Natur, ſagt er, ſchreibt man entweder allem Seienden zu, „allen Dingen, denen irgendwie ein Sein beigelegt wird“ (Sub= ſtanzen und Accidentien), oder allen Subſtanzen (körperlichen und unkörperlichen), oder in engſter Begrenzung nur den Körpern. Dem= nach kommt Natur entweder allen Dingen zu, welche ſind und irgend= wie durch den Verſtand begriffen werden können; oder man verſteht

---

[1]) Vgl. Dorner, Entwickl. der L. v. d. Perſ. Chriſti. Th. II. 2. Aufl. S. 132.

barunter: was thun ober leiben kann (facere ober pati, Einwirkung ausüben ober erleiben), ober — das Princip der Bewegung, welches einem Wesen an sich, nicht per accidens innewohnt, heißt seine Natur[1]). Dazu kommt noch die letzte Erklärung: Natur ist die jeglichem Dinge eine bestimmte Form (Seinsweise) aufdrückende specifische Differenz[2]). In der christologischen Terminologie, bemerkt nun der Verfasser, rede man von Natur im Sinne der letzten Definition, man verstehe barunter die specifische Differenz.

Dann wird (cap. 2) der Begriff „Person" bestimmt und zwar durch Vergleichung mit dem Begriff „Natur" in Gemäßheit der obigen ersten Definition. Zunächst hebt der Verfasser hervor, daß „Person" ein engerer Begriff[3]) sei, als „Natur" (b. h. Existenz im concreten Sinn, denn dies versteht der Verfasser offenbar unter Natur in jener weitesten Bedeutung). Alles, was Person ist, muß ein existens sein[4]), nicht umgekehrt. Der Begriff „Person" steht also dem

---

[1]) »Natura est motus principium, secundum se, non per accidens.« cf. Aristot. phys. II, 1. (Brandis, Aristot. und seine akademischen Zeitgen. S. 663.)

[2]) »Unamquamque rem informans specifica differentia.«

[3]) Dies und nichts Anderes liegt in den Worten: »praeter naturam non potest esse persona.« Sollte Herr Dr. Dorner bei seinen kritischen Bemerkungen (S. 188) auch den B. im Sinne gehabt haben, so könnte ich nicht ganz mit der Auslegung des verehrten Mannes übereinstimmen. Wenn Pseudo-B. ferner sagt: »videmus personam in accidentibus non posse constitui ... relinquitur ergo, ut personam in substantiis dici conveniat,« so hat man dabei wiederum an die Kategorieen des Aristoteles zu denken, und der Sinn ist: nur was unter die Kategorie der Wesenheit (Substanz) fällt, kann persönlich subsistiren; dagegen kann Nichts, was unter die Kategorieen der Qualität, Quantität u. s. w. fällt (diese alle zusammen heißen, der οὐσία (Wesenheit) gegenüber, συμβεβηκότα ober accidentia), persönlich gedacht werden (vgl. das Beispiel des Pseudo-B.: nigredo etc.). Pseudo-B. redet hier noch gar nicht von der Person und den Naturen Christi. Nach Trendelenburg (Gesch. der Kategorieenlehre. Berlin 1846. und Elem. log. Aristot. adnot. ad §. 3. edit. IV.) sind die Kategorieen des Aristoteles grammatischen Ursprungs. Die ersten vier (οὐσία — Substanz, ποσόν — Quantität, πρός τι — Relation, ποῖον — Qualität) entsprechen nach ihm den Substantiven, Adjectiven und Zahlwörtern, die vier letzten (κεῖσθαι — verb. intransit., ἔχειν — griech. Perfect., ποιεῖν — Activum, πάσχειν — Passivum) den verschiedenen Gattungen des Verbums u. s. w. Unser Verfasser scheint in der That hier nichts Anderes sagen zu wollen, als daß nur Substantivbegriffe Personalbegriffe sein können.

[4]) Wir können nicht sagen: Wesen, denn die accidentia (Bestimmungen, Eigenschaften) sind hier noch miteingeschlossen.

Begriff „Natur" wie Artbegriff dem Gattungsbegriff gegenüber. Die
Begrenzung des letzteren, welche behufs Feststellung des Begriffs
„Person" nunmehr vorgenommen wird, nimmt aber folgenden Gang.
Zuerst werden die Accidentien (bloße Eigenschaften im Gegensatz zu
den Trägern derselben)[1] ausgeschlossen, solche können (z. B. das
Weißsein) nie Personen sein, sondern nur die Substanzen. Der
Begriff Person deckt sich also nicht mit dem Begriff Natur im weitesten Sinne (erste Definition); denn im weitesten Sinne genommen
schließt derselbe auch die Accidentien in sich. Aus den Substanzen
aber (welche an sich körperlich oder unkörperlich sein können) werden
die nichtlebenden, aus den lebenden die bloß lebenden, nicht zugleich
empfindenden, aus den zugleich empfindenden die unvernünftigen aus-
geschieden. Unter den vernünftigen endlich wird die von Natur unveränderliche und unleidensfähige (Gott) von denen, welche, weil
geschaffen, an sich veränderlich und leidensfähig sind, unterschieden
(Engel und vernünftige Seelen). Das Resultat ist demgemäß, daß
nur vernünftige Substanzen, d. h. Gott, Menschen und Engel, Personen sein können. Nun werden die Substanzen aber noch nach
einem anderen Eintheilungsgrund unterschieden. Wie Aristoteles erste
und zweite Wesenheit unterscheidet, d. h. einerseits Eigennamen und
Individualnamen überhaupt, andererseits Gattungsnamen: so unterscheidet der Verfasser particuläre und universale Substanzen. Letztere
(wie Mensch, Thier als Gattungsnamen) können als allgemeine Begriffe nicht Person sein, sondern nur erstere (wie Cicero, Plato,
dieser Mensch).

Als Ergebniß der angestellten Vergleichung wird schließlich
(cap. 3) folgende Definition aufgestellt: persona est naturae rationalis individua substantia, Person ist ein vernünftiges Wesen, insofern es als Individuum subsistirt[2].

---

[1] In der aristotelischen Kategorieenlehre (vgl. Brandis a. a. O. S. 379),
welche sich der Verfasser ohne Zweifel in diesem Punkte aneignet, heißen die neun
Kategorieen, welche der Kategorie der Substanz (ουσία) gegenüberstehen, συμβεβηκότα, accidentia. Letzterer Ausdruck hat also hier nicht ganz die später gewöhnliche
Bedeutung.

[2] Wollte man die Worte ohne Rücksicht auf den Zusammenhang interpre-
tiren, so würde man versucht sein, in den WW. individ. subst. den Hauptbegriff,
dagegen in den WW. rat. nat. lediglich eine nähere Bestimmung zu erblicken. Der

Das Eigenthümliche der „Wesen", welche Personen sind, besteht also darin, daß sie vernünftig sind und als Individuen existiren. Auf diese Begriffsbestimmung folgt nun eine etymologische Er- klärung des Ausdrucks „Person" und eine Vergleichung desselben mit den entsprechenden griechischen Bezeichnungen. Die Bezeichnung persona, bemerkt der Verfasser, sei scenischen Ursprungs und komme von personare, sonus her; sie entspreche dem griechischen πρόςωπον, und die Bedeutung des Terminus erkläre sich daraus, daß auf dem Theater die Larven (personae, πρόςωπα) immer bestimmte menschliche Individuen repräsentirten. Uebrigens sei der theo- logische Gebrauch des Wortes lediglich eine Folge der Armuth der lateinischen Sprache. Dem Begriffe weit adäquater sei der griechische Ausdruck ὑπόστασις; das nämlich sei ὑπόστασις, woran eine Wesen- heit zu realer Existenz gedeihe. Wesenheiten [οὐσίαι] könnten zwar auch im Allgemeinen [ἐν τοῖς καθόλου] (irgendwie) ein Sein haben [εἶναι δύνανται], reale Subsistenz [ὑφίστανται] aber nur in Indi- viduen. Daher heißen particulär (individuell, einzeln) subsistirende Wesen mit Recht ὑποστάσεις[1]).

Nun wird aber, fährt der Verfasser fort, diese Bezeichnung lediglich auf vernünftige Individuen angewandt, während unvernünf- tige Thiere doch nicht minder als Individuen das Wesen der Gat- tungen zu realer Existenz bringen. Das entsprechende lateinische Wort (substantia) wird auch keineswegs nur auf die vernünf- tigen Individuen angewandt. Jener griechische[2]) Sprachgebrauch

Zusammenhang läßt indessen diese Auffassung nicht zu. Naturae rationalis indiv. subst. kann hier nicht heißen: ein Individuum vernünftiger Natur, d. h. von ver- nünftiger Beschaffenheit, auch nicht: ein Individuum von der Zahl oder aus der Mitte der Vernunftwesen. Denn die ganze Stelle lautet: »Quocirca si persona in solis substantiis est, atque in his rationalibus [substantiaque omnis natura est] nec in universalibus sed in individuis constat, reperta personae est igitur definitio: per- sona est naturae rationalis individua substantia. Eine rationalis natura ist z. B. der Mensch, dies ist aber zunächst ein Gattungsbegriff und in diesem Sinne ist der Mensch keine Person, dagegen „Cato" ist eine Person, denn er stellt jenen Gattungsbegriff concret und individuell dar.

[1]) Quum ipsae subsistentiae in universalibus quidem sint, in particularibus vero capiant substantiam, jure subsistentias particulariter substantes ὑποστάσεις appellaverunt.

[2]) Man sieht, wie schwer es dem Verfasser wird, seine Behauptung, der griechische Ausdruck sei dem Begriff adäquater, als der Lateinische, aufrecht zu er-

nun erklärt sich nach der Meinung des Verfassers daraus, daß man für die höheren, ausgezeichneten Wesen (im Unterschied von den Thieren u. f. w.) einen besonderen Namen habe fixiren wollen, obgleich der Begriff des ὑφίστασθαι bei Thieren und vernünftigen Wesen derselbe sei; daher verstehe man unter Hypostasen nur Vernünftige Individuen. Zum Schlusse zeigt der Verfasser, wie die

---

halten. Uebrigens ist diese Stelle deshalb sehr interessant, weil sie uns einen Wink giebt, wie wir die auffallende Thatsache zu erklären haben, daß ὑπόστασις, welches Wort bis zum vierten Jahrhundert nicht in dem Sinn von persona, sondern, wenn man so will, als Synonymum von οὐσία (substantia) gebraucht wurde, in diesem Jahrhundert allmählich die entgegengesetzte Bedeutung erhalten konnte. Daß es bis dahin und zwar noch im vierten Jahrhundert selbst = οὐσία gebraucht wurde, beweisen zahlreiche Beispiele bei Petav. (theol. dogm. tom. II. de trinit. lib. IV.), so lesen wir z. B. in einem Schreiben der Synode von Sardica (vom J. 347?), einer Synode, die sich ausdrücklich auf den Boden des nicänischen Concils stellt (vgl. Theodoret. h. eccl. II, 6), folgende Worte: μίαν εἶναι ὑπόστασιν τοῦ πατρὸς καὶ τοῦ υἱοῦ καὶ τοῦ ἁ. πν. als Ausdruck der orthodoxen Kirchenlehre. Bei Profanscribenten kommt gleichfalls das Wort vor dem vierten Jahrhundert nie in der späteren Bedeutung vor. Der Begriff, den ihm unser Verfasser beilegt, entspricht ziemlich genau dem Begriff des aristotelischen ὑποκείμενον oder οὐσία (dieses letztere hat bei Aristoteles theils die Bedeutung: Wesen — dem kirchlichen Sprachgebrauch entsprechend — theils die entgegengesetzte: Subject, vergl. Trendelenburg a. a. O.), d. h. Träger von Prädicaten, Bestimmungen, Eigenschaften (im Gegensatz zu συμβεβηκότα im logisch-grammatischen Sinn). In diesem Sinn fand es im vierten Jahrhundert seinen Weg in die theologische Terminologie. Dies ist wahrscheinlich daraus zu erklären, daß man weder οὐσία, welches Wort bereits in der entgegengesetzten Bedeutung (= Wesen, substantia) fixirt war, noch ὑπόθεσις (dieses Substantivum würde dem Verbum ὑποκεῖσθαι — bekanntlich als perfect. passiv. von ὑποτιθέναι im Gebrauch — genau entsprochen haben), welches in der Bedeutung „Hypothese" fixirt war, für jenen Begriff in Anwendung bringen wollte und konnte. Man bediente sich aus diesem Grunde des verwandten Wortes ὑπόστασις, und dieses verlor auf diese Weise seine frühere (gerade entgegengesetzte) Bedeutung. Daß dasselbe nun von unserem Verfasser richtig erklärt wird und folglich ursprünglich nichts Anderes bedeutete, als: selbstständiges Subject oder Träger von Attributen (im Gegensatz zu diesen Attributen selbst), ist sehr wahrscheinlich. Ist dies aber der Fall, so paßt es auf alle Individuen, nicht nur auf die Personen der Gottheit und auf menschliche Personen, sondern auf jedes Individuum (auf Thiere und leblose Gegenstände). Dieses letztere wird von einem Theile der altprotestantischen Dogmatiker anerkannt (z. B. von Hollaz), aber keineswegs von Allen (z. B. nicht von Quenstedt); die meisten Neueren übersehen es, während Twesten auf das aristotelische Gepräge und die ursprüngliche Bedeutung des Wortes hingewiesen hat (Dogmat. Bd. II. Abth. 1. 1837. S. 217 ff.).

Ausbrücke persona, substantia und die verwandten essentia und subsistentia (griechisch *πρόςωπον, ὑπόστασις, οὐσία, οὐσίωσις*) auf den Menschen und Gott Anwendung finden. Dabei umschifft er glücklich eine Klippe, an der seine Orthodoxie hätte scheitern können, und entschlägt sich lieber der Folgerichtigkeit, als der Rechtgläubigkeit. Der gegebene Begriff von *ὑπόστασις* = individuelle Subsistenz (sensu concretivo) oder individuell existirendes Wesen, führt nämlich offenbar, auf Gott angewandt, zum Tritheismus, und Johannes Philoponus hat wirklich in seiner aristotelischen Consequenz bei der Anwendung desselben an seiner Rechtgläubigkeit Schiffbruch gelitten. Heißt substantia (im Sinne von *ὑπόστασις* nach obiger Erklärung) das, worin als in einem Individuum der Gattung das Wesen der Gattung zur Erscheinung kommt, so sind die drei Hypostasen der Trinität Individuen des allgemeinen Gattungsbegriffs: Gott. Daher giebt der Verfasser dem Begriff der Hypostase bei der Anwendung auf Gott eine andere Richtung. In Beziehung auf den Menschen sagt er, er sei *ὑπόστασις* atque substantia, quoniam subest caeteris, quae subsistentiae non sunt, d. h. weil der Mensch ein Substrat oder Subject für das Uebrige bildet, was nicht Wesenheit, sondern Eigenschaft ist. In Beziehung auf Gott bemerkt er nur: *ὑφίσταται* substat enim, fügt dann hinzu, daß der kirchliche Sprachgebrauch nicht zulasse[1]), daß man drei substantiae in Gott annehme, und bemerkt schließlich, falls derselbe es zuließe, würde damit ausgedrückt sein, daß Gott allen Dingen, wie er ihnen als Herrscher vorstehe, zugleich als Princip zum Grunde liege, insofern er ihnen zur Existenz verhelfe.

So wird also gerade das, was den Kern der Definition bildet, das Moment der Individualität ("*ὑπόστασις* = individua substantia" nach des Verfassers eigener Erklärung) abgestreift, und der

---

[1]) Zu dieser Bemerkung hat ihn wahrscheinlich auch das, was Augustin de trinit. V, 9. 10. sagt, veranlaßt. Dieser meint, die (bei griechischen Kirchenvätern) übliche Unterscheidung zwischen *ὑπόστασις* und *οὐσία* sei (sprachlich) eigentlich unbegründet. Er seinerseits vermeide aber schon deshalb den Sprachgebrauch una essentia — tres substantiae, weil der Ausdruck tres substantiae Mißverständnisse hervorrufen könne. Er sage daher lieber tres personae. In Folge dieser Ansicht Augustins scheint der Ausdruck tres substantiae (von den Hypostasen der Trinität) seitdem vermieden worden zu sein.

logische Sinn ($\upsilon\pi\acute{o}\sigma\tau\alpha\sigma\iota\varsigma$ = letztes Subject, selbstständiger Träger von Attributen) schlägt in den realen um, dient lediglich zum Bilde und verliert seine Bestimmtheit und seine eigentliche Bedeutung. Hiermit sind die allgemeinen Definitionen geschlossen, ohne daß der Verfasser viel durch sie gewonnen hat. Sie sind ihm eben selbst über den Kopf gewachsen, er hat nicht vermocht, den logischen und metaphysischen Sinn von substare klar zu unterscheiden[1]).

2. Die Widerlegung des Nestorius (Cap. 4).

An die Spitze stellt der Verfasser noch einmal (mit geringen Modificationen) die gefundenen Definitionen: natura est cujuslibet substantiae specificata proprietas (oben unamquamque rem informans specifica differentia). Persona — rationabilis naturae individua subsistentia. Er baut aber nur scheinbar auf dieselben seine Widerlegung, im Grunde fängt er wieder von vorn an, so daß kein innerer Zusammenhang zwischen seinen allgemeinen Begriffserörterungen und dem polemischen Theil besteht. Wie wenig es überhaupt mit dem einst vielgerühmten Scharfsinn dieses Pseudo-B. auf sich hat, ergiebt sich auch hier — aus der großen Unbestimmtheit der Begriffe bei aller Subtilität. Er operirt doch mehr mit Worten, als mit Begriffen. Dies zeigt z. B. der Anfang des Capitels, mit welchem wir es jetzt zu thun haben (cap. 4): in jeder der beiden Definitionen (von natura und persona) kommt das Wort natura vor, aber in verschiedenen Bedeutungen, während doch eine klare Unterscheidung der Begriffe „Person und Natur" nur dann zu gewinnen war, wenn in der zweiten Definition das Wort natura in dem so eben fixirten Sinne genommen wurde. Dies ist aber nicht geschehen. Denn man kann in der zweiten ration. nat. nicht mit „specifische Differenz" übersetzen. Dies gäbe keinen Sinn und würde der vorher vom Verfasser selbst gegebenen Erklärung (s. cap. 3) zuwiderlaufen. In einem der folgenden Sätze macht dann der Verfasser auf den Irrthum des Nestorius aufmerksam. Derselbe besteht darin, daß er aus dem Vorhandensein zweier Naturen in Christo folgert, daß auch zwei Personen in ihm seien. Daß nun Nestorius diese Consequenz wirklich gezogen hat[2]), läßt sich nicht nachweisen.

---

[1]) Vgl. Trendelenburg: Elem. logices Aristot. edit. IV. p. 56. — Theob. Waitz: Aristot. organ. p. I. pag. 274.

[2]) Vgl. Dorner a. a. O. S. 132.

Aber von dieser falschen Consequenzmacherei hat sich ja fast keiner seiner Gegner frei erhalten, und wir dürfen dem Pseudo-B. daraus keinen besonderen Vorwurf machen, wohl aber aus dem Mangel an Scharffinn, der sich darin offenbart, daß er glaubt, diese angebliche Folgerung sei durch seine Definitionen widerlegt, was keineswegs der Fall ist; denn durch die bloße Definition (Natur = specifische Differenz oder aber = Wesen) ist entweder gar nichts bewiesen, oder das Gegentheil von dem, was der Verfasser will. Er scheint dies auch selbst zu fühlen. Wenigstens macht er keinen Versuch, seine Behauptung zu erweisen, sondern fängt wieder von vorn an, so daß, wie bemerkt, kein innerlicher Zusammenhang des Vorhergehenden und Folgenden erkennbar ist. Was er aber vorbringt, ist Folgendes: leugnet man die Einheit der Person Christi, so muß man eben zwei Personen in ihm statuiren. Nun fragt sich, wie beide mit einander verbunden sind. Von den etwa denkbaren Arten einer Verbindung berücksichtigt nun der Polemiker nur die, „welche die Griechen ʽκατὰ παράθεσινʼ nennen," die Behauptung einer bloß örtlichen Verbindung, eines mechanischen Nebeneinander. Aus einem solchen Nebeneinander zweier Wesen kann kein drittes, kann überhaupt Nichts entstehen, am wenigsten aus zwei Personen, mindestens keine Einheit; was aber nicht Eines ist, ist überhaupt nicht. Da nun Christus ist, ist er eine Einheit, folglich eine Person. Daß es aber zwei Christi gäbe, kann nur ein Verrückter[1]) behaupten. Will man das nicht, nimmt aber doch zwei Personen in Christo an, so wird unbegreiflich, wie man beide mit dem einen Namen Christus bezeichnen kann. Beide haben ja keine Aehnlichkeit, sind nicht mit einander verbunden, und göttliches und menschliches Wesen sind ja an sich himmelweit von einander verschieden. Man macht dann also Christus zu einem bloßen gemeinschaftlichen Namen für zwei ganz verschiedene Dinge. Die h. Schrift kennt keinen solchen doppelten Christus. Ferner hat alles Wunderbare in Christo ein Ende, und an dem Wunder will doch die Kirche festhalten. Es ist ein einzig bastehendes Wunder, daß Gott sich mit der Menschennatur vereinigte, so daß aus zwei verschiedenen Naturen eine Person entstand.

---

[1]) Duos esse dicere Christos, nihil est aliud, nisi praecipitatae mentis insania.

Sind aber in Christo die göttliche Person und die menschliche
Person von einander geschieden, so stellt er auch keine Verbindung
des göttlichen und menschlichen Wesens dar, und so hat das Wunder
ein Ende; es findet dann bei Christo nichts anderes statt, als bei
jedem Menschen, mit dem als solchem, mag er auch ein noch so
vollkommenes Wesen sein, da er als eigene Person subsistirt, die
Gottheit nicht wesentlich verbunden ist.

Wollte aber Nestorius sich damit vertheidigen, daß er sagte,
insofern nenne er den Menschen Jesus: Christus, als Gott selbst
durch ihn Wunderbares gewirkt habe: so wäre nicht einzusehen,
warum man nicht auch den Elementen den Namen „Christus"
giebt, denn durch diese bewirkt ja Gott gleichfalls Wunderbares,
oder, da die Elemente freilich ohne Vernunft und deshalb unpersön-
lich sind, wenigstens frommen Menschen, in denen ohne Zweifel
Gott wirkt. Eine dynamische Einheit des Göttlichen und Menschlichen ist ja doch auch in diesen. Nestorius könnte freilich entgegnen:
ich gebe zu, daß auch die Christen Gesalbte genannt werden, aber sie
werden es nur vermöge ihrer Aehnlichkeit mit dem wirklichen
Christus[1]) (im Gegensatz zur Gleichheit). Bei folgerichtiger Durch-
führung des Nestorianismus aber müßte man sie für wirkliche „Christi"
erklären, und Christus hat dann nichts vor den Propheten des Alten
Bundes voraus, die ja auch Gesalbte heißen. Ja ein Ochse und
ein Mensch stehen in einem näheren Verhältniß zu einander (als
Arten einer Gattung, beide sind lebende Wesen), als die Gottheit
und Menschheit Christi (wenn man nämlich mit der nestorianischen
Theorie Ernst macht).

Die schlimmste Consequenz aber ist die, daß die Menschheit
nicht erlöst ist, wenn in Christo zwei Personen sind. Denn Christus
konnte nur den erlösen, den er annahm. Wenn aber Gott in ihm
nicht mit dem Menschen persönlich Eins ward, so hat er den Menschen nicht wirklich angenommen (assumpsit), folglich nicht erlöst;
damit hängt endlich zusammen, daß die Weissagungen für nicht erfüllt gelten müssen, und somit das Ansehen des Alten Testaments
vernichtet ist.

---

[1]) Sed dicat forsitan: illos quoque Christos vocari fateor; sed ad *imaginem
veri* Christi.

So weit die Polemik gegen den Nestorianismus; sie bewegt sich in Gedanken, welche sich meist, wenn nicht schon bei Früheren, doch bei Cyrill[1]) bereits finden. Andererseits erinnert Einiges an Leo's Brief an den Flavianus[2]). Wesentlich neue Gedanken finden sich hier nicht; diejenigen aber, die der Verfasser ausspricht, macht er nicht, ohne dabei ein tieferes kirchliches Interesse zu verrathen, geltend[3]). Sie sind nicht bloß in gelehrter Weise reproducirt, der Verfasser hat sie sich persönlich angeeignet. Derselbe legt eine innige Verehrung des katholischen Glaubens und der h. Schrift an den Tag und besteht darauf, daß man der Incarnation des Göttlichen nicht den Charakter des Wunderbaren raube. Für einen Indifferenten führt er eine viel zu entschiedene Sprache. Man sagt daher mit Unrecht, er sei mehr Philosoph, als Theolog, und citire lieber den Cicero, als die Bibel, seine Manier mache den Eindruck eines Laien, und aus allen diesen Gründen könne er sehr wohl B. sein. Seine Gründe sind dieselben, wie die der anderen Vertheidiger der Kirchenlehre und zwar gerade der vorchalcedonensischen. Die Autorität der Bibel[4]) steht ihm sehr hoch, an kirchlichem Eifer fehlt es ihm durchaus nicht, und man darf die ersten Capitel, welche allgemeine Definitionen enthalten, nicht mit dem ganzen Werke verwechseln.

3. Des Verfassers Polemik gegen den Eutychanismus (Cap. 5 und 6).

Die Lehre der Eutychianer beruht, wie nach der Meinung anderer Gegner, auch nach unserem Verfasser auf demselben Irrthum, wie die der Nestorianer, auf der Ansicht, daß Natur und Person sich der Zahl nach entsprechen müssen. Für Nestorius waren nun aber die beiden Naturen das Gegebene, Eutyches geht dagegen von der Einheit der Person aus und gelangt von da aus zur Einheit

---

[1]) So namentlich der Vorwurf der Annahme eines bloßen Nebeneinander und eines nur quantitativen Unterschiedes Christi von den Propheten; ferner die angebliche Behauptung zweier Christi (s. Dorner S. 66. 68. 85.).

[2]) So der Gedanke, daß Christus nur die Menschennatur habe erlösen können, die er angenommen habe, welcher Gedanke freilich auch schon längst vor Leo ausgesprochen war.

[3]) Gegen G. Baur a. a. O.

[4]) Er kennt die Weissagungen des A. T. und legt Verwahrung gegen den Versuch ein, ihre Zuverlässigkeit in Zweifel zu ziehen.

der Natur. Allein selbst ihm drängt sich die Wahrheit auf, daß Gott und Mensch verschiedene Wesen sind, und so beschränkt er seinen Satz dahin, daß er sagt, vor der Vereinigung seien in Christo zwei Naturen gewesen, nach derselben aber nur eine. Diesen Satz bezeichnet nun der Verfasser als dunkel (quae sententia non aperte, quod vult, eloquitur), versucht aber eben deshalb eine alle möglichen Bedeutungen desselben erschöpfende Auslegung, mit welcher freilich die Widerlegung nicht überall Schritt hält. Nach jener Voraus=setzung hat, so argumentirt er, die Vereinigung beider Naturen ent=weder (1) bei der Geburt oder (2) bei der Auferstehung stattgefunden. In jenem ersten Falle ist wiederum entweder (a) ein menschlicher Leib Christi außerhalb Gottes schon vor der Geburt vorhanden gewesen; der Leib ward in diesem Falle nicht der Maria entnommen, sondern ist durch Maria nur hindurchgegangen[1]), hat sich aber bei der Ge=burt mit Gott vereinigt und fortan Ein Wesen mit der göttlichen Natur gebildet; oder (b) der menschliche Leib ward zwar der Maria entnommen; allein, bevor dies geschah, existirte die menschliche Natur schon, getrennt von der göttlichen, ging aber bei diesem Entnommen=werden mit letzterer zusammen oder vielmehr in dieselbe auf. Im anderen Falle (2), wenn nämlich die Vereinigung erst bei der Auf=erstehung stattgefunden hat, sind wieder zweierlei Annahmen möglich, entsprechend den vorher (unter 1a und 1b) genannten Fällen; näm=lich entweder (2a) war der menschliche Leib, der erst bei der Auf=erstehung sich mit der göttlichen Natur vereinigte, nicht der Maria entnommen, oder (2b) er war ihr entnommen. Nunmehr geht der Verfasser auf die verschiedenen möglichen Consequenzen ein, die sich ergeben, je nachdem Christi Leib der Maria entnommen war oder nicht. War er (a) nicht der Maria entnommen, so zog doch der Erlöser entweder (α) den gefallenen Menschen an, oder (β) sein Leib rührte von keinem Menschen her, sondern ging aus einer neuen Schöpfung hervor. In jenem Falle (aα) werden kraft der Voraus=setzung, daß er dem Abraham, David und endlich der Maria nicht entstammte, die alttestamentlichen Weissagungen[2]) der Unzuverläſſig=

---

[1]) Mariam vero Virginem appositam, ex qua caro nasceretur, quae ab eo sumpta non esset.

[2]) Auch hier zeigt sich wiederum, welchen Werth der Verfasser in seiner Be=weisführung auf die Autorität der h. Schr. legt (gegen G. Baur).

keit bezüchtigt, insofern, was jenen verheißen war (nämlich Ahnen des Heilandes zu sein), willkürlich auf Andere übertragen wird; in widerspruchsvoller Weise wird dann ein anderweitiger Ursprung des Leibes, als die Gebärerin desselben, angenommen, und doch soll es ein adamitischer Leib sein. Ist nun aber der Leib Christi kein adamitischer, so ist er überhaupt (a β) aus keinem menschlichen Samen entsprungen, sondern durch einen neuen Schöpfungsact entstanden. Dann war er entweder kein wahrer Leib, und, weil man ihn doch für einen solchen halten mußte, wird somit Gott offen einer Lüge beschuldigt; denn in diesem Falle hat er den Menschen einen Scheinleib so dargestellt, daß sie ihn für einen wahrhaft menschlichen halten mußten; oder der Leib war zwar ein wirklicher fleischlicher Leib trotz seines Ursprunges kraft eines neuen Schöpfungsactes, aber doch kein solcher menschlicher Leib, wie wir ihn haben. Wozu dann aber das Schauspiel (eigentlich Trauerspiel) der Geburt, wozu dann das Leiden[1])? War es nicht unsere Menschennatur, welche der Erlöser annahm, so hat er den kranken, der Heilung bedürftigen Menschen nicht erlöst, und sein Werk erscheint bei dieser Annahme nicht minder als eitel, wie bei der nestorianischen, welche gleichfalls ein Angenommensein unserer Menschennatur von der Gottheit ausschloß.

Die Entstehung aber dieser Meinung, daß der Leib Christi im Himmel bereitet worden sei, von welcher er übrigens nicht sicher weiß, ob sie die des Eutyches ist, erklärt der Verfasser mit Recht aus dem Spruche Joh. 3, 13[2]), ohne sich jedoch, wie dies Leo (in dem bekannten Briefe an Flavius) und Vigilius von Tapsus thun (contra Eutych. lib. II. cap. 7. ed. Chifflet. p. 19), auf eine Berichtigung jener Auslegung der Stelle einzulassen, wie er denn überhaupt die Widerlegung der in Rede stehenden Ansicht sehr kurz abmacht; etwas ausführlicher fällt (b) die Widerlegung der zweiten Annahme aus, derzufolge der Leib Christi der Maria entnommen ward, beide Naturen sich aber nicht vollkommen behaupteten. Bei dieser Annahme sind drei Fälle möglich: entweder (b α) ist die Gottheit in die Menschheit verwandelt worden, oder (b β) die Menschheit in die Gottheit, oder (b γ) aus der Vermischung beider ist ein

---

[1]) »Quo tanta tragoedia generationis? Ubi ambitus passionis?«

[2]) „Niemand fährt gen Himmel, denn der vom Himmel herniedergekommen ist."

Drittes hervorgegangen. Der erste Fall (b α) führt auf den gott=
losen Satz, daß das an sich unveränderliche und unleidensfähige
Wesen Gottes veränderlich und leidensfähig geworden sei, während
die an sich veränderliche menschliche Natur unverändert blieb. Aber
auch der zweite Fall (b β) ist nicht denkbar. Nicht Alles nämlich
läßt sich in Alles verwandeln, Körperliches nicht in Unkörperliches,
Unkörperliches nicht in Körperliches, ein unkörperliches nicht in ein
anderes unkörperliches Wesen. Denn nur das kann sich in einander
verwandeln, was denselben Stoff zum Substrat hat, und selbst unter
dieser Voraussetzung wieder nur solche Substanzen, welche gegenseitig
Einwirkung ausüben und erleiden können (z. B. Wein und Wasser)[1].
Da nun unkörperliche Wesen überhaupt kein materielles Substrat
haben, noch viel weniger ein solches mit einem Körper gemein haben,
so können körperliche Wesen in unkörperliche nicht verwandelt werden;
ebensowenig ein unkörperliches Wesen in irgend ein anderes, weil
solche kein materielles Substrat haben. Nun nahm die Gottheit bei
der Geburt Christi eine menschliche Seele und einen menschlichen
Körper an. Gott und die Seele sind aber beide unkörperlich; folglich
hat die menschliche Seele Christi nach obigen Sätzen nicht vergottet
werden können. Da ferner mit dem menschlichen Leibe Gott, der
ohne Materie ist, kein materielles Substrat gemein hat, so hat auch
dieser nicht in die Gottheit übergehen können. Also der zweite Fall
(b β) ist gleichfalls nicht denkbar, weit weniger noch der dritte (b γ)
— aus denselben Gründen. Wasser und Honig können zwar der=
gestalt mit einander vermischt werden, daß sie in einander untergehen
und zusammen ein Drittes bilden; bei der Menschheit und Gottheit
Christi ist dies aber aus den (unter b β) angegebenen Gründen nicht
möglich.

---

[1] Id vero probatur hoc modo: neque enim potest aes in lapidem permutari,
nec vero idem aes in herbam, nec quodlibet aliud corpus in quodlibet aliud trans-
figurari potest, nisi et eadem sit materia rerum in se transeuntium et a se et facere et pati possint: ut quum vinum atque aqua miscentur, utraque sunt talia,
quae actum sibi passionemque communicent. Potest enim aquae qualitas a vini
qualitate aliquid pati, atque idcirco, si multum quidem fuerit aquae, vini vero
paululum, non dicuntur immixta, sed alterum alterius qualitate corrumpitur. Si
quis enim vinum fundat in mare, non mixtum est mari vinum, sed in mare cor-
ruptum etc.

Nach dieser, wie man sieht, auf ziemlich mechanischer Betrachtungsweise ruhenden Widerlegung folgt nun die Darlegung der katholischen Kirchenlehre. Was aber die vorstehende Auffassung des
Eutychianismus und die Polemik gegen denselben betrifft, so
stimmt beides genau mit dem überein, was bereits vor und was
auf dem chalcedonensischen Concil wider jenen gesagt war; Instanzen,
welche von anderen kirchlichen Theologen erst in der nachchalcedonensischen Zeit geltend gemacht wurden, finden sich hier fast gar nicht;
auch dasjenige selbst, was hier vorausgesetzt und widerlegt wird, war
schon vor 451 ausgesprochen. So hatte schon Cyrill (s. Dorner
a. a. O. S. 75 Anmerk.) behauptet, daß vor der Vereinigung zwei
Naturen waren, schon er braucht das Bild von der Vermischung
des Weines und Wassers, welches unser Verfasser als zutreffende
Analogie der Vereinigung beider Naturen anzuerkennen Anstand
nimmt. Die Antithese gegen den Satz, daß der Leib Christi durch
einen neuen Schöpfungsact entstanden sei, hat unser Verfasser vielleicht unmittelbar aus dem bereits mehrfach erwähnten Briefe Leo's
entlehnt (cap. 5). Schon Theodoret ferner wirft dem Eutyches vor,
daß nach ihm der Logos durch Maria nur hindurchgegangen sei[1]).
Durch den Inhalt dieses Theiles der Abhandlung wird also gleichfalls unsere Hypothese, daß der Verfasser bald nach 451 geschrieben
habe, begünstigt.

4. Darstellung und Vertheidigung der Kirchenlehre (Cap. 7 u. 8).

Der Verfasser beginnt hier mit der Aufstellung einer doppelten
Bedeutung des Ausdrucks: „aus zwei Naturen bestehen". Zufolge
der einen würde auf Christum die Analogie eines Mischtrankes Anwendung finden, welcher aus Wasser und Honig besteht, und zwar
dergestalt, daß beide Factoren sich in dem Producte nicht behaupten,
sei es, daß sie sich gegenseitig durchbringen, oder daß der eine von
dem anderen absorbirt ist. In diesem Sinne behauptet Eutyches,
daß Christus aus zwei Naturen bestehe. Die der anderen Bedeutung
entsprechende Analogie bildet eine aus Gold und Edelsteinen zusammen-
gesetzte Krone, deren Bestandtheile nicht nur ursprünglich verschieden, sondern auch (relativ) gesondert bleibende Factoren der
Vereinigung sind. Nämlich weder das Gold ist in Edelsteine um-

---

[1]) Vgl. über alle diese Punkte Dorner a. a. O. S. 60—149.

gefeßt, noch find die Edelſteine in Gold verwandelt, ſondern beide beſtehen fort und geben ihr eigenthümliches Weſen nicht auf. In dieſem Sinne beſteht nach der Kirchenlehre Chriſtus aus zwei Naturen. In dieſer Bedeutung drückt das ex, welches zunächſt allerdings die beiden Naturen lediglich als Factoren der entſtehenden Einheit bezeichnet, zugleich das aus, was in der Regel noch beſonders durch die Präpoſition in veranſchaulicht wird. Durch dieſe aber iſt das ſelbſtſtändige Fortbeſtehen der Elemente innerhalb der Einheit noch ausdrücklich feſtgeſtellt. Der Verfaſſer faßt nach der orthodoxen Interpretation jener kirchlichen Formel die katholiſche Chriſtologie noch einmal zuſammen[1]) — in Ausdrücken, die in Beziehung auf dogmatiſche Beſtimmtheit ungefähr auf der Stufe des Briefes Leo's ſtehen, mit welchem der Verfaſſer auch in der Sache vollkommen übereinſtimmt. Hier findet ſich wieder nichts, was uns veranlaſſen könnte, die Schrift in eine ſpätere Periode des monophyſitiſchen Streites (nach 512) zu ſetzen. Die Abweiſung der Behauptung, daß der Dyophyſitismus zur Annahme einer Quaternität Gottes (anſtatt der Trinität) nöthige, findet ſich ſchon bei Auguſtin

---

[1]) ... Firma veraque fides catholica continet: eundem Christum hominem esse perfectum, eundem deum; eundemque, qui homo sit perfectus atque deus, unum esse deum ac dei filium; nec quaternitatem trinitatis astrui, dum homo additur supra perfectum deum, sed unam eandemque personam numerum trinitatis explere, ut, quum humanitas passa sit, deus tamen passus esse dicatur, non quod ipsa deitas humanitas facta sit, sed quod a deitate fuerit assumpta. Item qui homo est, dei filius appellatur, non substantia divinitatis, sed humanitatis, quae tamen divinitati naturali unitate conjuncta est. Et quum haec ita intelligentia discernantur permisceanturque, tamen unus idemque et homo sit perfectus et deus, deus quidem, quod ipse sit ex patris substantia genitus, homo vero, quod ex Maria sit virgine procreatus; itemque qui homo, deus, eo quod a deo fuerit assumptus, et qui deus, homo, quoniam vestitus homine sit, quum in eadem persona aliud sit divinitas, quae suscepit, aliud, quam suscepit, humanitas, idem tamen deus atque homo est. Nam si hominem Christum intelligas, idem homo est atque deus, quoniam homo ex natura, deus assumptione; si vero deum intelligas, idem deus est atque homo, quoniam natura deus est, homo assumptione, fitque in eo gemina natura geminaque substantia, quoniam homo deus, unaque persona, quoniam idem homo atque deus. Mediaque haec est inter duas haereses via, sicut virtutes quoque medium tenent. Omnis enim virtus in medio rerum decore locata consistit, si quidem vel ultra, vel infra, quam oportuerit, fiat, a virtute disceditur. Medietatem igitur virtus tenet.

in der Widerlegung des Leporius. Daß die Bemerkung, das Richtige liege immer in der Mitte, sich hinreichend erklärt, ohne daß man sie aus dem (erst 512 geschriebenen) Brief der orientalischen Bischöfe an Symmachus herleitet, haben wir schon oben (S. 136) gezeigt.

Endlich stellt der Verfasser noch einmal alle möglichen Combinationen zusammen (zwei Naturen — zwei Personen, eine Person — eine Natur, zwei Naturen — eine Person, eine Natur — zwei Personen) und constatirt, daß er alle möglichen Fälle erschöpft und die Kirchenlehre als die allein zulässige erwiesen habe. Er fühlt indessen, daß er die Möglichkeit einer Vereinigung der beiden Naturen noch nicht hinlänglich begründet hat[1]). Anstatt dies jedoch nachzuholen, schließt er seine Abhandlung mit einer Theorie von der menschlichen Natur Christi oder vielmehr mit einer Beseitigung der Einwürfe derer, welche durch Annahme einer wahrhaft menschlichen Natur die Reinheit oder Erhabenheit des Erlösers gefährdet glaubten. Auch diese Antithese ist aber nicht gegen spätere Monophysiten, wie Xenajas, gerichtet, sondern gegen Eutyches und dessen gleichzeitige Anhänger, welche leugneten, daß Christus uns wesensgleich war, weshalb das chalcedonensische Concil den Heiland ausdrücklich als „uns wesensgleich nach der Menschheit, in Allem uns ähnlich (doch ohne Sünde)" bezeichnete.

Der Verfasser wendet sich also gegen den Einwurf, Christus habe an der Sünde, und zwar nicht nur an der Erbsünde, sondern auch an der actuellen Sünde Theil, wenn er einen abamitischen Ursprung habe. Um dieser Consequenz zu entgehen und doch die wahre Menschheit Christi zu retten, unterscheidet er nun ein dreifaches Moment in der Natur Christi. Er giebt zu, man könne nicht schlechtweg sagen, daß Christus die Natur Adams (des vorsündlichen) angenommen habe, weil einmal sein (Christi) Tod dann unerklärlich bliebe (denn nur in Folge der Sünde traf Adam der Tod), ferner der vorsündliche Adam keiner Erlösung bedurfte und der Satz doch wahr bleibt: er hat nur den erlöst, welchen er angenommen. Ebensowenig kann man Christo schlechtweg die Natur des gefallenen Adam zuschreiben, denn diese bringt Sünde und Verdunkelung des

---

[1]) Nunc quaerendum est, quomodo fieri potuerit, ut duae naturae in unam substantiam miscerentur. (Ende des Cap. 7.)

sittlichen Urtheils mit sich. Vielmehr muß man von jedem der drei denkbaren Zustände des Menschen, einmal dem des supralapsarischen Adam, in welchem Tod und Sünde zwar nicht actuell, aber doch potentiell (poterat mori) für ihn vorhanden war; dann dem, welcher ihm würde zu Theil geworden sein, wäre er nicht gefallen (non poterat mori); endlich dem empirischen Zustand des adamitischen Menschen (non poterat non mori), dem der unvermeidlichen Sünde und des unvermeidlichen Todes, — von jedem dieser Zustände muß man ein Moment in Christo setzen. Christus hatte einen sterblichen Leib und starb (um die Menschen vom Tode zu befreien) — das theilt er mit dem empirischen adamitischen Menschen. Er war ohne alle Sünde — wie der ursprüngliche Adam, wie Adam vor dem Sündenfall. Während dieses Zustandes nun aß[1]) und trank, schlief und verdaute der erste Mensch, auch anderes that er, was zwar menschlich, aber erlaubt war. Alles dies gilt nun auch von Christus, er aß und trank, erfüllte überhaupt die Pflichten, die der Mensch gegen seinen Körper zu erfüllen hat (humani corporis officio functus est).

Hier entbehrt nun aber die Ansicht des Verfassers wieder der vollen Folgerichtigkeit. Er setzt in Adam (vor dem Fall) eine indigentia und sagt von ihm, daß er gegessen und getrunken, leugnet aber, daß er nicht hätte leben können, wenn er nicht gegessen[2]) hätte. Hätte er von jeglichem Baum gegessen, so wäre er unsterblich geworden. Deshalb „befriedigte er sein Bedürfniß oder füllte seinen Mangel aus — durch die Früchte des Paradieses." Der Widerspruch liegt darin, daß Adam's indigentia (was hier nichts anderes, als Nahrungsbedürftigkeit bedeuten kann) einerseits behauptet, andererseits geleugnet wird. Der Grund dieses Widerspruches war aber wohl eben der, daß so allein die Parallelisirung Adam's mit Christus möglich wurde, denn in Christo ist nach dem Verfasser zwar auch indigentia gewesen, — er aß und trank — aber einmal

---

[1]) Talis fuit, ut manducaret ac biberet, ut accepta digereret, ut laberetur in somnum, et alia, quae ei non defuerunt, humana quidem, sed concessa et quae nullam poenam mortis inferrent.

[2]) Vgl. hiermit, was Dorner a. a. O. Th. I. Aufl. II. S. 457 über Clemens Alex. bemerkt.

nur potestate, nicht necessitate[1]), und zum Anderen nur vor der Auferstehung, während nach derselben Christus in dem Zustande war, in welchen Adam, wäre er nicht gefallen, verwandelt sein würde.

War nun hierdurch der von den Gegnern erhobene Einwand beseitigt? Scheinbar nicht; denn mit Hinweisung auf den Satz: „er erlöste nur den, welchen er annahm", hätten sie antworten können, durch jene dreifache Zuständlichkeit der menschlichen Natur Christi sei ja der eigentliche adamitische Leib ausgeschlossen. Aber der Verfasser hätte dem durch eine weitere Fassung eben dieses Satzes zuvorkommen können, er hätte behaupten dürfen: wenn auch die Sündlosigkeit nicht mehr zur empirischen menschlichen Natur gehöre, so sei doch der Mensch ursprünglich auf dieselbe angelegt. In Wahrheit hat er dies aber nicht gethan, wie denn überhaupt die hier aufgestellte Theorie, welche übrigens in ihrer Form, nämlich in der Synthese der menschlichen Natur Christi aus den vorher angegebenen drei denkbaren status des Menschen, etwas Eigenthümliches hat, die christologischen Probleme nur sehr im Allgemeinen berührt. Daß dies auch in Beziehung auf den zuletzt erwähnten Punkt der Fall ist, dieser Umstand spricht gegen die Annahme, daß der Verfasser zu einer Zeit schrieb, wo der Kampf der kirchlichen Theologen mit den Aphthartodoketen bereits ausgebrochen war, dagegen für die Ansicht, daß die Abhandlung um oder bald nach 451 verfaßt ist.

.

III. Zusammenfassung der Gründe für die Unächtheit.

Der erste Schriftsteller, welcher diese dritte Abhandlung dem B. zuschreibt, ist, so viel wir wissen, Hincmar von Rheims (s. S. 24. Anmerk. 2.), also ein Schriftsteller des neunten Jahrhunderts. Daß aber B. in Wahrheit der Verfasser nicht sein kann, ist hier noch viel einleuchtender, als bei den Schriften über die

---

[1] d. h. er war nicht indigens vermöge einer außer ihm liegenden Nothwendigkeit, sondern in Folge freier Selbstentäußerung. Ob es aber so gemeint ist, daß er in jedem Moment seines Lebens sich durch einen bloßen Willensact von dieser indigentia wieder befreien konnte, oder nur so, daß der bis zur Auferstehung ihm nothwendig anhaftende Zustand der exinanitio doch eben aus freier Herablassung hervorgegangen sei, ist nicht auszumachen.

Trinität. Jene mußten wir ihm (unter Anderem) deshalb absprechen, weil aus allen seinen ächten Schriften hervorgeht, daß er
von der kirchlichen Trinitätslehre weit entfernt ist. Hier dagegen
findet sich nicht nur die Spur trinitarischen Glaubens, sondern der
Verfasser unserer Schrift bekennt sich ausdrücklich fast zu allen
wichtigeren Dogmen des Christenthums, und zwar auch zu solchen,
welche dem B. laut der Schrift de consolatione philos. nachweislich
fremd gewesen sind. Das Hauptthema bildet die Christologie, für
welche sich in dem System des B. nirgends eine Stelle findet. Auf
das Postulat eines Erlösers führt die Anthropologie und Theologie
dieses Philosophen, wie wir sahen, keineswegs, den erschienenen Erlöser aber erwähnt er in keiner seiner ächten Schriften. Es kommt
ihm nur darauf an, daß der menschliche Geist sich in der Anschauung
der Gottheit erhalte, die Sinnlichkeit abstreife und den Körper als
Fessel des idealen Fluges der Seele betrachte. Diese Forderung wird
an den Menschen gestellt in der Ueberzeugung, daß er sie erfüllen
könne. Die Basis der christlichen Heilslehre dagegen, nämlich die
paulinisch-augustinische Lehre von der Sünde und dem Tode, ist
dem Verfasser der consolatio, wie wir gezeigt haben, nicht nur
fremd, sondern er verleugnet sie geradezu, und während unser Verfasser sich rückhaltslos zur augustinischen Lehre von der Sünde, insonderheit auch von der Erbsünde, und zur rechtgläubigen Auslegung
der Erzählung vom adamitischen Sündenfall bekennt, hat B. eine
viel laxere Ansicht von der Macht der Sünde, als selbst Pelagius.
Dies ist ein handgreiflicher Widerspruch zwischen B. und Pseudo-B.;
wenn dieser ferner so entschieden darauf bringt, daß man der h.
Schrift ihre Autorität nicht schmälere, wenn er insonderheit an die
Weissagungen des Alten Testaments, an die von Abraham durch
David zur Maria fortschreitende Heilsökonomie, endlich an den von
der Jungfrau geborenen, leidenden und auferstandenen Sohn Gottes
ohne allen Rückhalt glaubt, so befestigt er dadurch nicht minder eine
tiefe Kluft zwischen sich und demjenigen Philosophen, dessen System
wir oben vor Augen führten. Zwar einen besonders leidenschaft-
lichen Ketzerhaß verräth unser Verfasser nicht; aber solche Ausdrücke,
wie sacrilege und impie, von Nestorianern und Eutychianern gebraucht, solche Entrüstung über Herabsetzung der Glaubwürdigkeit
des Alten Testaments, solche lecke Ironie gegenüber angeblichen

eblonitischen [1]) Consequenzen des Nestorianismus, solche Uebereinstimmung mit Kirchenlehrern, wie Chrill, Augustin, Leo, setzen ein
festes kirchliches Bewußtsein voraus, wie es B., wenn er auch dem
äußeren Bekenntniß nach Christ war, sicher nicht gehabt hat. Wie
konnte ferner ein so specifisch kirchlicher Theologe jener Zeit den
Stagiriten Aristoteles meus nennen, wie es B. thut? Und wenn
er dies auch konnte, sicherlich konnte B. seinerseits nicht die Worte
sprechen: „sicut Aristoteles caeterique ejusmodi et multimodae
philosophiae sectatores putant" (cap. 3. s. oben). Er selbst war
ein solcher sectator, und es liegt unzweifelhaft in dieser Bezeichnung
etwas Verächtliches, eine bewußte Unterscheidung der kirchlichen Theologie (welche genau wisse, was sie zu lehren habe und in sich einig
sei) von der multimoda philosophia, der vielköpfigen Hydra.

Die Vertheidiger der Aechtheit nun berufen sich auf die angeblich laienmäßige Behandlung der theologischen Probleme und auf
die Neigung zu rein dialektischer Erörterung, welche sich in auffal-
lendem Maße in unserer Schrift bemerkbar mache. Diese Eigen-
thümlichkeiten erklärten sich am besten dann, wenn man annehme,
daß jene von einem Manne, wie B., verfaßt sei, der gleichsam nur
mit einem Fuß auf dem Boden der Kirche und Theologie stehe.
Daß nun die subtile Dialektik hier in höherem Grade zur Anwendung gekommen ist, als es bei den Kirchenvätern gewöhnlich geschieht,
ist freilich anzuerkennen; allein trotz dieser dialektischen Methode findet
sich auch hier die Hinweisung auf die h. Schrift, andererseits findet
sich die sogenannte dialektische Methode doch auch bei ächten Kirchenlehrern, z. B. bei Athanasius, bei den Kappadociern, bei Augustin
und bei deren Gegnern. Wo es sich um so subtile Dogmen, um
Trinitätslehre und Christologie handelte, war sie unvermeidlich. Die
Meinung müssen wir aber als eine unbegründete verwerfen, daß
sowohl die fragliche Schrift, als auch B. zwischen der kirchlichen
Theologie und der profanen Philosophie eine Zwitterstellung ein-
nehme. Jene hat im Allgemeinen einen durchaus kirchlich-theologi-
schen Charakter, B. dagegen steht gar nicht auf dem Boden der
Kirche und des Christenthums. Dazu kommt, daß, wie wir zeigten,
der Tractat bald nach 451 abgefaßt sein muß; B. aber ist frühestens

---

[1]) Der Name freilich kommt nicht vor.

im Jahr 473 geboren, könnte also, auch wenn jene von uns auf=
gestellte Hypothese nur annähernd das Richtige träfe, nicht für den
Urheber desselben gehalten werden. Spricht nun so gut wie Alles
gegen B., nur einige spätere Nachrichten für ihn, so werden wir
freilich den Grund davon, daß man das Buch des unbekannten
Verfassers dem B. zuschrieb, zum Theil in dem besonders im ersten
Theile sehr stark hervortretenden formalistischen Charakter der Ab=
handlung finden; wir selbst aber werden sie ihm deshalb nicht zu=
schreiben.

Ob der Verfasser ein Laie gewesen ist, läßt sich nicht aus=
machen; besonders was er über die menschliche Natur Christi im
letzten Capitel sagt, setzt eine ziemlich genaue Kenntniß des Standes
dieser Frage voraus, und die Vorrede beweist durchaus nicht, daß
er ein Laie war. Man sagt zwar, er vertheidige seine Sache nicht
als Theologe. Aber zu einer so strengen Unterscheidung der philo=
sophischen und theologischen Methode ist man in der That nicht be=
rechtigt. Daß bei Augustin und bei Anderen Stellen vorkommen,
welche nicht minder dialektisch gehalten sind, haben wir schon be=
merkt [1]).

Müßten wir den Verfasser aber für einen Laien halten, so
könnten wir ihn doch nicht in dem B. finden. Es ist aber nicht
einmal wahrscheinlich, daß er ein Laie war, weil er mit den kirch=

---

[1]) Man hat behauptet (Suttner a. a. O. S. 18), wäre der Verfasser Theo=
loge gewesen, so hätte er dem Irrthume gegenüber in jener Versammlung nicht
schweigen dürfen (vgl. die Vorrede der Abh.). Darauf ist 1. zu antworten, daß
doch auch Theologen oft geschwiegen haben, wo sie hätten reden sollen und um=
gekehrt; 2. daß der Verfasser dagegen in diesem Falle sich vollkommen so verhielt,
wie er sich verhalten mußte, mochte er Theologe sein oder nicht. Die Differenz
zwischen der eutychianischen und kirchlichen Formel, welche in dem bischöflichen
Briefe erwähnt war, war ihm nicht sogleich klar; er suchte sich daher in der Ver=
sammlung, die, wenn nicht nur Cleriker, doch auch solche in sich schloß, durch
Fragen Aufklärung zu verschaffen. Solche ward ihm indessen nicht zu Theil, da der
Ruf der Menge, die Sache sei klar, alle besonnene Erörterung abschnitt. Darum
schwieg der Verfasser und dachte nunmehr selbst über den Gegenstand nach. Wie
konnte er sich anders verhalten? Einem dogmatischen Irrthum hatte er nicht
entgegenzutreten, sondern nur dem anmaßlichen Vorgeben, eine in dem Briefe auf=
gestellte Unterscheidungsformel bedürfe keiner weiteren Erklärung; es handelte sich
nicht um die Wahrheit eines Dogmas, sondern um die Klarheit der Fassung
eines dogmatischen Gegensatzes.

lichen und theologischen Fragen des fünften Jahrhunderts im Ganzen
wohl vertraut ist. Wir halten ihn auch nicht für einen Zeitgenossen
des B., aber nicht, wie Andere, für jünger, sondern für älter. Die
Gründe für diese Annahme haben wir bereits angedeutet. Der
Hauptgrund liegt in der Thatsache, daß ihm die mehrfach erwähnte
Unterscheidungsformel noch neu ist. Dies konnte selbst bei einem
Laien, wenn er sich überhaupt speciell für die kirchlichen Streitfragen
interessirte, wie es unser Verfasser jedenfalls that, spätestens unmittelbar nach dem Concil von Chalcedon noch der Fall sein. Diese An-
nahme hat sich uns nun auch durch die Beobachtung bestätigt, daß
in der ganzen Abhandlung nirgends ein apologetischer oder polemischer
Satz vorkommt, der auf eine spätere Phase des monophysitischen
Streites hindeutete. Alle Ansichten, die hier bekämpft werden, waren
bereits vor dem chalcedonensischen Concil hervorgetreten, und das
Meiste von dem, was zur Vertheidigung der Kirchenlehre gesagt
wird, schließt sich einerseits an Sätze des Cyrill, andererseits an
Theodoret, Leo und die chalcedonensischen Beschlüsse an. Ist unsere
Ansicht richtig, so war natürlich der Diaconus Johannes, vorausgesetzt, daß dieser mit dem späteren Papst dieselbe Person ist, nicht
der ursprüngliche Empfänger der Schrift. Mit der Schwierigkeit,
dies gegen die Handschriften zu behaupten, welche nicht über das
zehnte Jahrhundert hinausgehen, hat es, wie wir oben (bei der
Schrift: utrum pater et filius ac spiritus sanctus cet.) bemerkt
haben, nicht viel auf sich.

Einen bestimmten Verfasser zu nennen, sind wir freilich nicht
im Stande. Wie sich die fälschliche Zurückführung auf B. erklärt,
haben wir theils vorher (S. 157) schon bemerkt. B. galt nun einmal
für einen Verfechter des christlichen Glaubens, und, weil man ihn
aus seinen Schriften besonders als Dialektiker kannte und hoch ver-
ehrte, war man von vorn herein geneigt, namenlose Schriften ihm
beizulegen, wenn sie einigermaßen jenen formalistischen Charakter an
sich trugen. Bei unserer Abhandlung kam nun das vielfache Zurückgehen auf griechische Ausdrücke dazu. Man ließ sich dadurch an die
Uebersetzungen des B. aus Aristoteles und Porphyrius erinnern, und
allmählich setzte sich die Meinung fest, daß dieser der Verfasser sei.
Wie sehr sich in der Diction diese Abhandlung von den übrigen,
die man dem B. zuschrieb, sowie von den ächten Schriften desselben

unterscheidet, bemerkte man nicht. Auffallende Anklänge an Stellen aus des B. ächten Schriften, wie sie sich in der größeren Abhandlung de trinitate finden, finden sich hier nicht, weil die Schrift älter ist, als B. Was dahin gerechnet wird, erklärt sich aus dem gemeinsamen aristotelischen Ursprung. Denn eine gewisse Kenntniß der Schriften des Aristoteles scheint unser Verfasser allerdings gehabt zu haben.

Zwölftes Hauptstück.

Das Glaubensbekenntniß (Brevis fidei christianae complexio).

Dieses Glaubensbekenntniß, welches Trithemius meint, wenn er dem B. einen Tractat „de fide“ zuschreibt, findet sich in den Ausgaben des 15. und 16. Jahrhunderts noch nicht, wurde aber im Jahre 1656 zu Leyden von Vallinus nach vier Handschriften, welche es dem B. beilegen, herausgegeben.

Vallinus nun geleitet diese kleine Schrift mit einigen rhetorischen Lobeserhebungen in's Publicum und spricht seine Vermuthungen über ihre Entstehung und Tendenz aus, — die sich jedoch auf kein historisches Zeugniß stützen, daher keinen Werth für uns haben [1].

Wie dem auch sei, dieses immerhin alte und in seiner Weise schöne Glaubensbekenntniß ist in mancher Beziehung interessant und verdient Beachtung. Ehe wir unser Urtheil über seine Aechtheit aussprechen, geben wir ein Bild von seinem Inhalt.

I. Inhalt.

Der Verfasser beginnt mit einer kurzen Andeutung über die Urkunde des christlichen Glaubens, als welche er die heilige Schrift

---

[1] «Is libellus vere aureus indignus erat, qui diutius lateret, olim inter diversas haeresum turbines, quae tunc maxime Anastasii principis favore elatae grassabantur, conscriptus; atque eo fine, ut, more tum inter magnos viros recepto, testatiorem faceret suam fidem Boëtius, suamque cum ecclesia catholica communionem. »

Neuen und Alten Testaments bezeichnet. Schon dieses letztere enthalte den Namen Christi und deute auf des Erlösers zukünftige Erscheinung hin, in alle Welt aber sei Sein Name erst in Folge des wirklichen Erscheinens des Heilandes gedrungen. Dann folgt das eigentliche Glaubensbekenntniß in vorzugsweise geschichtlicher Form.

Vor Gründung der Welt war von Ewigkeit her der Vater, der Sohn und der h. Geist, ein Gott, nicht drei Götter; der Sohn, gezeugt aus dem Wesen des Vaters, gleich ewig, aber nicht derselbe, wie der Vater; der h. Geist, weder gezeugt, noch zeugend, sondern ausgehend vom Vater und Sohn. Die Art und Weise dieses Ausgehens ist freilich für den menschlichen Geist ebenso unergründlich, wie die Zeugung des Sohnes, die Thatsache aber steht fest durch die h. Schrift. Dieser Grundlehre unserer Religion haben indessen Viele, die fleischlich gesinnt waren, widersprochen, insonderheit: 1. Arius, der dem Sohn zwar Gottheit zuschreibt, ihn aber in mancherlei Rücksicht unter den Vater herabsetzt und nicht aus dem Wesen des Vaters gezeugt sein läßt; 2. die Sabellianer, welche, nur eine Person der Gottheit annehmend, Vater, Sohn und h. Geist für bloße verschiedene Namen derselben erklären; 3. die Manichäer, welche zwei von Ewigkeit her einander entgegengesetzte Principien setzen, Anstand nehmen, an einen eingeborenen Sohn Gottes zu glauben, weil es Gottes unwürdig sei, einen Sohn zu erzeugen, und demgemäß nicht nur das Alte, sondern auch einen Theil des Neuen Testaments verwerfen, letzteres, weil sie sich weigern anzuerkennen, daß der Sohn von der Jungfrau geboren ist, was eine Befleckung des göttlichen Wesens mit einem menschlichen Leibe in sich schließe. Hiermit geht der Verfasser auf die heilige Geschichte über.

1. Erstes Weltalter[1]).
Von der Schöpfung bis zur Sündfluth.

Der ewige Gott schuf durch seinen Willen aus Nichts die Welt, weder aus seinem Wesen, damit man nicht glaube, sie sei göttlicher

---

[1]) Dieser Bezeichnung bedient sich der Verfasser selbst am Schluß des ersten Abschnitts; wir haben demgemäß das ganze Bekenntniß nach vier Weltaltern eingetheilt.

Natur, noch aus etwas Anderem, damit nicht etwa sein Wille durch
etwas Anderes bestimmt worden zu sein scheine und damit man nicht
glaube, es sei zuvor schon Etwas vorhanden gewesen, was er nicht
gemacht. Sondern durch sein Wort brachte er die Himmel hervor,
schuf er die Erde, bereitete er der himmlischen Wohnung würdige
Wesen für den Himmel und irdische Geschöpfe für die Erde. Von
jenen, den Engeln, wurde nun ein Theil, der, obwohl im Himmel
Alles — freilich mit Gradunterschieden — herrlich eingerichtet ist, noch
Höheres begehrte, als ihnen ihrem Wesen nach zukam, aus dem
Himmel verstoßen. Die so im himmlischen Staate entstandene Lücke
auszufüllen, ward aus Erde der Mensch gebildet und ihm ein leben-
diger Geist eingehaucht, er ward mit Vernunft und freiem Willen
ausgerüstet und unter Vorhaltung des Gebotes in's Paradies gestellt,
um, falls er sich von Sünde frei erhielte, mitsammt seinen Nachkommen einst den englischen Schaaren beigesellt zu werden und zum
Lohne der Demuth den Platz der wegen Hochmuths verstoßenen
Wesen im Himmel einzunehmen. Aber der Vater des Neides mochte
es nicht ertragen, daß der Mensch dorthin emporsteige, wo er selbst
nicht hatte bleiben dürfen, führte ihn in Versuchung und brachte es
dahin, daß auch er sammt seiner Genossin, welche der Fortpflanzung
wegen der Bildner aus seiner Seite hervorgebracht hatte, von der
Strafe des Ungehorsams getroffen ward; denn auch ihm verhieß er
göttliches Wesen, ob dessen Anmaßung er selbst verstoßen war. Dies
Alles offenbarte Gott seinem Knechte Moses, wie die von diesem
verfaßten Bücher bezeugen.

Hieran knüpft der Verfasser eine kurze hermeneutische Bemerkung: die heiligen Urkunden seien theils historisch, theils allegorisch
zu deuten, theils müsse man beide Auslegungsarten verbinden.

Der wegen Ungehorsams aus dem Paradiese mit seinem Weibe
verstoßene Mensch, heißt es nun weiterhin, muß das Land bebauen,
verpflanzt seine Nachkommen in „unbekannte" Gegenden und erbt
die Strafe, welche er seiner Versündigung wegen empfangen hatte,
auf dieselben fort. So entstand Verderben Leibes und der Seele
und der Tod, dessen Bitterkeit der erste Mensch, ehe er ihn
selbst erlitt, damit seine Erwartung für ihn desto pein-
licher würde, zuvor an seinem Sohne Abel kennen lernen
mußte. Daß nun jene Versündigung ein solches Erdübel nach sich

11

gezogen habe, hat ein „gewiſſer" Pelagius geleugnet und wurde dadurch Urheber einer beſonderen Ketzerei, welche jedoch von der Kirche alsbald zurückgewieſen wurde. Die Menſchen mehren ſich, aber auch Kampf und Elend mehren ſich, das Glück des Paradieſes iſt verſcherzt. Doch ſondert die Gnade des Schöpfers Einige aus und macht ſie zu Dienern ſeines Willens; von Natur unterliegen auch dieſe allerdings der Verdammniß, allein ſie werden des freilich erſt weit ſpäter zu offenbarenden Heils theilhaftig, und durch ſie will Gott die verderbte Natur wieder herſtellen, anſtatt die Menſchen in ihrem Trotz verharren zu laſſen. Er bedient ſich dazu des gerechten Noah, den er, während er die ſtraffällige Menge durch die Fluth umkommen läßt, durch die (ſymboliſch) bedeutungsvolle Arche nebſt den Seinigen rettet.

2. Zweites Weltalter.
Von Noah bis auf Chriſtus.

Das wiederhergeſtellte Menſchengeſchlecht fährt fort zu ſündigen. Sein Lebensalter iſt verkürzt, aber durch eine zweite Fluth ſoll es nicht umkommen, ſondern durch auserleſene Männer ſoll der Same fortgeleitet werden, aus welchem der am Ende der Welt in menſchlichem Leibe zu gewärtigende Sohn Gottes hervorgehen ſoll. Der erſte dieſer Auserwählten iſt Abraham. Ihm wird in ſeinem Alter von ſeinem altersſchwachen Weibe Iſaak geboren, der Vater des Jakob, welcher mit den „zwölf Patriarchen" nach Aegypten auswandert. Zum Volke erwachſen, von den Aegyptern gedrückt, ziehen ſie unter Moſes und Aaron wunderbar durch das rothe Meer und durch die Wüſte nach dem Berge Sinai, wo Gott, der Schöpfer des Alls, der das Volk[1] für das zukünftige Heil erziehen wollte, mittelſt des durch Moſen gegebenen Geſetzes die Opfergebräuche und die Sitten desſelben regelt. Nach Beſiegung vieler Völker während vieler Jahre gehen ſie nunmehr unter Führung Joſuas, des Sohnes Nave, durch den trockenen Jordan und kommen durch die Stadt (civitas), „welche jetzt Jeruſalem heißt". Während des Aufenthaltes des Volkes Gottes im Lande werden Richter und Propheten, endlich Könige eingeſetzt, deren erſter („nach Saul") David aus dem Stamme

---

[1] Der Verfaſſer ſpricht hier von populi, meint aber nur das Volk Iſrael.

Juba ist. Von ihm descendirt der königliche Stamm, der sich bis auf Herodes Zeit[1]) herab fortsetzt, welcher der erste Herrscher aus den Heiden wurde. Unter ihm kam „die selige" Jungfrau Maria zur Welt, welche aus dem Geschlechte Davids stammte und den „Schöpfer des Menschengeschlechts geboren hat". Weil die Welt, von vielen Sünden befleckt, im Tode lag, wurde einem Volke der Wille Gottes offenbart, in seiner Mitte erschienen Propheten und andere heilige Männer, um wenigstens dieses Volk von trotzigem Uebermuthe abzuhalten. Dieses aber tödtete sie und verharrte in seiner Verkehrtheit.

3. Drittes Weltalter.

Christus.

„In den letzten Zeiten nunmehr sollten nach dem Rathschluß Gottes nicht Propheten, noch andere ihm Wohlgefällige, sondern sein Eingeborner selbst sollte von der Jungfrau geboren werden, damit das Heil der Menschen, welches durch des ersten Menschen Ungehorsam verloren gegangen war, durch den Gottmenschen wiederum hergestellt würde. Und weil es ein Weib gewesen, welche zur Ursach des Todes dem ersten Menschen gerathen hatte, sollte auch jene zweite ein Weib sein, welche des Lebens Spender in menschlichem Leibe uns brachte. Auch darf es nicht gemein geachtet werden, daß Gottes Sohn aus einer Jungfrau geboren ist, weil er ja wider die Weise der Natur empfangen und zur Welt gekommen ist. Als Jungfrau also empfing sie vom heiligen Geist den fleischgewordenen Sohn Gottes, als Jungfrau gebar sie ihn, Jungfrau blieb sie nach der Geburt. Und er ward des Menschen und zugleich Gottes Sohn, dergestalt, daß in ihm sowohl der göttlichen Natur Glanz (splendor) strahlte, als auch die Aneignung der menschlichen Gebrechlichkeit sichtbar wurde. Aber es erhoben sich viele Schwätzer, welche

---

[1]) Wir brauchen den Verfasser nicht so zu verstehen, als ob er glaubte, dieser Stamm habe bis auf Herodes herab geherrscht, er deutet nur auf die Continuität der Familie von David bis auf Maria hin. Die betreffenden Worte lauten: »descendit itaque ab eo per singulas successiones regium stemma, perductumque est usque ad Herodis tempora, qui primus ex gentibus memoratis populis legitur imperasse.«

gegen diesen so vernünftigen und wahrhaftigen Glauben Widerspruch
erhoben, und unter Anderen traten Nestorius und Eutyches als
Erfinder von Ketzerlehren hervor, von denen der Eine behaupten zu
müssen glaubte, er (Christus) sei blos Mensch, der Andere, er sei
blos Gott, und der menschliche Leib, welchen Christus angezogen,
rühre nicht davon her, daß er sich der menschlichen Natur theilhaftig
gemacht. Doch so viel hiervon."

„Es wuchs also nach dem Fleische Christus, er ward getauft,
auf daß der, welcher die Anweisung zur Taufe den Uebrigen geben
sollte (baptizandi formam erat caeteris tributurus), zuerst selbst
empfinge, was er lehrte. Nach der Taufe aber erwählte er zwölf
Jünger, von denen Einer sein Verräther war. Und weil das Volk
der Juden die gesunde Lehre sich nicht gefallen ließ, so legten sie
Hand an ihn und kreuzigten ihn. Getödtet also wird Christus, drei
Tage und drei Nächte liegt er im Grabe, ersteht von den Todten,
wie er's vor Gründung der Welt selbst mit dem Vater beschlossen
hatte; fährt auf gen Himmel, wo er, insofern er Sohn Gottes ist,
offenbar immer geblieben war, auf daß den angenommenen Menschen,
den der Teufel nicht hatte in den Himmel steigen lassen, der Sohn
Gottes mit sich zur himmlischen Wohnung emporhöbe. Er giebt
also seinen Jüngern die Anweisung, zu taufen und die heilsame
Lehre zu verkündigen, auch die Kraft, Wunder zu thun, und heißt
sie in die ganze Welt gehen zur Verkündigung des Lebens, damit
die heilsame Predigt fürder nicht nur unter Einem Volke, sondern
dem ganzen Erdkreis gepredigt würde. Und weil die Menschheit in
Folge des Zustandes, in welchen sie der erste Uebertreter versetzt hatte,
von ewiger Strafe wie von Pfeilen getroffen, verwundet darniederlag
und sich selbst zu heilen nicht die Kraft besaß, weil ihr Ur-Ahne
ihr Heil verscherzt hatte, so verlieh er gewisse heilende Gnadenmittel,
damit sie anerkenne, daß sie von Natur Anderes verdiene, Anderes
durch die Gnadenverleihung (erlange); daß die Natur eben nur der
Strafe unterwerfe, die Gnade dagegen, welche auf keine Verdienste
hin gewährt ist (denn sie hieße nicht Gnade, wenn sie auf Verdienste
hin gewährt würde), ihres ganzen Heiles Quelle sei."

4. Viertes Weltalter.

Die Ausbreitung des Christenthums und die letzten Dinge.

„Verbreitet wird also über die Welt jene himmlische Lehre, zur Einheit verbunden werden die Völker, Gemeinden gestiftet, es entsteht Ein Leib, der die ganze Welt erfüllen soll, dessen Haupt, Christus, gen Himmel fuhr, auf daß unfehlbar (necessario) die Glieder ihrem Haupte folgten. Diese Lehre nun schärft für dieses Leben gute Werke ein und verheißt, daß nach der Welt Vollendung unsere Leiber unvergänglich zum Himmelreich erstehen sollen, dergestalt, daß, wer hier durch Seine Gnade ein gutes Leben geführt, bei jener Aufer-stehung die höchste Seligkeit erlangen, wer dagegen ein böses, nach dem Eintritt der Auferstehung ein unseliges Dasein haben wird. Und das ist die (eine?) Hauptsache in unserer Religion (hoc est principale religionis nostrae), daß wir glauben, daß nicht allein die Seelen unvergänglich sind, sondern auch die Leiber, welche mit dem Eintritt des Todes sich aufgelöst, mit der bevorstehenden Selig-keit den früheren Zustand wiedererlangen. [Diese katholische Kirche nun, welche über den Erdkreis verbreitet ist, hat dreierlei Merkmale: alles, was Inhalt ihrer Lehre ist, beruht entweder auf der Urkunde der (heiligen) Schriften, oder auf allgemein gültiger Ueberlieferung, oder wenigstens auf besonderer und particulärer Anweisung; jene Urkunde ist für die ganze (Kirche) bindend, nicht minder die allge-mein gültige Ueberlieferung der Vorfahren; die besonderen Bestim-mungen aber und eigenthümlichen Anweisungen gelten für jede ein-zelne (Kirchenprovinz) und deren Regierung, nach den verschiedenen Verhältnissen der einzelnen Gegenden oder nach Maßgabe dessen, was jeder (jede?) für gut hält.]"

„Nichts Anderes[1]) ist also dermalen unserer gläubigen Erwartung Gegenstand, als dies: daß die Welt ein Ende haben, alles Verwes-liche vergehen wird, die Menschen zum künftigen Gericht auferstehen werden, jeder Einzelne nach Verdienst Lohn empfangen und auf immer und ewig in den ihm gebührenden Schranken fortbestehen und daß der

---

[1]) Ich weiß nicht, ob ich die betreffenden Worte richtig wiedergegeben habe. Sie sind sehr vieldeutig und gestatten eine verschiedene Auslegung, je nachdem man in dem Satze »sola ergo nunc est fidelium exspectatio, qua credimus adfuturum finem mundi« etc. das eine oder das andere Wort betont.

einzige Lohn der Seligkeit die Anschauung des Schöpfers sein wird, soweit solche dem Geschöpf dem Schöpfer gegenüber möglich ist: damit aus ihrer Mitte nach Wiederherstellung der Zahl der Engel jener himmlische Staat vervollständigt werde, wo der Jungfrau Sohn König ist und die immerwährende Freude, der Genuß, die Speise und das Tagewerk (opus) des Schöpfers unablässiges Lob sein wird."

II. Das Eigenthümliche dieses Bekenntnisses.

Wenn gleich dieses Glaubensbekenntniß seinem Inhalte nach im Allgemeinen mit der in den drei ökumenischen Symbolen niedergelegten katholischen Kirchenlehre übereinstimmt, so hat es doch in seiner Form überhaupt und in manchen einzelnen Punkten eine gewisse Eigenthümlichkeit.

1. Zunächst ist schon die fast durchweg historische Haltung bemerkenswerth. Sehen wir von der Einleitung ab, welche als Grundlage der von dem Verfasser vor Augen geführten Heilsgeschichte das Trinitätsdogma hinstellt: so finden wir überall abstracte dogmatische Sätze nur beiläufig und gelegentlich eingestreut. Der Verfasser hat es unternommen, die ganze Summa des christlichen Glaubens in den Rahmen einer geschichtlichen Skizze zu fassen, welche von der Schöpfung der Welt bis zu den letzten Dingen reicht und insofern ganz vollständig ist. Dabei fand er aber Gelegenheit, die wichtigsten Dogmen des Christenthums, nämlich (außer der schon erwähnten Trinitätslehre) die Lehre von der Schöpfung der (nicht ewigen) Welt durch das Wort Gottes, vom Sündenfall, von der Erbsünde und dem Tode, vom Gesetz, von der Erlösung, von der zwiefachen Natur Christi, von der Kirche und deren Gnadenmitteln, von der Auferstehung des Leibes, dem Gericht und der ewigen Seligkeit wenigstens zu berühren, nicht minder die häretischen Gegner der Kirchenlehre, nämlich einmal Arius, die Sabellianer und Manichäer (Trinitätslehre), dann Pelagius (Erbsünde), endlich Nestorius und Eutyches (Christologie). Als Erkenntnißquelle der Religion stellt er sehr passend gleich am Anfang seines Bekenntnisses die heilige Schrift hin, auch die hermeneutischen Grundsätze und die Merkmale der Katholicität hat er anzubringen gewußt, freilich an minder passenden Stellen.

2. Aber nicht allein dies, daß er überhaupt die christliche Wahrheit in historischem Gewande darstellt, sondern auch die

Art, wie er durch Einen das Ganze beherrschenden Gesichtspunkt
Einheit in seine Darstellung gebracht hat, verdient Beachtung. Gleich
bei der Schöpfung des Menschen ist nämlich das Hauptaugenmerk
Gottes nach unserem Verfasser der himmlische Staat, dessen Bürger
die Engel sind. Durch den Sturz eines Theiles der Engel ist in
der superna civitas eine Lücke entstanden; diese soll wieder ausge-
füllt werden; aus diesem Grunde und aus keinem anderen wurde
der Mensch erschaffen, er war dazu auserlesen, falls er durch Demuth
und Gehorsam den Hochmuth der gefallenen Engel aufwog, sammt
seinen Nachkommen einst deren Stelle im Himmel einzunehmen.
Dieser Erwartung entspricht er nun freilich nicht. Aber jener göttliche Zweck ist deshalb nicht aufgegeben; durch die Erlösung gelangt
er dennoch zu seiner Verwirklichung. Denn indem Christus, das
Haupt, gen Himmel fährt, zieht er die Glieder nach sich und setzt
so endlich in's Werk, was der Teufel durch Verführung der Menschen
hatte vereiteln wollen. Schöpfung und Erlösung des Menschen sind
also von jenem Gesichtspunkt beherrscht; wie wenig derselbe überhaupt
für unseren Verfasser ein nur beiläufiger ist, zeigt der Schluß des
Bekenntnisses, wo ausdrücklich gesagt wird, daß durch die Menschen,
die der Seligkeit theilhaftig werden, die Zahl der Engel wiederum
vollständig habe gemacht werden sollen. Obgleich sich nun diese Idee
schon früher findet, besonders bei Augustin[1]), dessen Schriften überhaupt auf unseren Verfasser einen bedeutenden Einfluß ausgeübt zu
haben scheinen[2]): so tritt sie doch, so viel wir wissen, nirgends so
sehr in den Vordergrund, wie hier.

3. Was nun die Auffassung der Geschichte selbst betrifft, so hält
sich einerseits der Verfasser in Beziehung auf das Thatsächliche im
Ganzen streng an die biblische Urkunde, andererseits ist auch sein
Pragmatismus der streng theokratische, so daß er z. B. diejenigen
Kinder Jakobs, „quos more suo natura produxerat“, nicht berücksichtigt und dem David den Primat unter den Königen Israels
zuerkennt, nicht in chronologischem Irrthum (denn er sagt ausdrücklich: post Saulem primatum adeptus), sondern in bewußter Verfolgung des rothen Fadens der Heilsgeschichte. Das Einzelne hat er

---

[1]) Z. B. de civ. dei XXII, 1.

[2]) De civ. dei lib. XI. folg. handeln gleichfalls von der alttestamentlichen und
neutestamentlichen Heilsgeschichte.

zum Theil eigenthümlich gedeutet. Zwar die Parallelisirung der Maria mit der Eva findet sich schon in dem Briefe an den Diognet (c. 12), bei Irenäus und in späterer Zeit (u. A.) bei Chrill von Jerusalem (catech. 12, §. 15), ebensowenig ist die Behauptung einer ewigen Jungfraufchaft der Mutter „des Schöpfers" etwas Neues, über die typische Bedeutung der Arche Noah dachte der Verfasser vermuthlich ebenso wie Augustin (de civ. dei XV, 26), welcher in der Arche die Kirche, in dem Holze, aus dem sie gebaut war, das Kreuz des Heilandes vorgebildet findet. Dagegen scheint die Vorstellung, daß der Tod Abels dazu habe dienen sollen, für Adam die Pein des Todes zu erhöhen, dessen Schrecken er ohne diesen Vorfall in minder hohem Grade empfunden haben würde, Eigenthum des Verfassers zu sein. Wir bemerken beiläufig, daß in dieser Auffassung mehr liegt, als die Anerkennung, daß Adam in dem Bruderzwist seiner Söhne und in der Ermordung des Frommen unter diesen einen neuen Act der göttlichen Strafgerechtigkeit habe erkennen müssen.

4. Die Darstellung der angeführten häretischen Lehren ist zum Theil etwas ungenau und mindestens grob. Denn da Sabellius von drei πρόςωπα, freilich nicht im Sinne der Kirche, redete: so ist die Behauptung, die Sabellianer setzten nicht tres existentes personas, sed unam, wenn auch nicht geradezu falsch, doch nicht treffend und nicht historisch genau; ebenso verhält es sich mit der Behauptung, Nestorius habe Christum für einen bloßen Menschen, Eutyches habe denselben für ein lediglich göttliches Wesen erklärt.

III. Unächtheit.

Aus der erwähnten ungenauen oder groben Darstellung des eutychianischen und nestorianischen Irrthums geht hervor, daß der Verfasser der Schrift de persona et natura contra Eutych. et Nestor. mit dem Verfasser unseres Glaubensbekenntnisses schwerlich dieselbe Person ist. Denn jener kennt beide Häresieen genauer und stellt sie anders dar. Da derselbe aber, wie wir zeigten, B. nicht sein kann, so könnte scheinbar letzterem nun um so eher die in Rede stehende Schrift zugeschrieben werden. In Wahrheit ist dies aber gleichfalls unmöglich. Dies erhellt von selbst aus dem, was wir über den Inhalt der Schrift de consolat. gesagt haben. Wir haben daher lediglich hierauf (vgl. S. 42—92) zurückzuweisen. Fast Alles, was über die zwischen B. und dem Verfasser der christologischen Abhandlung bestehende religiöse Differenz bemerkt wurde, gilt auch für diese. Wir erinnern nur an die dem B. fremde, hier deutlich vorliegende Lehre von der Schöpfung[1]) aus Nichts, (welche durch die Ausdrücke constitutor und fabricator natürlich nicht beeinträchtigt wird), an die Lehre von der Erbsünde und Erbschuld, an den Gegensatz von natura und gratia im kirchlichen Sinne, welchen B. nicht im Entferntesten kennt. Am deutlichsten spricht die Auferstehungslehre des Bekenntnisses, die Hervorhebung des specifisch kirchlichen Dogmas von der Auferstehung nicht nur der Seele, sondern auch des Leibes, gegen B. als Verfasser. Von einer Auferstehung weiß dieser nichts, obwohl freilich von einer Unsterblichkeit. Bei seiner platonischen Ansicht vom Leibe kann er eine Auferstehung des Leibes weder wünschen, noch glauben; er spricht daher lediglich von einer Fortdauer der Seele nach dem Tode und theilt nicht die Ansicht derjenigen Heiden, welche besonders durch diese Lehre des Christenthums angezogen und zur Bekehrung bewogen wurden. Und diese Lehre, welche dem ganzen System des B. widerspricht, bezeichnet der Verfasser des Bekenntnisses geradezu als die oder doch eine Hauptlehre der christlichen Religion. Dies eine Beispiel könnte zur Widerlegung der in Frage stehenden Ansicht hinreichen. Die Hauptsache ist aber nicht, daß einzelne Lehren sich widersprechen, sondern daß die ganze religiöse Grundansicht eine andere ist. Den eigentlichen Kern des Christenthums, der auch in diesem Bekenntniß deutlich genug hervortritt, die tiefere Auffassung der Sünde und die Hinweisung auf eine thatsächlich in Christo eingetretene Erlösung von der Sünde suchen wir vergebens in dem theologischen System, welches der Schrift de consol. zum Grunde liegt. Aber noch andere Gründe sprechen gegen die Aechtheit.

Die älteste Urkunde, welche die Schrift dem B. zuerkennt, gehört dem 10. Jahrhundert an[2]). Dazu kommen sprachliche Gründe. Das Bekenntniß ist zwar in stilistischer Beziehung nicht die schlechteste unter den theologischen Schriften, welche dem B. zugeschrieben

---

[1]) Gegen die (vielleicht) platonische Ansicht, daß die Welt göttlicher Natur sei, erklärt sich der Verfasser ausdrücklich [»nec ex substantia sua protulit, ne divinus (mundus) natura crederetur«].

[2]) Wenigstens nach der Meinung von Obbar. Es ist ein codex Gothanus (I).

werden; der Stil besselben zeichnet sich vor dem aller anderen durch
Kraft, Lebendigkeit und Gedrungenheit aus; einige Stellen haben
einen fast liturgischen, das ganze hat einen kirchlichen Charakter;
um so unähnlicher aber ist dieser Stil dem des ächten B., welcher
noch etwas von dem altrömischen, aber durchaus Nichts von dem
kirchlichen Charakter an sich hat.

Den wahren Verfasser aber oder auch nur die Zeit der Abfassung zu bestimmen, ist vorläufig unmöglich. Als Häretiker werden
genannt die Arianer, die Sabellianer, die Manichäer, die Pelagianer,
die Nestorianer und Eutychianer. Das Ausgehen des h. Geistes vom
Vater und Sohn wird deutlich gelehrt. Hiernach könnte das Bekenntniß aus dem fünften oder sechsten Jahrhundert stammen. Es
ist demnach kein Grund vorhanden, zu leugnen, daß es aus dem Zeitalter des B. herrührt; nur kann dieser nicht der Urheber sein. Daß
man es ihm einige Jahrhunderte nach seiner Entstehung dennoch zuschrieb, kann verschiedene Gründe gehabt haben. Vielleicht stand es
irgendwo namenlos mit den Schriften des B. in Einem Codex, und
so entstand die Meinung, er sei der Verfasser, eine Meinung, der
man sich gewiß um so lieber hingab, da man unter den ächten
Schriften des B. keine fand, welche die Annahme, er sei als Märtyrer des christlichen Glaubens gestorben, zu bestätigen geeignet war.

Dreizehntes Hauptstück.

Resultat.

Nachdem wir auch die „brevis fidei christianae complexio",
welche man dem B. zuschreibt, analysirt und gezeigt haben, daß auch
sie in der That diesen letzteren nicht zum Verfasser haben kann, ist
der Aufgabe, mit welcher dieser specielle Theil unserer Abhandlung
sich zu beschäftigen hatte, genügt. Denn außer jenen vier Schriften,
die wir, eine nach der anderen, eingehend geschildert und beurtheilt
haben, finden sich christlich-theologische, welche man dem B. zuschreibt,

wenigstens in den Ausgaben dieses Schriftstellers nicht[1]). Hiermit ist nun aber zugleich unsere ganze Untersuchung zu ihrem Abschluß gediehen, und es bleibt uns nur noch übrig, die gewonnenen Resultate kurz zusammenzustellen. Die Frage war also diese: können die dem B. zugeschriebenen theologischen Abhandlungen denselben wirklich zum Verfasser haben oder nicht? Behufs Lösung dieses Problems fragten wir zuvörderst: wo und wann werden jene angeblich von B. herrührenden Schriften zuerst erwähnt und zwar mit der ausdrücklichen Erklärung, daß dieser ihr Verfasser sei? Wir stellten fest, daß es bis jetzt noch Niemandem gelungen sei, eine Erwähnung irgend einer jener Schriften zu entdecken, die höher hinaufreicht, als Alcuin's Schrift de processu spiritus sancti, in welcher übrigens keineswegs alle jene vier Schriften genannt werden. Da Alcuin nun drittehalb Jahrhunderte später lebte, als B., und während dieser Jahrhunderte die Legende und der historische Aberglaube die Kritik überwucherte: so konnten wir jener zunächst vereinzelten und keines-

---

[1]) Auf die inedita (vgl. S. 21. Anm. 4.) können wir uns natürlich nicht einlassen. Von dem Aufsatz »de bono« ist schon S. 24. Aum. 1. die Rede gewesen. Hier noch Einiges über die Schrift de unitate et uno. Theologischen Inhaltes ist sie nicht, dadurch unterscheidet sie sich von den bisher behandelten Schriften des fälschen B.; dagegen unterscheidet sie sich von den anerkannt ächten Schriften des B. dadurch, daß die in ihr angeführten Beispiele aus der Bibel hergenommen sind und zwar in einer Weise, die den Eindruck macht, als hätte der Verfasser absichtlich und mit Vorliebe gerade aus dem biblisch-christlichen Gedankenkreise seine Beispiele selbst für religiös ganz indifferente Sätze entlehnt. Wäre nun B. der Verfasser, so würde daraus freilich nicht folgen, daß dieser ein hohes Interesse für den christlichen Glauben gehegt habe; indessen würde die Wahrnehmung dieser Thatsache ihn in unseren Augen dem kirchlichen Bewußtsein doch näher rücken, als er diesem nach den anerkannt ächten Schriften (besonders de consol.) stand. Nun ist aber schon von Hand die Schrift für unächt erklärt worden; und in der That hat bis jetzt Niemand ein Citat derselben, welches über das 12. Jahrhundert hinausginge, nachgewiesen; auch sprachliche Gründe sprechen für die Unächtheit; denn, wären auch Ausdrücke, wie diversificare, allenfalls dem B. zuzutrauen, corpulentare würde er doch nicht gesagt haben. Die ganze Abhandlung ist eine von einem Späteren herrührende breite Ausführung und Entwickelung des Satzes, daß Alles, was ist, Eines ist, und mit Aufhebung der Einheit auch das Sein aufhört (de consol. philos. III. pr. 11. vgl. comm. in Porphyr. I. Migne t. 64. p. 83.: »omne enim, quod est, idcirco est, quia unum est«). Ist nun die Unächtheit auch dieses Tractats so gut wie ausgemacht, so ist derselbe nicht geeignet, uns in unserem Urtheil über das Verhältniß des B. zur christlichen Kirche wankend zu machen.

wegs durch hohes Alter glaubwürdigen Aussage kein großes Gewicht beilegen, noch weniger natürlich denen der späteren Schriftsteller des anbrechenden Mittelalters. Was über die Lebensverhältnisse des Philosophen bekannt ist, auf welche wir alsdann unsere Aufmerksamkeit richteten, spricht eher dagegen als dafür, daß er sich für das Christenthum und die Kirche interessirt habe, obgleich es unwahrscheinlich ist, daß er seinem äußeren Bekenntnisse nach ein Heide war. Die Männer, von denen wir wissen, daß er mit ihnen verkehrte, waren sicher Christen, ihr Hauptinteresse war aber das humanistische, und nur aus diesem Grunde scheint B. Verkehr mit ihnen gepflogen zu haben. Hauptsächlich aber kam es darauf an, daß wir aus den anerkannt ächten Schriften des B. selbst uns ein Urtheil über seine Stellung zu den metaphysischen, sittlichen und religiösen Fragen bildeten, welche zumal in jener Zeit die kirchliche Theologie anders beantwortete, als die Philosophie. Dieses Urtheil, welches wir vorzüglich, doch nicht allein, aus dem Dialog „vom Troste der Weisheit" zu gewinnen suchten, fiel dahin aus, daß das System des B. der christlichen Glaubenslehre in vielen Punkten, ja in seinem ganzen Tenor widerspreche und daß unter den mancherlei Factoren, deren Product es ist, das Christenthum so gut wie gar nicht zur Geltung gekommen sei. Hiermit war unsere Frage im Wesentlichen entschieden; es handelte sich nur noch darum, in der Beschaffenheit jeder einzelnen der in Rede stehenden theologischen Schriften eine Bestätigung des gewonnenen Vorurtheils zu suchen. In letzteren aber entdeckten wir nicht nur insofern, als wir erkannten, daß sie alle das Gepräge entschieden kirchlich gesinnter Verfasser an sich tragen, sondern auch abgesehen davon, zahlreiche Spuren der Unächtheit, wir fanden demnach jenes Vorurtheil bestätigt. Nun durften wir uns aber der Aufgabe nicht entziehen, wenigstens andeutungsweise den Umstand zu erklären, daß man diese Schriften dennoch dem B. zugeschrieben hat. Dieser Aufgabe glauben wir theils in den ersten Capiteln dieser Abhandlung, theils in den Bemerkungen über die einzelnen Tractate genügt zu haben. Daß man dem B. überhaupt christlich-theologische Schriften beilegte, hing mit der als historisch unbegründet erwiesenen Meinung zusammen, er sei als Märtyrer der kirchlichen Rechtgläubigkeit gestorben. Daß man aber gerade diese Schriften ihm beilegte, hat, wie wir sahen, einerseits einen allgemeinen Grund, andererseits bei jeder einzelnen seine besonderen Gründe.

Der allgemeine Grund, der nur auf das von uns geschilderte Glaubensbekenntniß nicht Anwendung findet, liegt besonders in dem dialektisch=formalistischen Charakter jener Schriften, darin, daß sie in einer Methode und Form geschrieben sind, als deren Muster den Theologen des Mittelalters die logischen Schriften des B. galten. Aus diesem Grunde auf unseren Philosophen, den man nun einmal für einen eifrigen Christen hielt, diese Literatur zurückzuführen, wurde man um so eher verführt, als einem Theil dieser Abhandlungen ächte Schriften des B. wirklich zum Muster gedient hatten, und zwar nicht nur im Allgemeinen, sondern bis zu dem Maße, daß man dem Philosophen gewisse Phrasen unmittelbar entlehnt hatte, sei es nun mit der Absicht, den Leser zu täuschen, oder ohne diese Absicht. Diejenige Schrift, in welcher dies am offenbarsten der Fall ist, die größere über die Dreieinigkeit, muß daher (aber nicht nur aus diesem Grunde) in eine spätere Zeit gesetzt werden. Ebenso scheint es sich mit der kleineren über die Dreieinigkeit zu verhalten. Dagegen muß aus Gründen, die wir hier nicht wiederholen können, die christologische Schrift, welche von jenen beiden sehr verschieden ist, obwohl sie zum Theil auch jene formalistische Haltung zeigt, in eine frühere Zeit gesetzt werden, als die Schriften des B. Eine andere Bewandtniß hat es mit dem „kurzen Glaubensbekenntniß". Dieses trägt ein ganz anderes Gepräge, als die übrigen drei pseudoboeth. Schriften, vor Allem nicht jenen formalistisch=scholastischen Charakter; zu den besonderen Gründen, welche uns nöthigten, diese Schrift dem B. gleichfalls abzusprechen (wie uns ja auch bei jeder der anderen außer dem allgemeinen besondere Gründe zu unserem Verwerfungsurtheil veranlaßten), tritt also derjenige, der die übrigen gemeinsam trifft, freilich nicht hinzu, die Unächtheit auch dieser ist aber, wie wir zeigten, nicht zu bezweifeln. Aus dem Gesagten ergiebt sich nicht nur, daß wir keine jener vier Schriften für ächt halten dürfen, sondern auch, daß sie mit einander nicht denselben Verfasser haben können. Gedanken der einen widersprechen zum Theil ausdrücklich Sätzen einer der anderen, worauf wir aufmerksam zu machen nicht unterlassen haben, und diese ganze Literatur ist auf mindestens zwei, wahrscheinlich aber drei verschiedene Urheber zu vertheilen.

Nur Eine Hypothese bleibt übrig, die, wenn sie haltbar wäre, die Möglichkeit offen ließe, anzunehmen, daß B. wenigstens einen

Theil der theologischen Schriften, die seinen Namen tragen, wirklich verfaßt habe. Man könnte nämlich annehmen, er habe im Laufe seines Lebens seine Ueberzeugung gewechselt. Diese Hypothese ist aber in der That unhaltbar. Unter den ihn betreffenden Nachrichten, die überhaupt in Betracht kommen, findet sich keine Spur davon, daß jenes der Fall gewesen sei. Dazu kommt nun noch folgender Umstand, dessen Erwägung uns nöthigt, von jener Annahme von vorn herein abzustehen: nehmen wir an, daß B. seine Ueberzeugung gewechselt habe, so können wir nicht dabei stehen bleiben, eine einmalige solche Veränderung zu setzen, sondern wir sind dann genöthigt, mindestens eine zweimalige zu behaupten. Nämlich seine ersten Schriften zeigen dasselbe eklektisch philosophische Gepräge, wie die letzte (de consol. philos.), welche er kurz vor seinem Tode verfaßte. Er müßte sich also zweimal von dem System, welchem er bis dahin anhing, losgesagt haben, nämlich einmal aus einem eklektischen Philosophen ein orthodoxer Theolog und dann wieder aus einem solchen ein platonisirender Eklektiker geworden sein, und dies einem so charaktervollen Manne, wie er war, zuzutrauen, sind wir durchaus nicht berechtigt. Wenigstens in seinem Schwanengesang, welcher durchaus kein christlicher Hymnus ist, müßte sich ferner in diesem Falle eine Andeutung davon finden, daß er sich früher zum kirchlichen Glauben bekannt habe. Davon findet sich aber keine Spur. Wir müssen demnach auch diese Hypothese für unhaltbar erklären.

Wir sind also zu dem Resultat gelangt, daß kirchlich-theologische Schriften von der Hand des B. nicht vorhanden sind. Daraus folgt nun zwar keineswegs, daß dieser Philosoph für die Dogmengeschichte keine Bedeutung habe, wohl aber, daß er kein Kirchenvater, überhaupt kein kirchlicher Schriftsteller ist, er ist vielmehr lediglich ein Ausläufer der griechisch-römischen Philosophie. Wie Plato, Aristoteles und Porphyrius mittelbar großen Einfluß auf die Entwickelung der christlichen Theologie ausgeübt haben, ohne Christen zu sein, ähnlich verhält es sich auch mit B. Er war zwar seinem äußeren Bekenntniß nach Christ, aber sein System wurzelt in der antiken Philosophie und entbehrt nicht nur gänzlich eines specifisch christlichen Charakters, sondern verträgt sich nicht einmal mit dem Christenthum.

Anhang.

(Bgl. S. 70.)

Die Frage, wie B. über die Realität der allgemeinen Begriffe gedacht habe, berührt zwar unsere kritische Frage nicht unmittelbar, wir brauchten sie daher bei der Zeichnung der Grundzüge seines
Systems nicht ausführlich zu beantworten. Da aber seine Gedanken über
diesen Punkt in der Periode der Scholastik den Gegensatz der Nominalisten
und Realisten hervorriefen und man gewohnt ist, so oft der Name des
B. genannt wird, vor Allem dieses Problems sich zu erinnern: so wollen
wir die betreffende Hauptstelle hier nach dem Grundtext mittheilen und
sodann deren Inhalt kurz angeben. Sie findet sich in dem Commentar
zu folgenden Sätzen der Isagoge des Porphyrius (comment. in Porphyr.
a se translat. I. Migne p. 82. sq.): Αὐτίκα περὶ γενῶν τε καὶ εἰδῶν τὸ
μὲν εἴτε ὑφέστηκεν εἴτε καὶ ἐν μόναις ψιλαῖς ἐπινοίαις κεῖται, εἴτε καὶ
ὑφεστηκότα σώματά ἐστιν ἢ ἀσώματα, καὶ πότερον χωριστὰ ἢ ἐν τοῖς αἰσθητοῖς
καὶ περὶ ταῦτα ὑφεστῶτα, παραιτήσομαι λέγειν, βαθυτάτης οὔσης τῆς τοιαύτης
πραγματείας καὶ ἄλλης μείζονος δεομένης ἐξετάσεως. B. übersetzt diese Worte
folgendermaßen: Mox de generibus et speciebus illud quidem, sive
subsistant, sive in solis nudis intellectibus posita sint, sive subsistentia corporalia sint an incorporalia, et utrum separata a sensibilibus an in sensibilibus posita et circa haec consistentia, dicere re-
cusabo. Altissimum enim negotium est hujusmodi et majoris egens
inquisitionis.

Hierüber sagt er nun Folgendes:

..... Omne quod intelligit animus, aut id quod est in rerum
natura constitutum, intellectu concipit et sibimet ratione describit,
aut id quod non est, vacua sibi imaginatione depingit. Ergo intellectus generis et caeterorum cujusmodi sit quaeritur; utrumne ita
intelligamus species et genera ut ca quae sunt et ex quibus verum
capimus intellectum, an nosmetipsos eludimus, cum ea quae non sunt
nobis cassa imaginatione formamus? Quod si esse quidem constiterit,
et ab his quae sunt intellectum concipi dixerimus, tunc alia major
ac difficilior quaestio dubitationem parat, cum discernendi atque in-
telligendi generis ipsius naturam summa difficultas ostenditur. Nam
quoniam omne quod est, aut corporeum aut incorporeum esse necesse est, genus et species in aliquo horum esse oportebit. Quale
erit igitur id quod genus dicitur? utrumne corporeum an incorpo-

reum? neque enim quid sit diligenter intenditur, nisi in quo horum poni debeat agnoscatur. Sed neque cum haec soluta fuerit quaestio, omne excluditur ambiguum: subest enim aliquid, quod, si incorporalia esse genus ac species dicantur, obsideat intelligentiam atque detineat, exsolvi postulans, utrum circa corpora ipsa subsistant, an etiam praeter corpora subsistentia incorporales esse videantur. Duae quippe incorporeorum formae sunt, ut alia praeter corpora esse possint, et separata a corporibus in sua corporalitate perdurent, ut Deus, mens, anima. Alia vero cum sint incorporea, tamen praeter corpora esse non possunt, ut linea, superficies, numerus et singulae qualitates, quas tametsi incorporeas esse pronuntiamus, quod tribus spatiis minime distendantur, ita tamen in corporibus sunt, ut ab his divelli nequeant aut separari, aut si a corporibus separata sint, nullo modo permaneant. Quas licet quaestiones arduum sit, ipso interim Porphyrio renuente, dissolvere, tamen aggrediar ita ut nec anxium lectoris animum relinquam, nec ipse in his quae praeter muneris suscepti seriem sunt tempus operamque consumam. Primum quidem pauca sub quaestionis ambiguitate proponam, post vero eundem dubitationis nodum exsolvere atque explicare tentabo. Genera et species aut sunt et subsistunt, aut intellectu et sola cogitatione formantur, sed genera et species esse non possunt. Hoc autem ex his intelligitur. Omne enim quod commune est uno tempore pluribus, id in se unum esse non poterit. Multorum enim est quod commune est, praesertim cum una atque eadem res in multis uno tempore tota sit: quantaecunque enim sunt species, in omnibus genus unum est, non quod de eo singulae species quasi partes aliquas carpant, sed singulae uno tempore totum genus habeant: quo fit ut totum genus in pluribus singulis uno tempore positum unum esse non possit; neque enim fieri potest ut cum in pluribus totum uno sit tempore, in semetipso sit unum numero. Quod si ita est, unum quiddam genus esse non poterit, quo fit ut omnino nihil sit. Omne enim quod est, idcirco est, quia unum est, et de specie idem convenit dici. Quod si est quidem genus ac species, sed multiplex, neque unum numero, non erit ultimum genus, sed habebit aliud super se positum genus, quod illam multiplicitatem unius sui nominis vocabulo concludat: ut enim plura animalia quoniam habent quiddam simile, eadem tamen non sunt, et idcirco eorum genera perquirunt: ita quoque quoniam genus, quod in pluribus est atque ideo multiplex, habet sui similitudinem, quod genus est, non est vero unum, quoniam in pluribus est, ejus generis quoque genus aliud quaerendum est, cumque fuerit inventum, eadem ratione

quae superius dicta est, rursus genus tertium vestigatur; itaque in
infinitum ratio procedat necesse est, cum nullus disciplinae terminus
occurrat. Quod si unum quoddam numero genus est, commune multorum esse non poterit: una enim res si communis est, aut partibus
communis est, et non jam tota communis, sed partes ejus proprie
singulorum sunt, aut in usus habentium etiam per tempora transit,
ut sit commune, ut puteus et fons, ut servus communis vel equus,
aut uno tempore omnibus commune fit, non tamen ut eorum quibus
commune est substantiam constituat, ut est theatrum, vel spectaculum
aliquod quod spectantibus omnibus commune est. Genus vero secundum nullum horum modum commune esse speciebus potest: nam ita
commune esse debet, ut et totum sit in singulis, et uno tempore, et
eorum quorum commune est constituere valeat et conformare substantiam. Quocirca si neque unum est, quoniam commune est, neque
multiplex, quoniam ejus quoque multitudinis genus aliud inquirendum
est, videbitur genus omnino non esse, idemque de caeteris intelli-
gendum est. Quod si tantum intellectibus genera et species caeteraque capiuntur, cum omnis intellectus aut ex re subjecta fiat, ut sese
res habet, aut ut res sese non habet, vanus est qui de nullo subjecto capitur, nam ex nullo subjecto fieri intellectus non potest. Si
generis et speciei caeterorumque intellectus ex re subjecta veniat,
ita ut sese res ipsa habet quae intelligitur, jam non tantum intellectu
posita sunt, sed in rerum etiam veritate consistunt. Et rursus quaerendum est, quae sit eorum natura, quod superior quaestio vestigabat:
quod si ex re quidem generis caeterorumque sumitur intellectus, neque ita ut sese res habet quae intellectui subjecta est, vanum necesse
est esse intellectum, qui ex re quidem sumitur, non tamen ita ut
sese res habet; id est enim falsum quod aliter atque res est intelligitur. Si igitur quoniam genus et species nec sunt, nec cum intelliguntur verus est eorum intellectus, non est ambiguum, quin omnis
sit deponenda de his quinque propositis disputandi cura, quandoquidem neque de ea re quae sit, neque de ea de qua verum aliquid
intelligi proferrive possit inquiritur: haec quidem est ad praesens de
propositis quaestio, quam nos Alexandro consentiente hac ratiocina-
tione solvemus. Non enim necesse esse dicimus, omnem intellectum
qui ex subjecto quidem sit, non tamen ut sese ipsum subjectum habet,
falsum et vacuum videri. In his enim solis falsa opinio ac non potius
intelligentia est, quae per conjunctionem fiunt. Si enim quis componat
atque conjungat intellectu id quod natura jungi non patiatur, illud
falsum esse nullus ignorat: ut si quis equum atque hominem jungat

12

imaginatione, atque effigiet centaurum. Quod si hoc per divisonem
et abstractionem fiat, non ita quidem res sese habet, ut intellectus
est. Intellectus tamen ille minime falsus est: sunt enim plura quae
in aliis suum esse habent, ex quibus aut omnino separari non possunt, aut si separata fuerint, nulla ratione subsistunt. Atque ut hoc
nobis in pervagato exemplo manifestum sit, linea in corpore est aliquid, et id quod est corpori debet, hoc est: esse suum per corpus
retinet, quod docetur ita: si enim separata sit a corpore, non sub-
sistit; quis enim unquam sensu ullo separatam e corpore lineam
cepit? Sed animus cum confusas res permistasque corporibus in se
a sensibus cepit, eas propria vi et cogitatione distinguit. Omnes
enim hujusmodi res incorporeae in corpore suum esse habentes sensus
cum ipsis nobis corporibus tradit: at vero animus, cui potestas est
et disjuncta componere et composita dissolvere, quae a sensibus con-
fusa et corporibus conjuncta traduntur, ita distinguit ut incorpoream naturam per se ac sine corporibus, in quibus est concreta, et
speculetur et videat. Diversae enim proprietates sunt incorporeorum
corporibus permistorum, etiamsi separentur a corpore. Genera ergo
et species caeteraque vel in corporeis rebus, vel in his, quae sunt
corporea, reperiuntur: et si ea in rebus incorporeis invenit animus,
habet illico incorpoream generis intellectum. Si vero corporalium
rerum genera speciesque prospexerit, aufert (ut solet) a corporibus
incorporeorum naturam, et solam puramque ut in seipsa forma est
contuetur. Ita haec cum accipit animus permista corporibus, incorporalia dividens speculatur atque considerat. Nemo ergo dicat falsam
nos lineam cogitare, quoniam ita eam mente capimus, quasi praeter
corpora sit, cum praeter corpora esse non possit. Non enim omnis
qui ex subjectis rebus capitur intellectus aliter, quam sese ipsae res
habent, falsus esse putandus est, sed (ut superius dictum est) ille
quidem, qui hoc in compositione facit, falsus est, ut cum hominem
atque equum jungens putat esse centaurum. Qui vero id in divisio-
nibus et abstractionibus atque assumptibus ab his rebus in quibus
sunt efficit, non modo falsus non est, verum etiam solus intellectus
id quod in proprietate verum est invenire potest. Sunt igitur hujusmodi res in corporalibus atque in sensibilibus rebus. Intelliguntur
autem praeter sensibilia, ut eorum natura perspici et proprietas valeat
comprehendi. Quocirca cum et genera et species cogitantur, tunc ex
singulis in quibus sunt eorum similitudo colligitur, ut ex singulis
hominibus inter se dissimilibus humanitatis similitudo, quae similitudo
cogitata animo veraciterque perspecta fit species, quarum specierum

rursus diversarum considerata similitudo, quae nisi in ipsis speciebus aut in earum individuis esse non potest, efficit genus. Itaque haec sunt quidem in singularibus, cogitantur vero universalia, nihilque aliud species esse putanda est, nisi cogitatio collecta ex individuorum dissimilium numero substantiali similitudine, genus vero cogitatio collecta ex specierum similitudine. Sed haec similitudo cum in singularibus est, fit sensibilis: cum in universalibus, fit intelligibilis; eodemque modo cum sensibilis est, in singularibus permanet, cum intelligitur, fit universalis. Subsistunt ergo circa sensibilia, intelliguntur autem praeter corpora, neque enim interclusum est, ut duae res eodem in subjecto non sint ratione diversae, ut linea curva atque cava: quae res cum diversis diffinitionibus terminentur, diversusque earum intellectus sit, semper tamen in eodem subjecto reperiuntur; eadem enim cava linea eademque curva est. Ita quoque generibus et speciebus, id est singularitati et universalitati unum quidem subjectum est, sed alio modo universale est, cum cogitatur, alio singulare, cum sentitur in rebus his in quibus habet esse suum. His igitur terminatis omnis (ut arbitror) quaestio dissoluta est. Ipsa enim genera et species subsistunt quidem alio modo, intelliguntur vero alio modo, et sunt incorporalia, sed sensibilibus juncta subsistunt in sensibilibus. Intelliguntur vero praeter corpora, ut per semetipsa subsistentia, ac non in aliis esse suum habentia; sed Plato genera et species caeteraque non modo intelligi universalia, verum etiam esse atque praeter corpora subsistere putat; Aristoteles vero intelligi quidem incorporalia atque universalia, sed subsistere in sensibilibus putat, quorum dijudicare sententias aptum esse non duxi. Altioris enim est philosophiae, idcirco vero studiosius Aristotelis sententiam exsecuti sumus, non quod eam maxime probaremus, sed quod hic liber ad praedicamenta conscriptus est, quorum Aristoteles auctor est.

Der Inhalt dieses Passus ist im Wesentlichen folgender: alle unsere Begriffe entsprechen entweder einem Wirklichen, oder sie sind bloße Gebilde der Einbildungskraft. So verhält es sich auch mit den Gattungsbegriffen und Artbegriffen. Haben die Gattungen und Arten nun Realität, so existiren sie wie Alles, was existirt, entweder körperlich oder unkörperlich. Wenn aber feststeht, daß sie unkörperliche Existenz haben: so fragt sich ferner, ob sie — wenn gleich selbst unkörperlich — an Körperlichem ihre Existenz haben oder völlig abgesondert von allem Körperlichen existiren. Denn von denjenigen Existenzen, deren Sein immateriell ist, existiren einige, wie: Gott, der Verstand und die Seele — völlig getrennt von der Materie, andere dagegen, wie: die Linie, die Oberfläche, die Zahl — sind zwar immateriell, haben aber gleichwohl ihre Existenz lediglich an Materiellem. Wie es nun in allen diesen Beziehungen mit den Gattungen und Arten sich verhält, das ist eben die Frage. Gehen wir nun auf diese Frage ein, so scheint sich herauszustellen, daß die Gattungen und Arten keine Realität haben können. Zu einer Gattung gehört nämlich wesentlich eine Mehrheit von Arten, und zwar muß eine Gattung gleichzeitig und ganz bei den vielen Arten und Individuen sich finden.

Die Gattung vertheilt sich nicht stückweise auf die einzelnen Arten, sondern jede der Arten trägt das Gattungsmerkmal ganz in sich. Existirt nun die Gattung mehrfach und zwar als Totalität in den Arten, so verliert sie ihre Einheit, nämlich ihre numerische Einheit, damit aber ihre wirkliche Existenz. Denn nur das existirt als dies oder jenes, was eine Einheit ist (diesen Satz erläutert B. de consol. philos. III., pr. 11. durch folgendes Beispiel: Corpus cum in una forma membrorum conjunctione permanet, humana dicitur species. At si distributae segregataeque partes corporis distraxerint unitatem, desinit esse, quod fuerat).

Gehen wir aber von der Vielheit aus, in welcher die Gattung existirt, d. h. betrachten wir das, was wir ursprünglich als Gattung betrachteten, nunmehr, weil sich herausstellte, daß es keine wahre Einheit ist, betrachten wir die Gattung selbst nunmehr als eine Vielheit von Arten und heben wir, um das letzte Allgemeine, wahrhaft Gattungsmäßige zu erfassen, aus den Arten, in welche sich uns die vermeintliche Gattung auflöste, von Neuem das Allgemeine hervor: so scheint es zwar, als ob wir nunmehr etwas Einheitliches gefunden hätten, dem wir Existenz zuschreiben dürften. Dem ist aber nicht so. Denn die neu entdeckte Gattung ist doch wiederum ganz und gleichzeitig in jeder der ihr entsprechenden Arten enthalten; so ist also wiederum die Einheit, folglich die Existenz aufgehoben, und wollten wir unser Verfahren fortsetzen, so würde sich immer dasselbe herausstellen (in infinitum ratio procedat necesse est). Folglich können, wie es scheint, Gattungen keine Realität haben. Denn insofern sie einer Mehrheit von Individuen oder Arten gemein sind, hören sie auf, Einheiten zu sein, folglich überhaupt zu sein, und doch liegt es in ihrem Wesen, daß sie das mehreren Arten oder Individuen gemeinsame Allgemeine sind. Da nun die Begriffe den Objecten entsprechen müssen, die Gattungen aber keine Realität zu haben scheinen, so sind die Gattungsbegriffe keine wahren Begriffe, weil sie etwas zum Inhalt haben, was nicht ist, sind also falsche Begriffe.

So könnte man, meint B., mit einem Scheine des Rechts schließen. Nun folgt aber die Lösung, welche von einer Einschränkung des Satzes ausgeht, daß Begriffe, wenn sie ihren Objecten nicht entsprächen, eo ipso falſch ſeien. Der Begriff braucht nämlich ſeinem Objecte nicht in jeder Beziehung zu entſprechen. Falſche Begriffe entſtehen erſt dann, wenn man „im Begriff etwas miteinander verbindet, was in der Wirklichkeit miteinander nicht verbunden ſein kann, z. B. Pferd und Menſch zu einem Centauren verbindet." Dagegen entſtehen dadurch keine falſchen Begriffe, daß man in abstracto etwas trennt, was in concreto miteinander ver- bunden iſt. So finden ſich in concreto und in der Wirklichkeit Linien immer nur an Körpern, und ſtets nur in Verbindung mit ſolchen faßt ſie unter der Vermittelung der ſinnlichen Wahrnehmung der Geiſt auf, dann aber löſt er ſie von den Körpern ab. Nun kann doch Niemand be- haupten, daß wir deshalb einen falſchen Begriff von der Linie hätten, weil wir ſie abgeſondert von den Körpern auffaſſen, während ſie in der Wirklichkeit ſtets nur an Körpern ſich findet. In Folge davon, daß der Geiſt in abstracto dieſe Trennung des in concreto Vereinigten vornimmt, bildet er ſo wenig falſche Begriffe, daß vielmehr dieſe Trennung die Bil- dung von Begriffen überhaupt erſt ermöglicht. Die Gattungsbegriffe nun entſtehen dadurch, daß man aus mehreren Individuen das hervorhebt, was ſie trotz ihrer Verſchiedenheit miteinander gemein haben, ſo einen Artbegriff gewinnt und dann mit den Arten daſſelbe thut. Die Gattungen exiſtiren in concreto nur am Einzelnen oder Materiellen, gedacht aber werden ſie als etwas Allgemeines und Immaterielles. Dies iſt kein Wider- ſpruch, wie es kein Widerſpruch iſt, eine und dieſelbe Linie zugleich als convex und concav zu bezeichnen. „Die Gattungen und Arten exiſtiren in einer anderen Weiſe, als in der ſie begriffen werden, ſie ſind zwar unkörperlich, aber, inſofern ſie (in concreto) mit Gegenſtänden der ſinn- lichen Wahrnehmung verbunden ſind, exiſtiren ſie trotzdem an dem Sinn- lichen, begrifflich gedacht aber werden ſie als unkörperlich, als etwas, was an und für ſich exiſtirt [ut per semet ipsa subsistentia] und nicht an Anderem ſein Sein hat. Plato nun iſt der Meinung, daß die Gattungen und Arten und das Uebrige als etwas Allgemeines nicht nur ge- dacht werden, ſondern es auch ſind und außerhalb (praeter, nicht propter iſt zu leſen) der Körper exiſtiren. Ariſtoteles aber meint, als Be- griffe ſeien ſie freilich unkörperlich und allgemein, ſie exiſtirten aber an (oder in) dem ſinnlich Wahrnehmbaren (Einzelnen). Ueber dieſe Anſichten eine Entſcheidung zu treffen, hielt ich nicht für angemeſſen. Denn dieſe Fragen reichen in die Tiefen der Philoſophie. Zu einer eingehenderen Ausführung der Anſicht des Ariſtoteles hat mich aber nicht etwa der Um- ſtand bewogen, daß ich gerade dieſe billige, ſondern der Umſtand, daß dieſes Buch (des Porphyrios) ſich auf die Kategorieen bezieht, die Ariſtoteles zuerſt aufgeſtellt hat." Man ſieht, wie B. auch hier es vermeidet, ſich für Aristoteles, demzufolge das Allgemeine in concreto nur im Einzelnen existirt, gegen Plato, dem die allgemeinen Begriffe oder die Ideen außer und über dem Einzelnen existiren, oder umgekehrt für Plato gegen Aristoteles zu entscheiden. Daß er aber mit diesen beiden, im Widerspruch mit den Stoikern, welchen die allgemeinen Begriffe bloße Namen sind (Nominalisten), denen in der Wirklichkeit nichts entspricht, daß er mit Plato und Aristoteles das Allgemeine realistisch faßt, leidet schon deshalb keinen Zweifel, weil er es nicht einmal für der Mühe werth hält, die entgegenstehende Ansicht der Stoiker zu erwähnen. Mit den betreffenden Andeutungen in de consol. philos. stimmt die hier ausgesprochene Ansicht vollkommen überein.

Nachträge.

1. Zu S. 12. In dem Satze des B. (de consol. I., pr. 4.): »sacrilegio me conscientiam polluisse mentiti sunt« verstehen die Einen den Ausdruck sacrilegium im Sinne von „schwerer Verletzung des Gesetzes" oder Hochverrath (s. Obbar. p. 127.), die Anderen bleiben bei der ursprünglichen religiösen Bedeutung stehen und — mit Recht. Sacrilegium heißt „Raub am Heiligen", auch im geistigen und moralischen Sinne: schwere und unmittelbare Verletzung der Gottheit. Der Vorwurf der Magie wurde häufig von Christen den heidnischen Philosophen und zwar oft mit Recht gemacht. Wenn nun B., obgleich getauft, in Wahrheit mehr ein Neu-platoniker, als ein Christ war, so lag es sehr nahe, daß die Verleumder in Er-mangelung anderer und begründeter Vorwürfe ihm das Verbrechen der Magie schuldgaben. Durch Magie setzte er sich laut der Anklage mit bösen dämonischen Mächten in Verbindung und beging insofern einen Raub an Gott. Zu dieser Aus-legung allein passen die folgenden Worte, in denen von vilissimi spiritus, deren Verwendung B. gesucht habe, die Rede ist (cf. Migne patrol. t. 63. p. 930.). Es handelt sich um ein Verbrechen, welches von dem in der zu starken Sympathie für den Senat angeblich bestehenden gänzlich verschieden war und auf welches sich eine Anklage noch sicherer gründen ließ, als auf jenes.

2. Zu S. 21. Aus den Worten (de cons. I., pr. 4.): »cujus rei seriem atque veritatem, ne latere posteros queat, stilo etiam memoriaeque mandavi« haben Einige (cf. acta sanct. ad diem 27. Maj. VI.) auf eine verloren gegangene Schrift des B. geschlossen, aber mit Unrecht. Derselbe deutet mit diesen Worten wahrscheinlich auf die Schrift de consol. philos. selbst hin. Das Gespräch mit der personificirten Phi-losophie ist ja natürlich fingirt.

Berlin, Druck von Gustav Schade.
Marienstraße Nr. 10.